谨以此书纪念改革开放40周年

为中国的明天，

提供更多浙江经验、浙江元素、浙江素材

东方启动点

浙江改革开放史（1978—2018）

上

胡宏伟 著

浙江人民出版社

图书在版编目（CIP）数据

东方启动点：浙江改革开放史：1978—2018 / 胡宏伟著. —杭州 ：浙江人民出版社，2018.9（2019.5重印）

ISBN 978-7-213-08900-8

Ⅰ. ①东… Ⅱ. ①胡… Ⅲ. ①改革开放-历史-浙江-1978-2018 Ⅳ. ①D619.55

中国版本图书馆 CIP 数据核字（2018）第 191107 号

自序| 浙江为什么是“中国模范生”

作为改革开放后第6任省委书记，习近平从2002年10月至2007年3月在浙江工作了6年。2016年，他在杭州G20工商峰会开幕式上做主旨演讲时深情地说道：“我曾在这里工作了6个年头，熟悉这里的山水草木、风土人情，参与和见证了这里的发展。”①

这6年，在改革开放的浩荡历程中，恰是浙江前后两个20年转型发展的关键时刻。

2015年5月25—27日，就任中共中央总书记后的习近平第一次重访浙江。他谆谆嘱托浙江要再接再厉，“干在实处永无止境，走在前列要谋新篇”②。

40年，总是“走在前列”的浙江没有辜负他的期待。

时光拉回到2004年3月5日晚7时30分，北京长安大饭店宴会厅，十届全国人大二次会议记者招待会如期举行。

当晚的主角是本次人代会浙江代表团的万向集团董事局主席鲁冠球、正泰集团董事长南存辉、娃哈哈集团董事长宗庆后等7位全国人大代表，他们

① 《心潮澎湃　坚定信心》，《浙江日报》2016年9月4日。

② 中共中央文献研究室：《习近平关于协调推进“四个全面”战略布局论述摘编》，中央文献出版社2015年版，第165页。

的另一个共同身份是私营企业主，其中4位旗下的企业曾先后跻身中国十大民营企业之列。

近200名中外记者的“长枪短炮”一字排开。中国—浙江—私营企业主，可供联想的空间无限，提问注定是充满火药味的。

“如果卡尔·马克思来到今天的浙江，他将会有什么感想?”提问者是德国《明镜周刊》的驻华记者，来自伟大导师马克思的故乡。

短暂的沉默，尴尬的笑声。没有一本政治教科书会对此给出可能的答案，哪怕是提示。

这位德国记者肯定没有想到，他的有些调侃、荒诞的提问，竟会得到浙江私营企业主坦然而自信的回应——“我想马克思如果来到浙江，看到浙江经济发展得这么成功，首先肯定会很高兴；第二点，我想他老人家也会很惊讶，因为他看到我们的实践已经证实了他的理论。”

已经走过的改革开放40年如同一场谁都无法预知答案的世纪“大考”，把浙江称为这场“大考”中成绩优异的“中国模范生”应该是恰如其分的。其模范的意义并不仅仅在于这片土地贡献了令人叹为观止的经济增长数据，更在于其每时每刻所展现出来的与旧思维迥异的改革新世界。在很多情况下，活泼泼的改革新世界率先在浙江生发，进而绽放于中国。浙江，乘着时代的大江大潮，矗立于一路向前的“东方启动点”。

正是依循这样的视角，我们清晰地发现了改革开放40年浙江样本的中国价值。

把发展权还给民众

哈耶克在其著作《致命的自负》中，有这样一段关于社会发展规律的经典阐述：社会文明进步的扩展秩序并不是人类的设计或意图造成的结果，而是一个自发的产物……人们不知不觉地、迟疑不决地，甚至是痛苦地采用了这些做法，使他们共同扩大了利用一切有价值的信息的机会，使他们能够“在大地上劳有所获，繁衍生息，人丁兴旺，物产丰盈”。

几乎在同一时期，中共农村问题研究元老杜润生评点温州及浙江改革成功的基本经验是“民办、民营、民有、民享。它是自发的，又是稳定的可持续发展的经济秩序”。

杜润生进而断言，浙江的事实表明，在民众的自发秩序下，出现先行者的实践样板，产生诱导作用，通过相互博弈，不断扩张完善，形成新的体制、新的制度，这正是社会进步的一般性规律。

改革开放 40 年来，作为领跑者，浙江的秘密就像哈耶克与杜润生所描绘的如下画卷：释放民间力量的精灵，由小及大、由近及远、由弱及强，并最终汇聚成如同浩荡钱江大潮一般的自发扩展的秩序。

民间力量在浙江人烹制的财富大餐上的分量，必须用“蔚为壮观”这样的字眼才足以形容。

截至 2017 年，浙江民营企业在全省经济总量中的比重达 65%，贡献了全省 54%的税收和 80%的就业岗位；《福布斯》全球亿万富豪榜上榜人数及财富总额、人均市场主体拥有量、私营企业占企业总数的比重等重要指标均居全国首位；全国工商联发布的“中国民营企业 500 强”榜单上浙江一骑绝尘，连续 19 年上榜企业家人数夺冠。

经济总额的占比与“浙江制造”的数量，还不是彰显民间活力的全部舞台。几乎在浙江的每一个角落，你都可以嗅到这股神奇能量的气息：

1984 年，6300 多户“有点钱”的乡下人集资 2 亿多元，中国第一座农民城龙港旁若无人地从昔日的滩涂上崛起；

1990 年，很想“飞起来”的老板们掏出了占总投资额 80%的 9000 万元真金白银，中国第一个以民间集资为主的温州机场建成并首航；

2003 年，浙江开建世界最长的杭州湾跨海大桥，17 家民营企业组成的 6 家投资公司占股 55%，这是中国民间资本进入“国字号”大型基建项目的破冰之旅；

2005 年，中国首条民资参股的干线铁路衢常铁路动工，浙江民营企业常山水泥有限公司独家持股 18.88%；

2017 年，中国首条民营控股高铁项目杭绍台铁路开工兴建，由复星集团牵头的民营联合体占股51%。

如水银泻地,无处不在;如精灵翻飞,魔力无边。"政府一毛不拔,事业兴旺发达",恰是对浙江民间力量看似夸张却又精准传神的写照。

必须看到,民众的发展动力在浙江超乎想象地生发膨胀,并非人们预料之中的刻意的制度安排。改革开放以前的30年,国家投资的严重匮乏、国有经济的脆弱无力,以及与此相伴随的对计划经济主流思想的相对淡漠,为浙江民间力量率先于夹缝中求生存创造了客观的"边区效应"。

十分幸运的是,在改革开放初期,浙江省各级政府对此给出的集体性姿态是默许和宽容。这一姿态的基本前提是,他们较早就清醒地意识到,浙江民众生活艰苦,政府可供运作的资源有限,放手让民众为摆脱贫困"各显神通、八仙过海",这是实事求是的执政选择,也是必须具有的最起码的政治良心。

于是,在浙江,改革开放回归了其应有的本源:改革的本质不是一场浮华的高高在上的意识形态运动,而是以千百万民众为主体的朴素的脱贫致富的伟大长征。

这样的回归对执政者来说是巨大的自我考验。它意味着要摆正心态、放下身段,甚至放弃某些被长期认为是理所应当的权力。这需要理性的光芒和可贵的勇气。当我们为民间力量的雄起欢呼时,真的不应忘记同样要为执政者的理性和勇气鼓掌。

有观察者曾将浙江一路走来坚韧不拔的民间力量形象地比喻为"老百姓经济"。很普通,很不起眼,但它作为顺乎自然规律的产物,在市场力量的推动之下,最终聚沙成塔、滴水成河,蕴含着、迸发出势不可当的生命力与创造力。

即便是改革开放走到第4个10年,盲动的自发开始更多地让位于理性的自觉,社会经济的转型与提升需要政府更多的有效作为,浙江主政者依然坚信放活民间才是最好的出路。从倡导各级官员的"店小二"精神,到推行"四张清单一张网",再到承诺"最多跑一次",作为构建小政府大市场最为成功的省份,让民众及其身后市场的力量在资源配置中起决定作用的理念,已经深深植根于浙江大地。

来一次人的解放

“七山一水二分田”,这是形容浙江的最广为人知的一句话。

有山、有水、有田,听上去很美,但真实的境况是:改革开放之初,全省人均耕地为0.68亩,不足全国平均水平的一半,约为世界平均水平的1/6,其农作物产出仅够果腹;由于山高水深,交通极为不便,人称“浙江到,汽车跳”。一个陆域面积为10万平方公里的小省,从省城杭州驱车前往距离不过400多公里的边远山区县市,竟然要颠簸耗时近20个小时。

再看各类矿产资源,更是十分匮乏,几乎没有。名声最响的浙江北部国有长广煤矿也于2007年因矿藏枯竭被彻底关闭。据官方权威统计,如果以全国平均指数为100计,浙江自然资源人均拥有量综合指数仅为11.5,即相当于全国的11.5%,仅略高于上海及天津,居倒数第3位。

可怜的浙江!

然而,改革开放40年后,在浙江遍地开花的,却是令许多人大跌眼镜的“零资源经济”的奇迹。

地处水乡平原的嘉善县没有森林也不产木材,平地而起的数百家胶合板企业的年产量却占全国市场的1/3,一个只有30多万本地人口的江南小县的生产能力,超过了世界胶合板传统强国马来西亚整个国家;海宁市本地不出产一张毛皮,却崛起了全国最大的皮革市场,年产皮衣上千万件;浙江最南端的苍南县与人参、鹿茸毫不搭界,其县城灵溪镇竟一度成为中国南方最负盛名的参茸集散中心,满大街用麻袋堆放的高、中、低档人参足以让所有到访者目瞪口呆。有数据显示,在浙江500多个傲视全国的区域特色产业集群中,至少有80%完全没有当地资源的依托,属于彻头彻尾的无中生有。

从无到有、点石成金的唯一答案,是在浙江这片狭小的土地上,奔走着一大群无拘无束的被解放的人。他们,才是浙江最为独特、难以复制的宝贵资源。

印象中，浙江人体态瘦小，操着混杂而奇怪的方言，很少有人用大嗓门说话。但是改革开放 40 年间，关于他们纵横四海、放手搏命的“大胆”故事可谓车载斗量，无一省市可比。

25 岁的苍南县农民供销员王均瑶心比天高，开通了国内第一条私人承包的班机航线。“胆大包天”从此成为一代浙江人敢于向命运挑战的绝版案例。

温州第一位下海官员叶康松，只身飞往大洋彼岸的美国创办了中国第一家农业跨国公司。不懂英文的他口袋里揣着一叠小卡片，正面是汉语，背面是英文。在异国他乡，叶康松逢人就掏出来一个劲比画，跌跌撞撞地闯出一片天。

“汽车疯子”李书福的成功故事人所共知。但很多人不知道的是，当年中国还不允许私营资本涉足汽车领域，李书福根本拿不到生产许可证。“请给我一次失败的机会!”这位台州人一番惊世骇俗的表白令前来视察的中央高官都为之动容，而不怕失败的背后蕴藏着的恰恰是成功的机会。

马云应该是浙江创业者中梦想最大、胆子也最大的传奇人物。他曾经在西湖边和根本不认识的外国游客搭讪来学习英语；第一次去美国谈生意甚至被人绑架并软禁在拉斯维加斯赌场酒店；阿里巴巴刚开张的那天，手里只有 50 万元本钱的他却朗声宣布:“我们要建成一家世界上最大的电子商务公司!”最终，马云赢了。

40 年间，浙江英雄辈出。事实上，所谓英雄，如当年的农民供销员王均瑶，本是乡间极草根的小人物，胆子大了，天地也就大了，因此一切变得皆有可能。更为关键的是，在浙江，像这样渴望成功、无惧失败的英雄不止一个，而是一群，是上千万。

关于民营企业的率先突起、专业市场的率先发育、民间力量的率先勃发、互联网新经济的率先惊艳，所有对浙江改革中具有样本价值的现象解读，都将无一例外地回归于人的解放。

准确地说，在中国改革开放的大背景下，发生于浙江的人的解放并不是一个被灌输、被教育的被动等待的过程。我们可以在本书此后描述的大量事实中观察到，改革伊始，作为变革演进的主体力量之一，浙江的民营经济创业者、实践者大多数是农民，大多数只有初中以下文化，他们既不可能获得直达京城的灵通消息，也没有对玄奥高深的政策精神的高超领会能力。他们最原始的改革驱动力仅仅是为了让家人不再挨饿，让自己的后代远离贫困。怀揣着这一炙热的冲动，他们义无反顾地行动起来，并在市场经济体制的艰苦实践中实现一次次的自我教育、自我解放。

具有基于历史渊源的积淀，地域广泛的迁徙与游商的传统习性的浙江个性化特质，为浙江人的自我教育、自我解放提供了无限的机会和可能。费孝通在分析社会变革的内在根源时曾认为，社会变迁起源于人口的流动。人口流动非但使各个人能够见到不同的生活形式，而且使个人遭遇新环境，要求新应付。正是因为比其他省份人群更为频繁地“遭遇新环境，要求新应付”，浙江“人的解放”豁然洞开。

改革开放40年来，浙江呈现的鲜活事例表明，人的解放必定会生发出财富的解放。换言之，如果没有人的解放而仅有财富的解放成为改革的全部内涵，那么从某种意义上说，这样的改革是苍白且灰暗的。

我们在浙江看到的最为激动人心的情景是，被这场伟大的改革所解放的，不仅仅是这片大地上的人们的手脚，更重要的是他们的视野、他们的精神以及他们的灵魂。

“第一中国”与市场经济的胜利

1994年后，广东、江苏、山东、浙江四省构成的第一经济方阵虽然彼此位次各有先后，但在中国遥遥领跑的格局从未改变，到今天亦是如此：2017年，广东GDP达8.99万亿元；江苏GDP达8.59万亿元；山东GDP达7.27万亿元；浙江GDP达5.18万亿元。

如果从经济运行质量的维度考量，我认为可以把山东列于其外，而将广东、江苏、浙江单独看作更为强势的“第一中国”。一个可资参考的数据是，在中国各省区中，广东、江苏、浙江给中央贡献了最多的财政收入。以2016年度为例，三省贡献率均为几千亿元级，总计约 2 万亿元，分别是山东的数倍甚至十几倍。更重要的原因在于，这一强势的形成与上述三省改革开放的力度和深度有关，其核心则是作为中国改革取向的市场经济的成熟度。

追根溯源，作为既往 40 年最经典的样本，中国开放看广东珠三角模式，改革则花开两朵：浙江的温州模式与江苏的苏南模式。由于历史背景和改革开放路径的差异性，三省市场经济的发育亦呈现了相对不同的显著特征：

——广东是自上而下的植入式市场经济。如果没有来自港、澳、台的资金、技术、理念，没有中央领导旗帜鲜明的鼎力支持，没有被生机勃勃的开放吸引而来的外省市人才，广东的市场经济生长是不可想象的。

——江苏是从腰部发力的半市场经济。苏南经济的起点是乡镇集体企业，比国有经济更"市场"，比私营经济更"计划"。产权制度安排的暧昧，决定了其改革发展之路的摇摆不定。20 世纪 90 年代末，走不下去的苏南模式一度学"温州模式"，更多的却是利用自身交通便捷、高素质劳动力充沛的优势，全力转向了珠三角模式的开放并大获成功，苏州新加坡工业园区、昆山之路大放异彩。

——浙江是自下而上的更为彻底的草根型市场经济。以早期温州的崛起为代表，浙江式市场经济拥有三方面率先突进的典型气质：一是所有权极为清晰的产权制度；二是民间力量而不是政府，成为市场经济最关键的培育主体；三是异常活跃繁荣的市场交易体系。很显然，浙江市场经济的发育主要依靠来自底层的星火燎原般的内生性力量，而且一开始就深度触及中国改革最本质的所有制核心问题，因此浙江市场经济的发展最为彻底、最为成功，也最为艰难。在很长时间内，浙江现象尤其是温州现象呈现出所谓的"臭豆腐效应"：由于逾越了最敏感的"私有化"边界，所以闻着很臭；但由于真真切切推动了生产力的爆发式增长，所以吃着很香。

改革开放 40 年，浙江绝非一路高歌。从 20 世纪 80 年代备受质疑的"奇怪崛起"，到 20 世纪 90 年代至 21 世纪初期的大红大紫，到 2004—2014 年遭遇"失落的 10 年"，再到近 5 年的重燃梦想，贯穿浙江发展始终的，是永远高扬的市场经济之魂。

一些观察者往往容易将浙江市场经济简单理解为义乌小商品市场式的专业市场或无数个专业市场的组合，事实上，浙江市场经济的超级发育却是宏观市场层面的——包括市场主体发育状况、要素配置的市场化程度、市场经济价值观与行为规范确立的程度，以及政府转变管理经济方式的程度等综合范畴。广东和浙江很可能是当下中国市场经济最为成熟完善的两个省份，其进化路径一个自上而下、一个自下而上，但都抵达了生机盎然的彼岸。相比之下，广东式市场经济离不开难以复制的历史机缘和时间窗，浙江式市场经济则更具学习的共性和普遍意义。

在上述三省之外的一些地方，我们更多地嗅到了吴敬琏先生曾经强烈担忧的伪市场经济"权贵资本主义"的气息：在市场中交易的是权力，而权力被交易的价值恰恰在于其掌握了最优质的社会资源。唯有真正彻底的市场化改革才能遏制这种"权贵资本主义"。

从某种意义上说，浙江改革开放 40 年的胜利是市场经济的胜利。而从市场经济的改革取向角度而言，"第一中国"赢，中国才能赢。作为"第一中国"市场化改革的先锋，浙江无疑应该承担更大的使命。

浙江"最骄傲"的是什么

浙江始终吸引着太多人好奇而惊羡的目光：20 世纪 80 年代中期的温州参观潮，21 世纪初"中国第一商帮"浙商的崛起，以及"外星人"马云和他背后的互联网神话，等等。来浙江看什么？究竟什么才是浙江"最骄傲"的？民营企业、浙商群体，或者义乌小商品市场与市场经济，它们都是浙江的"骄傲"，但它们同样仅仅是发展的载体和手段。浙江"最骄傲"的，应该是也只能是其改革开放的终极目标与结果：人民，尤其是千百万底层民众，成为改革的主体和作为改革成果的财富的主人。

在过去 40 年全国各项经济数据的排行榜上，浙江总是名列前茅。但有一项数据最为亮眼，可以说是一直被追赶，从未被超越——老百姓的收入。

以 2017 年为例，浙江居民人均可支配收入达 42046 元，由于直辖市市域面积较小、区域特征趋同、农村比重不大而呈现一定的特殊性，在更具可比性的各省区中，浙江老百姓的收入高居第一。如果再做细分，浙江城镇居民人均可支配收入为 51261 元，同样摘得各省区之冠。最为关键的是农村居民收入，这一群体庞大而弱势。2017 年，浙江农村居民人均可支配收入达到 24956 元，比全国平均水平高出近一倍，不仅遥遥领先于各省区，甚至超过了除上海之外的各直辖市，广东、江苏、山东等 GDP 大省亦难以望其项背。

继续追溯可以发现，自 1985 年始，浙江农村居民人均收入已连续 33 年居全国各省区第一位。这一巨变背后更多的事实是：1997 年，浙江在全国第一个消灭贫困县；2002 年，浙江在全国第一个消灭贫困乡镇；2005 年，浙江在全国第一批取消农业税，延续了数千年的“皇粮国税”画上句号；2015 年，浙江在全国第一个实现绝对贫困人口全面脱贫，浙江农村社会保障覆盖率同样高居全国之首。2017 年度的统计公报还告诉我们，中国各省市区中城乡差距最小的依然是浙江，城乡收入比仅为 2.054。

以千百万农民为主体的底层民众财富的普遍增长，与浙江式市场经济密切关联。

在本书稿的许多章节你都会读到，改革开放 40 年间，浙江市场机制发育及民营经济勃兴的全民参与的广泛性是其他省市区难以比拟的，这与我们此前所阐述的浙江人的解放的广度和深度是呈正相关的。全民参与的广泛性决定了改革力量的主导者不再是少数背景特殊的上层人物，而是如作家梁晓声所描绘的这样一大群人：他们原本不过是些普通的工人、农民、脱去军装复员的普通军人，甚至是一些失业者，某一个时期内几乎穷途末路的人。于是，符合逻辑的必然结果是，社会民众参与改革并获取财富的机会相对均等，财富的累积亦相对均衡，并更容易渗透到全社会的每一个个体。再进一步的合理推论是，在浙江，千百万白手起家的成功者赢得了应有的尊重，仇富心态难以成为普遍的主流意识，因财富裂变可能产生的社会结构性压力消融于无形。

由此，我们必须面对这样的追问：为什么要改革？改革将向哪里去？衡量改革成败的标准又是什么？

毫无疑问，改革开放就是为了实现中国梦。“国家富强、民族振兴、人民幸福”构建了中国梦的基本内涵，其核心与根本是人民幸福，而国家富强则是人民幸福的保障。

国民幸福感概念的最早提出，源于中国的邻居——国土面积约为浙江一半的国家不丹。1970 年，不丹国王吉格梅·辛格·旺楚克在全球首创了“国民幸福总值”(GNH)体系。该体系主要涵盖了发展经济、保护文化遗产、保护环境和实行良政四个方面，其核心价值是人民幸福。

美国《洛杉矶时报》曾在《追求另一种经济发展》一文中写道，很多年以来，我们一如既往地把以国内生产总值衡量的经济增长与幸福当成同一件事。但与半个世纪前相比，美国人的财富增加了两倍，幸福感却并未增加。“不丹的‘国民幸福总值’重新提出了这样一个问题：怎样才是一个国家为最多的公民谋取最大幸福的合理方式？”

在中国，在浙江，从普遍贫困起点上出发的 40 年改革开放的基本脉络，显然是坚韧不拔地走向民富国强。与不丹人理想境界的幸福观相比，低起点的阶段性特征，决定了中国改革开放的所谓幸福感，在相当时期内仍必须紧紧围绕如何加快经济增长来展开，而这一经济增长又必须最终积淀于民众财富的普遍增长。否则，改革便是偏离了方向，便是失败。

在“让一部分人先富起来”导向的激励下，财富总量的爆发式膨胀，既是中国改革突飞猛进的最优质助推剂，也可能成为扼杀改革最危险的旋涡。关键在于，财富是怎样产生的以及财富的流向是否具有良性的制度安排，进而惠及最广大人群。

既往 40 年浙江所发生的事实是，不追求急风暴雨式的改革演进，秉持十分注重均衡社会各阶层利益的妥协与平和的姿态，面对财富的生产及分配等改革的核心命题，以机会均等的市场经济为基石，以有序、公平的政府助推力量为调节，浙江展现了温和派改革的成功实践。在这一理念的主导之下，最大多数的社会群体普遍成为改革的受益者，努力减缓了改革裂变所可能带来的惶恐与震荡，从而实现最广泛意义上的身心和谐。

在努力让老百姓致富并将财富二次分配的天平向弱势群体倾斜的同时，

由于得到了执政者的鼓励,浙江民众开始舒展表达自我主张的空间,民主新芽稚嫩而鲜活。从经济、社会、政治的多维层面,越来越多的浙江人汇聚到了政通气顺、荣辱相依的同一面改革旗帜之下。

可以确信,中国改革不欢迎颠覆性对抗,根本目的是在温和变革中推进和谐进步。它肯定不应该仅仅是一场少数人的盛宴,而需酿造最大多数人得以分享的幸福。唯有如此,改革方能显现其永久迷人的魅力。

在浙江,我们已经率先看到了令人欣慰的景象。

将改革进行到底

40 年很长,40 年也很短。

我们一直在改革开放的时光隧道中疾步狂奔。蓦然回望,我们为自己已经赶了那么远的路、翻越了那么多的坎而感到大吃一惊。

其实,在人类历史长河中,一万四千多天亦不过是转瞬之间。40 年,我们破解了数不清的改革难题,但尚未破解的难题肯定比已经破解的这些难题要多得多。

首先必须想清楚的是,为什么要回望改革开放 40 年? 回望,不是为了再一次证明我们曾经有过的正确抉择,也不仅仅是为了一场等待已久的盛大庆典。回望,必定是一次梳理,是一次充满理性思辨的总结。循着曲折蜿蜒的历史轨迹,我们艰难而努力地为下一个 40 年寻找前行的方向。

正是在这样的思维基点上,我们开始回望浙江改革开放 40 年。

本书稿的总体构架是以时间演进为描述主线。40 年共被分成六大板块,上册为三大板块:1978—1984 年;1985—1991 年;1992—1999 年。其间的分隔点有三个:一是 1985 年"温州模式"浮出水面;二是 1992 年邓小平发表南方谈话;三是 1999 年"非公有制经济是社会主义市场经济的重要组成部分"的重要论断被正式载入宪法。这三个分隔点分别确认了中国改革 1.0 时期的三个本质性命题:社会主义能不能发展商品生产? 社会主义能不能培育市场体系? 社会主义能不能壮大非公有制经济? 商品、市场、所有制,三大命题均首先在浙江获得了重大破解，甚至达到一定程度的理论提升。

下册同样为三大板块：2000—2007 年；2008—2014 年；2015—2018 年。在这个中国改革 2.0 时期的浙江实践中，有一个新起点和两个分隔点：新起点是以习近平总书记在浙江工作期间，擘画“八八战略”新方向；两个分隔点分别是：2008 年金融危机来袭，浙江粗放低端型增长方式深层次矛盾突显，以及 2015 年后北浙江及互联网新经济全面崛起。

尔后，再依照浙江改革开放重大历史事件的不同话题，分别置放于上述六大板块。比如，第一章的包产到户缘起；第三章的“温州模式”出山；第六章的产权大变革；第十一章的浙商政治图谱；第十六章的政府自我革新，等等。其中，许多话题的发生、发展是一个时间跨度颇大的历史过程，具体置放于哪一板块，则以其矛盾冲突最为集中典型的某一时期为依据。

需要说明的是，本书稿不是浙江 40 年完整的发展史，而是以“改革”作为梳理相关事实关键词的改革开放简史。同时，我仅仅是努力对此进行冷静客观的记录，无意于居高临下地得出若干经验性的判断并强加给读者。我始终认为，浙江 40 年改革开放鲜活而纷繁，它至今仍是一种快速演变的过程，绝非尘埃落定的终局。我们能够做到的，只是忠实地记录曾经发生了什么，怎么发生的，以及为什么会发生。

浙江改革开放 40 年并非一条平直的线条，意识形态、产业交替、经济周期等诸多因素纠缠，风雨跌宕，冷暖自知。在具体发展路径、格局方面，亦显现出了耐人寻味的“钟摆”现象：从南浙江到北浙江，从温州到杭州，从实体制造业到互联网经济，有曲折，有回归，也有螺旋式突破。

“钟摆”现象同样呈现于中国。40 年间，关于中国改革有过四次大的辩论。辩论的正反方无一例外均为改革“好得很”派或改革“糟得很”派，在不同的历史拐点，两种声音的强弱此起彼伏。而事实上，观点如此截然对立的激辩并无实质意义。改革开放 40 年所造就的物质与精神的双重解放，已经使坚持改革成为中国未来的代名词，对此发动挑战，必将无人喝彩。关键在于，下一个 40 年继续改革的真实内涵是什么？对所有社会阶层而言，其价值取向是否还能完全或基本一致？

无须回避，面对改革既有的巨大红利，相对分离或彼此交叠的利益集团悄然形成。我们已经告别了改革攻坚目标十分明确的纯真年代，大无畏的改革勇气不再是解决所有问题的灵丹妙药。利益的多元化使得改革的含义同样开始变得多元化，在令人振奋的改革口号声中，我们的眼前却常常是大雾弥漫。

但是，我们的改革共识已坚不可摧，我们对未来始终心存炙热的渴望。改革，是习近平总书记近年来发表的重要讲话中出现频率最高的一个词。在2018年新年贺词中，习近平总书记说："改革开放是当代中国发展进步的必由之路，是实现中国梦的必由之路。我们要以庆祝改革开放40周年为契机，逢山开路，遇水架桥，将改革进行到底。"①

从浙江到中国，下一个40年充满不确定的未知。唯一确定的是，我们只有将改革进行到底，别无他途。

---

①《国家主席习近平发表2018年新年贺词》，人民网2018年1月1日。

目录

上册
（1978—1999）

02 第二部 1985—1991 在神奇中绽放

03 第三部 1992—1999 大突破

下册
（2000—2018）

04 第四部
2000—2007 与“成长的烦恼”同行

05 第五部 2008—2014 起风了

06 第六部 2015—2018 重燃梦想

早春的萌动

第一部

1978—1984

“阳关道”还是“独木桥”

迟到的“包产到户”

迟到的“包产到户”

比小岗村早22年

谁是两个半“单干理论家”

谁是两个半“单干理论家”

刀尖上的舞蹈

“包产到户”名词解释

村村点火户户冒烟

数字浙江之40年比较

我们来了

我们来了

村村点火户户冒烟

从分水岭出发

比小岗村早22年

刀尖上的舞蹈

“小省”浙江

“偶像”步鑫生

“阳关道”还是“独木桥”

第一章

“阳关道”还是“独木桥”

> 所有农民都成年累月地过着贫困的生活，他们有经得住任何考验的耐心，有委曲求全的非凡能力。他们反应迟钝，但必要时却以死相拼；他们在任何场合总是慢吞吞地拒不接受新鲜事物，但为维持始终岌岌可危的生计，却表现出无比的坚忍。
>
> ——［法］费尔南·布罗代尔：
>
> 《十五至十八世纪的物质文明、经济和资本主义》

在中国40年改革开放的地理图谱上，发生于浙江的生动事实具有如下无比鲜明的特征：改革首先从无数个村落萌生，由千百万农民掀起惊天巨浪；他们文化水平不高甚至目不识丁，但执拗坚忍，前赴后继；农民始终是浙江改革故事的第一主角，并在中国乡村放射出最绚烂的霞光；更为幸运的是，农民始终是浙江改革后累累财富的重要分享者。

40年前，浙江农民最初的改革冲动缘于“吃饱肚子”的强烈渴望。这一无可厚非的本能，却遭受了是走社会主义“阳关道”还是走资本主义“独木桥”的严厉拷问。

迟到的“包产到户”

曾经前来浙江考察的研究者都普遍认同,“大胆探索、敢第一个吃螃蟹”所带来的显而易见的先发优势,是创造浙江改革奇迹的关键。

然而,在中国改革第一突破口——农村家庭联产承包责任制的推行上,至少从全省范围而言,浙江却显得有些“千呼万唤始出来”。

1978 年 12 月 18—22 日,中共十一届三中全会在北京召开。这一堪称“拐点”的重要会议对以下论断作出了历史性定格:批判并抛弃了“两个凡是”;终结了“以阶级斗争为纲”,全党工作重点转移到社会主义现代化建设;确立解放思想、实事求是的指导方针。

中国的改革开放由此起航。

但是,十一届三中全会仍原则通过并下发了《农村人民公社工作条例(试行草案)》,重申“人民公社要坚决实行三级所有制度”。从 1953 年全面推行农业合作化开始,包产到户就被视作人民公社体制的天然公敌,你死我活,势不两立。

而事实上,变通与突破早已在离北京千里之外的中国各地乡村悄然萌动。

1977 年 11 月 15 日,时任安徽省委第一书记的万里主持召开全省农村工作会议,通过了一个被称为“安徽六条”的文件。文件规定,生产队可以实行定任务、定质量、定工分的责任制,甚至可以责任到人。这就为农民自发地搞包产到户开了路。到 1979 年春耕时,包括安徽农村在内,全国已有 200 万个生产队的 3 亿名社员公开或半公开地推行了距离包产到户仅一步之遥的包产到组。

浙江传来的消息似乎就没有那么激动人心了。

中共十一届三中全会召开前的 1978 年 11 月 25 日,《浙江日报》披露了一桩轰动一时的因黄豆苗引发的“犁豆风波”。

天台县平桥公社长洋大队地处丘陵，社员素有种植黄豆的习惯。这年年初，他们得悉国家规定，每交售100斤黄豆，可抵200斤稻谷，还能奖励20斤化肥。社员们合计，本队土地贫瘠，如果种早稻，每亩可收四五百斤，但化肥用得多，成本高；如果种黄豆，撒些灰肥就行，既省工又省成本。每亩可收200多斤黄豆，折原粮四五百斤，又可得奖励化肥40—60斤。由于黄豆收获期一般比早稻提前，可以使晚稻抓住季节；同时，豆苗有根瘤菌，豆叶落土肥田，能使农田增加养分，通风透气，晚稻亩产五六百斤是不成问题的。

左算右算，怎么也是种一季黄豆划算。虽然此前县委领导早就在广播里苦口婆心地劝说，又上升到"动摇以粮为纲"的高度威吓，凡是能种水稻的田都必须种早稻，但小农的私欲一"膨胀"，社员们就顾不得那么多了。他们决定，全大队清明前后种下80亩4分黄豆。

他们种下的不是黄豆，而是祸根。

清明之后的5月22日，县委一位副书记下乡检查工作，一眼就看见了长洋大队种在公路旁已经透出嫩芽的黄豆苗。他顿时拉下了脸，责成平桥公社党委：立即逐丘排查，可以种水稻的，一律把黄豆苗犁掉！

第二天，公社党委在长洋大队紧急召开现场会。第四天，又马不停蹄召开全公社29个大队的生产队队长以上干部扩大会议，主题只有一个：如何摆正黄豆苗犁掉还是不犁掉的大是大非！

长洋大队的贫下中农们紧张了，但又心存侥幸：再拖延拖延，说不准还能逃过一劫。

等待他们和80亩4分黄豆苗的，是无产阶级专政暴风骤雨般的摧枯拉朽。26日，一辆拖拉机隆隆开进长洋大队的黄豆田，压阵的是一溜脸色阴沉的公社领导。40多名长洋男女社员不顾一切拥上前去——为了黄豆，斗胆拼了！他们手挽手坚决拦住了拖拉机："长势这样好的黄豆，犁光了我们今年吃什么？"

一位公社革委会副主任对拖拉机手下了死命令："冲过去，冲过去！"社员洪昌兴对40年前的那一幕至今刻骨铭心。他清楚地记得，当时自己乘人不备，悄悄摸过去关掉了拖拉机油门。他还清楚地记得，队里另一名社员气愤地指着公社领导的鼻子大喊:“无法无天,伤天害理!”他立即被抓到公社关了起来。公社领导明确指示:这一恶性事件背后一定有坏分子搞鬼,一定要揪个把坏人出来示众!

贫下中农们不得不选择退却。这已经不是几亩黄豆的问题了,谁都清楚阶级斗争意味着什么。3天之后,80亩4分黄豆苗被齐刷刷犁平。黄豆没了,同时由于已错过了季节,补种的早稻也随之严重减产。

《浙江日报》在头版头条刊登了这一事件的长篇记者调查,还连续展开了近1个月的读者大讨论。《人民日报》对此事件也迅速作了转载并加编者按。

“犁豆风波”传递给我们的一个十分清晰的讯息是,在当时,浙江农村生产队的生产经营自主权仍然被剥夺得几乎荡然无存,至于以家庭为主体的包产到户更是痴心妄想!

全国的风向标则是依循十一届三中全会既定的改革目标继续艰难而坚定地前行——

1980年1月,安徽再次召开全省农村工作会议。省委明确表示,在现实特定条件下,包产到户是农业生产责任制的一种形式。这事实上宣布了包产到户合法化。当年春耕前后,安徽农村23%的生产队推行了包产到户。

1980年5月31日,对包产到户的争论一直保持沉默的邓小平发表了重要谈话。他说:“农村政策放宽后,一些适宜搞包产到户的地方搞了包产到户,效果很好,变化很快。安徽肥西县绝大多数生产队搞了包产到户,增产幅度很大。‘凤阳花鼓’中唱的那个凤阳县,绝大多数搞了大包干,也是一年翻身,改变面貌。有的同志担心,这样搞会不会影响集体经济,我看这种担心是不必要的……总的说来,现在农村工作中的问题是思想不够解放。”

1980年4月,万里调任国务院副总理,同年8月,万里兼国家农委主任,主管全国农业。9月,中央召开专门讨论农业生产责任制问题的省市区第一书记座谈会,最终形成了《关于进一步加强和完善农业生产责任制的几个问题》的会议纪要,即“中发1980年75号文件”。文件规定,在那些边远山区和贫困落后地区,“群众对集体丧失信心,因而要求包产到户的,应当支持群众的要求,可以包产到户,也可以包干到户,并在一个较长的时间内保持稳定”。75 号文件虽然没有全面肯定包产到户,存在历史局限,但它突破了长期以来“包产到户就等于资本主义复辟”这一根深蒂固的观念,是全党对包产到户再认识的重大转折。在此次会议上,围绕反对还是支持包产到户,黑龙江省委第一书记杨易辰与贵州省委第一书记池必卿展开了激烈的“阳关道”与“独木桥”的争辩。11 月,《人民日报》以两位省委书记的激辩为引子,用整版篇幅发表长文《阳关道与独木桥》。

春雷已然开始鸣响。

然而,1980 年 10 月,在浙江贯彻中央 75 号文件的有关会议上,一些人士对浙江农村的基本判断仍然是:吃粮靠返销、生产靠贷款、生活靠救济的穷困地区,在全省属极少数。全省绝大多数地方和社队,农业生产是发展的,集体经济是比较巩固的,不需要也不应该去推行包产到户。

此时,浙江农村基层的包产到户已是暗潮涌动,喷薄欲出,尤其以浙江南部的温州、金华、丽水为甚。

怎么看?怎么办?包产到户究竟只是少数边远山区和贫困落后地区解决当地农户吃返销粮难题的短期救急之策,还是适应各地广大农村生产力现实水平的普遍真理?是万恶的复辟末路,还是“农村的曙光、中国的希望”?面对一连串的问号,必须作出清晰的回答。

1981 年 1 月 4 日,浙江省有关部门在当日的《浙江日报》头版头条,发表了对绍兴县加强和完善农业生产责任制的长篇调查报告——《沿着农业集体化的阳关道前进》。支持什么反对什么,白纸黑字、旗帜鲜明。

调查报告说,集体经济具有个体经济不可比拟的优越性,这本是 20 多年来农业发展的历史所证明了的。为什么现在要重新提出在干部和群众中进行集体经济优越性的教育呢?这是因为,真理的山峰被蒙上了一层薄薄的迷雾,使人们看不清它的本来面目。绍兴县的基层干部普遍反映,近年来,那些怀疑、动摇农业集体化方向的议论多了,宣传个人发家致富的多了,似乎集体经济不那么香了。“若要富,个人找出路”的说法,简直成了时髦的口号;分队、分田到户的消息,不胫而走,到处流传。于是有些干部和社员产生了误解,以为"分田单干,势在必行",迟早要分,还是趁早分掉算了。大多数干部和社员对集体经济能不能坚持和发展很担心,特别是一些为集体经济奋斗了20多年的老干部、老社员,感到脸上无光,话也讲不响了。

根据绍兴实践,调查报告得出的结论是:大家公认,农业集体化一开始就显示出巨大的优越性和生命力,正是依靠集体经济的力量,才基本上解决了农民的温饱问题,并且使农民逐步富裕起来。

为增强说服力,调查报告还浓墨重彩地描绘了一位"单干大王"的新旧两重天。

这位被推为典型的"大王"名叫占三九,绍兴县鉴湖公社行宫山大队社员。称之为"单干大王"可谓名副其实,此人直到全国人民公社遍地开花10多年后的1969年才入社(全县最后一个入社)。占三九全家7口人,4个儿子、1个女儿,有3亩地、1条乌篷手划船。仗着自己家劳力多,他一直单干,靠捕鱼和种田谋生。

远离了集体的温暖,"大王"也只能沦为朝不保夕的"草寇"。占三九一家住的是4间破草房,4个儿子挤睡一张铺,"大王"夫妻加小女儿合睡一张用砖头搭起来的小床,全部家产顶多值500元。自从被社会主义集体经济大家庭"招安"之后,"大王"才第一次抖起威风来了。他的大儿子进了公社渔场,另外3个儿子在队里是种田好手。1979年,全家集体分配收入2102元,年终得到现金1072元。几年间还盖起平房3间外加1间披屋,买了1台收音机、2块手表、3双皮鞋,添置了1条新划船。如今,女儿风光出嫁,大儿子也娶进了媳妇。社员们异口同声地说:"如果占三九不死脑壳黑灯走单干的独木桥,另外几个儿子的媳妇怕是也早就进门喽。"

典型开道,苦口婆心,为的就是"以正压邪"。"顶牛"与"拉锯"间,家庭联产承包责任制的早春快车在浙江尚未解冻的大地上一再晚点。

此时,北京的天空已经晴空万里,艳阳高照。

1981年冬,中共中央召开了全国农村工作会议。当时的国家农委副主任、党内最资深的农村问题专家杜润生在其回忆录《中国农村体制变革重大决策纪实》中披露，会后不久，时任国务院总理到东北考察，写回一封信。他说：关于农业生产责任制不要再强调不同地区不同形式了，要让群众自愿选择，选上啥就算啥，干部不要硬堵了。

根据这一精神，国家农委起草了《全国农村工作会议纪要》。1982 年 1 月 1 日，中共中央下发了该纪要，即著名的 1982 年中央"一号文件"。此后，中共中央围绕农业问题连续 5 年下发 5 个"一号文件"，成为中国 40 年改革史上可圈可点的破冰之举。

1982 年"一号文件"的关键词是：目前实行的各种责任制，包括小段包工定额计酬，专业承包联产计酬，联产到劳，包产到户、到组，包干到户、到组等，都是社会主义集体经济的生产责任制。

这是党的文件第一次明确肯定包产到户、包干到户属于社会主义性质。近 30 年你死我活的激辩与抗争就此谢幕。

大江东去，春风浩荡。当年 8 月 9—17 日，中共浙江省委在杭州召开全省农村工作会议，主题十分明确——"研究确定完善农业生产责任制的措施"。会议的结论亦极为鲜明："凡是宜于农民个人、一家一户或小组干的事情，都应该放手分包给他们去干"，"只要是有利生产、群众满意的，就不要轻率变动，更不要回到吃大锅饭的老路上去"。

此次会议之后，家庭联产承包责任制开始被有领导、有组织地普遍推行到农业生产水平较高、"集体经济不容动摇"的浙江中北部，范围涵盖杭(州)嘉(兴)湖(州)及宁(波)绍(兴)平原地区。

在浙江农口官员的记忆中，由于春耕秋收的农业节气使然，数十年间全省农村工作会议的召开从来都在每年冬季的年末。只有 1982 年的会议，被破例提前到了夏季举行。唯一的解释是：已经迟到了，就绝不能再迟到了。

新华社于 1982 年 8 月 21 日以《"双包"责任制是治贫致富的"阳关道"》为题播发的一则消息足以为这一解释佐证。消息说：党的三中全会以后逐步兴起的包产到户、包干到户农业生产责任制，现在已经在全国 74%的生产队广泛推行，势不可当。

被毛泽东树为中国农业集体化一面旗帜的山西省昔阳县大寨大队成为

包产到户最后的聚焦点。1980年8月已经从国务院副总理显赫高位黯然离职的原大寨大队党支部书记陈永贵坚定地认为,曾经跟着自己为农业集体化"战天斗地"的大寨人决不会认同走资本主义私念阴魂不散的"独木桥"!然而,大寨社员的顺口溜却是:"砸了大锅饭,磨盘不推自己转;头儿不干,咱大家干。"1982年底,包括大寨在内,昔阳县所有农村生产队一夜间"城头变换大王旗",包产到户实行,社员喜笑颜开。

包产到户大丰收后的浙江农户在堆满番薯的晒场上拍摄"全家福"

消息传到京城,陈永贵哑然无语。

"迟到"与否的正反效应在浙江南北也很快显现出来。

根据1983年的官方统计,推行包产到户最为迟缓的浙北嘉兴市、湖州市,当年农业总产值分别比上年下降1.7%与3.4%。

而在顽强抵抗斥责与清查,包产到户最早涌动的浙南温州,全市1980年的农业总产值比1978年增长了27.5%,年均递增12.8%,"这在温州历史上是从未有过的"。

在包产到户上与温州遥相呼应的浙中金华,时任地委书记的厉德馨算过一笔账:新中国成立以来,金华粮食产量从20亿斤到30亿斤,用了16年时间,即从1951年至1966年;从30亿斤到40亿斤,用了11年,即从1967年至

1977 年;从 40 亿斤到 50 亿斤,用了 4 年,即从 1978 年至 1981 年;1982 年,仅仅 1 年就增产了 10 多亿斤!

耐人寻味的是,我们随后可以观察到,在此后 20 多年改革的年轮中,以温州为圆点的南浙江板块与以嘉兴、湖州为代表的北浙江板块,一热一冷、一荣一衰,呈现出南风北渐的清晰景象。不难理解,自包产到户的改革启动开始,胜负已经了然。

比小岗村早 22 年

1998 年 7 月 27 日,在温州永嘉县上塘镇"纪念永嘉包产到户改革 42 周年"会场上,原国务院农村政策研究室主任杜润生致辞。穿越 42 年的时空,他的话在会场久久回响:"今天,历史出了头了,它出来做证,告诉永嘉的同志们,1956 年的那次行动是正确的,是必要的,是值得肯定的。永嘉县是我们中国包产到户的先驱者。"

杜润生说:永嘉县是中国包产到户的先驱者

然而,有一位最重要的被邀请者缺席了。他已经永远地驻足在历史的那一端。

他,就是李云河,42 年前永嘉县委主管农业的副书记,当年永嘉包产到户的直接领导者、实践者,在这次纪念会召开前 20 天因患肝癌离世。7 月 3 日,自知来日无多的李云河在病榻上口授了原拟赴会永嘉的发言提纲。他说:"几十年农村工作的经验,中国要稳住,农村是基础;不到户农村稳不住,'包'字是基础……从理论上看'包'字很简单,但是我们党付出了很大的代价。”

作为纪念会的特殊代表，李云河的妻子包于凤手捧骨灰盒来到永嘉。在清澈如水晶般的楠溪江畔，包于凤将李云河轻轻送回了那片大山，送回了萦绕着他执着梦想的大地。

1978 年 11 月 24 日夜晚，安徽省凤阳县梨园公社小岗生产队的 18 位农民代表悄悄齐聚在社员严立华家的一间草屋里，神色极为严峻地写下了一纸契约，全文如下：

我们分田到户　每户户主签字盖章　如此后能干　每户保证完成每户全年上交公粮　不在（再）向国家伸手要钱要粮　如不成　我们干部作（坐）牢杀头也干（甘）心　大家社员也保证把我们的小孩养活到 18 岁

作为中国当代史的珍贵文物，这份摁满血红手印的生死契约收藏在中国革命博物馆，藏品号为 GB54563。杜润生在其回忆录中认为，这个惊天动地的故事，经调查细节上有出入，但流传甚广，生动反映了中国农民为实行包产到户甘冒巨大风险的决心。

中国改革本身始终是一部旷无前人的伟大传奇。虽然细节尚可推敲，但正由于其令人赞叹的传奇色彩，小岗村已被官方高调定格为大包干改革创举的公认“摇篮”而被载入史册。

然而，毫无疑问，1956 年首倡包产到户的永嘉实践，比小岗人的传奇早了整整 22 年。

陈康瑾在其报告文学《他没有在旋涡中沉沦》中，为我们记录了那沉重的历史一页。

1956 年 2 月下旬，永嘉县第一个集体农庄高级社——潘桥集体农庄呱呱坠地。在此前后，“小脚女人”和“右倾保守”思想在各地受到严厉批判，中国农村社会主义集体化改造突飞猛进。打土豪、分田地的喜悦尚未散尽，初级社、高级社又呼啦啦从天而降。

一夜进入社会主义，举国欢腾。

狂热，替代不了生产力发展必须遵循的铁律。在永嘉农庄，甚至在全国农村，“干部乱派工，社员磨洋工，上工一条龙，干活一窝蜂”等问题很快浮出水面。

脱离生产力水平的基本实际，归大堆、吃大锅饭的农业组织结构，除了在造水库、挖塘泥、并田整地之类的人海战役中，还能发挥所谓“惊天地、泣鬼神”的优越性外，在田头直接的生产环节，只能是一个成批制造懒人的梦幻工场。

有人坐不住了。

当年春季，26 岁的永嘉县委副书记李云河拉着县委农工部干事戴洁天，在该县燎原社(今瓯海区郭溪镇)悄悄开始了对生产队以下实行“个人专管地段责任制”和“产量责任制到户”为主要内容的试验。

人还是一样的人，地还是一样的地，燎原社的变化前后两重天。

1956 年 9 月，永嘉县委召开全县高级社主任参加的千人大会，提出推广燎原经验，“多点试验包产到户”。几个月内，永嘉有 200 多个高级社实行了包产到户，占全县总社数的 24%。

李云河、戴洁天笑了，农民们笑了。但笑意刚刚爬上嘴角，发难已扑面而来。

1956 年 11 月 19 日，温州地委机关报《浙南大众》刊登了《不能采取倒退的办法》的评论，点名批判燎原社的包产到户试验是“打退堂鼓”。就全国范围来说，这是砍向包产到户的第一刀。

这并不能让李云河服气。他以燎原社实践为基础，一口气撰写了长达 5500 字的专题报告《个人“专管制”和“包产到户”是解决社内主要矛盾的好办法》，从理论上探讨了“包产到户”的必要性。文中理直气壮地阐明了四大观点：一是包产到户没有改变所有制，因而绝不是“拉倒车”，绝不会使合作社变质；二是包产到户是集体劳动的很好补充，可以继承和发挥社员的主动性和“绣花”精神；三是包产到户更能坚持按劳取酬、多劳多得的社会主义分配原则,使农民获得更多的物质利益;四是包产到户变“队长负责”为“人人有责”,使每个社员在生产中可以“当家作主”。

1956 年 11 月 25 日,李云河将此文分别寄送县、地、省、华东局、中央农工部。8 天后,李云河被指名赴杭州参加浙江省委调研会。分管农业的省委副书记林乎加主持会议,对包产到户给予充分肯定。

1957 年 1 月 27 日,浙江省委机关报《浙江日报》在二版半个版刊登了李云河的专题报告。这是全国报刊第一次公开发表论述包产到户的文章。

似乎又是一次雨过天晴。

然而,在“左”倾思潮如日中天的年代,作为“早产儿”的包产到户从一降生就注定了多舛的命运。

中共第八次全国代表大会召开没几天,八大制定的正确路线已面临被腰斩的危险,坚决打退对社会主义的猖狂进攻迅速升级为首要政治任务。包产到户转眼成为“包着糖的砒霜”,热衷于包产到户的人被指责是“抱着狐狸精当美女”。

1957 年的浙江省党代会期间,在杭州火车站旁的省委红楼招待所里曾经贴出过一张奇特的大字报:

新产品登记表	**1957 年**
产品名称:	包产到户
产品性质:	资本主义
产地:	温州、永嘉、燎原
发明创造者:	永嘉县委副书记李云河
检验员:	林乎加
产品鉴定机关:	浙江省委
推销员:	《浙江日报》

黑云压城。此时此刻,谁也救不了包产到户,谁也保不住小小的李云河了。

清查,批判。再清查,再批判。1957 年 7 月 13 日,《浙南大众》刊发《打倒

"包产到户",保卫合作化》的社论,罗列了包产到户的十大祸害。

同年10月13日,《人民日报》刊载新华社记者采写的电讯通稿《温州专区纠正"包产到户"的错误做法》,文中四次点名李云河,指出包产到户是"中共永嘉县委副书记李云河去年派人到农业社试验后搞起来的"。

1958年春,包产到户的"罪魁祸首"——一批风华正茂、胆比天大的冒险者们终于走到了自己政治生命的尽头:

主谋李云河,被定为大砍社会主义的右派分子,开除党籍,撤销一切职务,下放劳动。

主犯戴洁天被戴上"右派"和"反革命"两顶帽子,押送原籍管制劳动。子女户粮关系全部迁往农村,妻子陈小梅被开除团籍,从县文教局下放工厂劳动。

支持包产到户的"幕后黑手"永嘉县委书记李桂茂被撤销党内外一切职务,由行政13级降为16级,划为中右。

县委常委、农工部长韩洪昌,农工部副部长吕克熙、周祥千,县农业局局长胡宣哲……几乎所有与包产到户有瓜葛的人等无一漏网。因犯"煽动包产到户"罪被判刑的永嘉农民就有十多人。

轰轰烈烈的包产到户永嘉实践,不得不暂时画上了一个苦涩的逗号。但这仅仅是"逗号"。

1974年,一批来自北京的作家、电影导演被赶到永嘉县里湾潭大队"体验生活",创作出了电影剧本《苍山志》。后因种种缘故,最终没能被搬上银幕。

创作《苍山志》的背景,是1966—1975年,永嘉不少地方的农民仍念念不忘包产到户,"地下活动十分猖獗"。1973年春,江青亲自批示,把坚持"吃大锅饭"的里湾潭大队树为"处在资本主义势力四面包围,坚定走社会主义道路"的典型,以此来反证"包产到户"的"罪孽"。"四人帮"中的王洪文、姚文元也从不同角度对永嘉作了批示,并把拥护或反对里湾潭作为在永嘉划分"革命"与"反革命"的唯一标准。

没料想永嘉农民不吃这一套，我行我素，1976 年时全县竟有 77%的生产队土地包产到户，1/3 的山场包产到户。在 1976 年冬的第二次全国农业学大寨会议上，永嘉被列为浙江省“分田单干，集体经济破坏得最严重”的县。时任国务院副总理的陈永贵在大会报告中说，“温州地区，闹的很多地方分田单干，两极分化”，“温州是资本主义复辟的典型”，“要看资本主义到温州”。

直到十一届三中全会之后的数年，由于浙江官方的观望与迟疑，包产到户在永嘉依然是没有名分的“私生子”。里湾潭大队所在的五濑公社党委书记回忆说，那些年，针对包产到户，永嘉的官意和民意之间上演了三出戏：第一出是《武松打虎》，县里坚决要把社员自发的包产到户打下去；第二出是《陈州放粮》，社员消极对抗，荒着田不种，次年县里只好发放 10 万斤返销粮和数万元贷款进行救济；第三出是《红楼梦》，政策总算有了松动，社员怕多变，包产到户又成红楼一梦。

好在二十余年起落沉浮，燎原社的星星之火终于燎原，永嘉首创亦画上圆满句号：

1982 年 12 月，抖落一身风尘的包产到户“罪魁祸首”李云河与戴洁天在一个霞光万丈的清晨，昂首挺胸重访永嘉燎原社；

1983 年，李云河被擢升为浙江省农村政策研究室副主任；

几年后，李云河撰写出版了《中国农村户学》，并被美国纽约公众图书馆永久收藏。

1991 年重回永嘉县考察的李云河(左)

谁是两个半“单干理论家”

从永嘉燎原社到凤阳小岗村，

以包产到户为主脉的顽强的中国农村变革冲动，终究汇成浩荡洪流。既然是承载亿万民心的洪流，李云河、戴洁天们就肯定不会是孤独的英雄。

在浙江，透过历史的尘埃，两个半“单干理论家”的身影逐渐清晰起来。

1962 年 8 月 5 日至 8 月下旬，中共中央在北戴河召开政治局会议。毛泽东一改半年前在 7000 人大会上纠正“大跃进”错误、反思“左”倾教训的基调，突然转而严厉声讨包产到户。

9 月 24—27 日，中共八届十中全会召开。毛泽东再度猛烈炮轰党内的所谓“黑暗风”“单干风”和“翻案风”，提出了“千万不要忘记阶级斗争”，阶级斗争必须“年年讲、月月讲、天天讲”的著名论断。

会议期间，毛泽东对时任中共浙江省委第一书记江华说：你们浙江出了两个半“单干理论家”，必须彻底批判！由于伟大领袖的语气十分严厉，这一事件成了一桩引人瞩目的历史公案。

毛泽东所谓的“单干理论家”含义很清楚，指的就是“包产到户理论家”。20 世纪 50 年代后，中央高官中被毛泽东点名批判甚至干脆打倒的包产到户“党内代理人”“幕后黑手”不少，但被直接点名并斥之为理论家的“小人物”似乎仅此一例。

浙江新昌县镜岭区专职办社干部陈新宇无疑是这两个半“单干理论家”中的一位。1961 年，他将自己撰写的“鼓吹包产到户”的两篇文章《关于当前农村阶级分析问题》及《关于包产到户问题》寄给中共中央并转毛泽东主席。“文化大革命”中，浙江“造反派”把持的省级机关报《红色风暴》公布了毛泽东对陈新宇的批判。

那么，毛泽东所指的另外两位“单干理论家”是谁？包括陈新宇，谁是整个的两个，谁又会是那半个？毛泽东从未对此进一步做过明确的解说，遍查中共党史文献，也找不到只言片语。过去数年，我曾利用采访的机会多次向省内外有关官员及当事人反复询问求证。从现有掌握的线索和史料依据看，几乎可以肯定另外两位“单干理论家”分别是：

浙江瑞安县湖岭区农技站畜牧兽医员冯志来；

浙江嵊县农技站蚕桑技术员杨木水。

他们三人的共同特征是，都在20世纪60年代初给毛泽东寄过信；信的内容均为满腔热情地为包产到户歌功颂德，从实践或理论等方面论证包产到户的现实价值和历史意义；都引起过各层面的强烈反响并招致了严厉打击。

至于“整个”和“半个”的悬疑，我收集了他们三人寄送给毛泽东的主要文章细心研读，字里行间大抵可以断定，冯志来与陈新宇的文章引经据典，逻辑严密，思辨色彩浓郁，当属“整个”的两个。杨木水没念过什么书，其文章则立足于当地生产实践，朴素直白，那“半个”应该就是他。当然，这一结论只能是推测了。喧嚣与疯狂的历史一幕已经不在，曾经的那人、那事也从此变为无声。

他们胸怀赤子之心，他们满腔忧国之情，他们用自己的血和生命铺就了今天改革的通天大路。岁月的流逝不应将他们的灵魂淹没。

为了一份致敬，我仍愿意循着作家高光的描述，以粗略的笔墨记录下当年两个半“单干理论家”们顽强的抗争。

冯志来：一名兽医和他的“半社会主义论”

1987年10月，党的十三大召开，大会政治报告《沿着有中国特色的社会主义道路前进》，迅速引起了国内乃至国际社会各界的高度瞩目。

备受瞩目的焦点，是这一政治报告第一次系统阐述了关于社会主义初级阶段理论：我国的社会主义社会还处在初级阶段……以为不经过生产力的巨大发展就可以越过社会主义初级阶段，是革命发展问题上的空想论，是“左”倾错误的重要认识根源。

社会主义初级阶段理论，是中国改革理论的基石，是中国革命历经曲折坎坷后的真知。这一评价并不为过。

耐人寻味的是，中共十三大召开前25年，在距李云河包产到户的永嘉县不足100公里的地方，有一位年轻人书写了与社会主义初级阶段理论如出一辙的《半社会主义论》，而且居然斗胆想和毛主席对话。

他，就是冯志来。

1955年1月，20岁的冯志来从农校毕业，被分配到瑞安县政府农林科工作。5 年后，作为摘帽右派分子，他被下放到偏僻的老革命根据地湖岭区的农技站工作。

冯志来

“大跃进”的狂想令年轻的冯志来感到迷茫，饥荒遍地的三年灾害深深地刺痛了他的心。

难道这就是社会主义？在生产力水平极端落后的中国怎样建设社会主义？什么是我们眼前的出路？

一个年轻的灵魂在厚重的马克思主义著作和沉重的现实之间徘徊。

“真理只有一个，而究竟谁发现了真理，不依靠主观的夸张，而依靠客观的实践。”在昏黄的煤油灯下，冯志来以毛泽东《新民主主义论》中的这段名言，为自己的《半社会主义论》破题。

“我们仍旧是一个经济落后的国家。如果我们将旧中国的既有资本主义性质经济又有半封建小农性质的经济称作半资本主义经济，那么现在我们也可以说我们目前的经济是半社会主义性质经济。”

“中国不能通过资本主义而后进入社会主义，这是早有人论证过的，但是它也不可能马上进入社会主义。只有通过半社会主义的相当长的发展阶段，才能完成社会主义建设。这是由中国的生产力状况所决定的。”

基于对半社会主义生产力水平的精辟判断，冯志来放胆直言：“我认为包产到户确是一条相对的唯一出路。这样做，完全是从中国现阶段生产力水平出发，完全是为了调动农民的劳动自觉性……这是 6 亿人民的呼声！”

1962 年 4 月 21 日，《半社会主义论》完稿。一周后，冯志来踏上了北上的列车，之后在北京前门附近一家小旅馆住下。他将文稿分送给了中共中央政治局、《红旗》杂志和《人民日报》，并在所附的信笺上，抄录了文天祥的千古名句：人生自古谁无死，留取丹心照汗青。

两天后，国务院办公厅信访室的两位“领导模样”的人接见了冯志来，并狠狠地训斥了他对党中央、毛主席的不信任情绪，勒令他要好好清理那些危险的胡思乱想。

回到湖岭，冯志来辗转反侧，一腔热血在血脉中奔涌：这个国家、这个民族,不能再这样走下去了。

两个月后,冯志来撰写了比《半社会主义论》更尖锐的第二篇文章《怎么办》。他将《怎么办》再次抄写三份,分别寄给中共中央政治局、《红旗》杂志、《人民日报》。为了引起“大人物”们的注意,避免前次《半社会主义论》被打入冷宫、石沉大海的境遇,冯志来灵机一动,想起了远房族叔、老资格的义乌籍共产党人冯雪峰。在给中共中央的信上,他特别注明自己是冯雪峰的侄子。

这一招果然生效。在中央某次重要会议上,已被打倒的冯雪峰因此受到缺席审判。中央有关部门还立即通知浙江省委,要追查冯志来与冯雪峰的关系,揪出冯志来的黑后台。

当时的浙江省委主要负责人在这位早生了25年的思想冒险者的批判材料上大笔一挥:重戴右派帽子,遣返原籍,监督劳动。

1963年,冯志来在一名武装警察的押送下,回到老家浙江义乌县乔亭村。大干快上的“社会主义”战车依旧是一路高歌,在中国大地上隆隆碾过,也彻底碾碎了冯志来淌血的心。

多少年以后,冯志来回首青春年少时的冲动和磨难,感慨万千,诗赠友人:

大梦谁先觉,平生几相知。
孤鸿悲落日,众鸟觅栖枝。
风雪终有尽,落花恨无期。
浩然浙江水,曲折顺时移。

冯志来回忆,1963年回到老家,他真正地感到了从未有过的无助和绝望,为自己,更为这个国家。他利用做兽医的便利,花1元4角偷偷买了100粒安眠药,藏在贴身的衣袋里以防不测。这一藏就是十多年。

杨木水:从硬汉到死囚

杨木水浓眉大眼,声如洪钟,身材像一门小钢炮。他自称粗人,做起事来是典型的“拼命三郎”。

从小在杭州孤儿院长大、没念过任何正规学校的杨木水平日里最不擅长的就是舞文弄墨。然而，在目睹了太多“一大二公”的震天口号、四邻乡亲纷纷饥病逃荒的惨状后，这位向来以指导农民种桑养蚕为天职的小小技术员，终于忍不住要扛起重如千斤的笔写点什么了。

杨木水

杨木水写下了一篇《恢复农村经济的顶好办法是包产到户》的长文，整整一万字，可能比他一辈子写过的字都要多。

他思前想后，决定把这篇费尽心血的调查文章呈给毛主席。他知道，只有毛主席才能管大事，救百姓。

几个月过去了，石沉大海，杳无音信。杨木水认为，伟大领袖日理万机，一定是太忙了。怎么才能引起毛主席的注意呢？他想起了只在广播里听说过的嵊县同乡，大名鼎鼎的经济学家马寅初。马老耿介豁达、敢于直言，又和共产党肝胆相照，于公于私都会帮这个忙的。

1961 年 11 月，杨木水把文章工工整整抄了一份寄给马寅初，在附信中恳请其转呈毛主席。翌年元月，由浙江省粮食厅厅长丁友灿陪同，已 80 高龄的忧国忧民的马老竟然真的来了。

杨木水被一位副县长带到了嵊县县委招待所马寅初入住的房间。前一天，县委农工部长亲自找杨木水谈了话，警告他在马寅初面前不许乱说话，特别是千万不能说出嵊县曾经发生过大面积的包产到户。

但当杨木水见到面目慈祥的马老时，他还是“乱说话”了。

马老与杨木水促膝而坐，极认真地倾听杨木水每一句来自乡村的呼声，还逐段逐句地帮他修改万言书，把关于包产到户的 13 条优越性修改提炼成 10 条优越性。

随后，马寅初又在嵊县进行了长达 7 天的调查研究。回北京时，马老的行囊里揣着杨木水修改好的万言书和厚厚一叠调查手稿。

下面的结果是可以想见的了。能通天的马寅初带给杨木水的,是通天的大罪。1963 年春天,杨木水以“反革命罪”被逮捕,判处 8 年有期徒刑,其具体罪状是:恶毒攻击党的路线政策,鼓吹包产到户,反对三面红旗,反对社会主义。

几年后一个阴冷的早晨,“贼性不改”的杨木水又因为在狱中当众恶毒攻击“林副统帅”,再度被加判死刑,双脚被戴上 36 斤重铁镣的杨木水,随时等待执行枪决。

陈新宇:为包产到户终身不娶

陈新宇正好与杨木水倒了个头,他是位出身地主家庭、清瘦斯文的小秀才。

陈新宇

急欲自我改造灵魂的陈新宇曾经满腔热情地投身于创造灿烂的新世界。1955 年 9 月 16 日,他以《我爱农村》为题,撰文投书《浙江日报》。他大声地欢呼:“我爱农村,我回到农村来了。亲爱的、熟悉的农友们,我将随你们一道前进,直到把我们的合作社变成社会主义的集体农庄!在我们肥沃的土地上建立起美满幸福的乐园。”

乡村凋敝的现实生活却是冰冷的,小知识分子的率真和不成熟又让他蠢蠢欲动了。1961 年 6 月,慢慢从理想王国中冷静下来的陈新宇根据自己下放劳动时调查所得的第一手材料,写出了《关于当前农村阶级分析问题》和《关于包产到户问题》两篇文章,从阶级分析的角度阐述实行包产到户的重要性和必然性。

自我斗争了整整两天两夜之后,陈新宇终于将文章分别抄寄中共中央和《人民日报》。也许是出于对自己地主家庭成分的天然警觉,他从此下定决心:疏远一切亲友,不谈恋爱,坚持独身,不株连他人。“文化大革命”中,造反派因此斥责陈新宇是“彻头彻尾的单干”——不仅是“单干理论家”,提倡农民单干,而且居然自家要终身光棍一条。

这还不算，随后一年间，陈新宇接连给《人民日报》发去 8 封读者来信，辩论的话题都是包产到户。当时，中央高层对包产到户仍持“糟得很”与“好得很”两种观点，毛泽东则暂时予以沉默。于是，1962 年 6 月前后，《人民日报》在内部刊物《读者来信》中几次刊发过陈新宇的来信，共汇给他稿费 25 元 5 角。陈新宇用这些钱买了稿纸，还买了几十斤桃子，得意地与同事分享。

很快，陈新宇就发现这桃子绝不是那么好吃的，吃了也得照样吐出来。“文化大革命”开始，他第一个被揪出来游街示众，共计被揪斗 120 次，抄家 7 次，监禁 32 天。1969 年 12 月 22 日，新昌县革委会人保组以审字第 146 号文件判决：以右派分子论处，开除公职，管制 3 年。

陈新宇被连夜押送农场劳动改造。他记得，那天正值冬至。冷，寒心刺骨的冷。

最后，再交代一下两个半“单干理论家”的后世今生。

——冯志来的晚年大概算是最幸运的。1983 年 10 月，中共瑞安县委发出 349 号文件，为其错划右派彻底平反。在老家义乌，他成了被再度发掘出来的有价值的“出土文物”。那时，冯志来在义乌县食品公司生猪仓库当兽医，一位同样是兽医的女同事的丈夫恰巧任职义乌县委组织部副部长。这位慧眼识珠的副部长将《半社会主义论》呈送给了本书第四章将要讲述的催生义乌小商品市场的最关键人物——时任义乌县委书记谢高华。谢高华对 20 多年前的奇文阅后大为惊叹，并旋即将冯志来调入政府机关。1988 年后，冯志来先后就职义乌市经济研究中心、市体改委主任，义乌市市场研究会会长，省人大代表，继续为义乌小商品市场的崛起贡献思想。1998 年 12 月，在义乌市政协副主席任上退休。2016 年 3 月，我第三次采访已年届 81 岁的冯志来，遥想当年，他说：“这是我一生最骄傲的事。”

——杨木水大难不死。1971 年发生了“九一三事件”，林彪命丧蒙古国温都尔汗。因攻击“林副统帅”而加判死罪的他侥幸免于一死。1975 年，服满 12 年徒刑的杨木水出狱，1978 年摘掉反革命帽子，从此，游走江湖，当起了草药郎中。说来也是有福，在上海行医卖药期间，他结识了一位以卖鸡蛋为生的江苏淮阴姑娘,姓刘,年方18岁。小女子自愿拜杨木水为师,帮他一起卖药,并日久生情。51岁那年,杨木水与比自己小20多岁的刘姑娘拜了天地,育有一子。2000年,杨木水病逝。

——发誓终身不娶的陈新宇依然坚持"彻头彻尾地单干",孑然一身。被劳改后,他写过200多封"翻案信",接着,是平反;再接着,是薪水微薄的退休生活。2000年,我在新昌采访陈新宇时,他已瘦如一枚干桃,正热心于收集资料,整理自己倡导包产到户的编年大事记,准备编写合作化运动史料集。2017年3月22日,94岁的陈新宇去世。5年前,他已将自己唯一的房产捐给了新昌县红十字会,设立"陈新宇博爱基金"。捐赠时虽已口齿不清,但陈新宇依然一个字一个字表达着自己的愿望:"基金以助学助困为主,支持学生追求真理。"

从分水岭出发

2016年,当我决定开始着手浙江40年改革开放史书稿写作时,1978年前后章节的史料梳理曾令自己颇为惶恐。

我自1986年始进入新华社浙江分社从事经济报道,由于职业的机缘,几乎全程目睹了此后浙江改革风云跌宕的每一出精彩大戏,再加之新华社作为中国最权威媒体所独有的特殊优势,某些至今不为人知的浙江改革重大事件及变革拐点,我或我的同事有幸成为唯一的媒体观察者甚至是推动者。这数十年历史的演进,新鲜而富有动感,每一细节都历历在目。

1978—1984年,则是一段概念化的模糊影像。于是,我花费加倍的精力开始寻访。

无数次,我走进浙江大学图书馆8楼库房。几十年前的古旧书刊一直堆到天花板,阴冷寂静,时空错乱。一页页的报纸在手底沙沙翻过,焦黄发脆,霉点成片。许多纸页已经相互粘连,稍不小心,就可能发出清脆的撕裂声。显然,很久以来,极少有人来翻阅过这些陈年的碎片。

面对我急切的追问,不同的被寻访者往往也是同样的表情:茫然。包产到户?不记得了,记不清了,好像是吧。

40 年,14600 天,恰是一个人的不惑之年。当我们开始走向生命成熟的时候,似乎已经没有多少人记得改革婴儿呱呱坠地时的响亮啼哭了。

的确,联产承包、包产到户早已被戴上中国改革的"第一声呼喊"和"中国农民的伟大创造"的桂冠,沉淀为金灿灿的光荣名片。然而,对其历史性的价值与深厚内涵,我们真的已经完全读懂了吗?

一个公认的结论是,改革之初家庭联产承包责任制的率先突破与大面积推行,带来了全国范围的粮食增产、农民增收,为日后的各领域改革奠定了稳健的经济基础。在浙江,我们也看到了足以佐证的事实。据官方统计,联产承包全面开花的 1982 年,浙江第一产业农业的增加值猛增了 15.7%。这在历史上是罕见的,只有新中国成立初期的少数年份有过类似的景象。

但我们注意到,长久以来浙江的基本省情就是人多地少,而且不是一般的少。1978 年时,浙江户籍人口总数约 4300 万,人均耕地 0.68 亩,远低于全国平均水平的 1.5 亩。对农户而言,土地的期望收益贡献率是十分有限的。即使是近 30 年后的 2007 年,虽然浙江农民人均收入已连续 23 年高居全国所有省区之首,达 8100 元,但其中来自土地种植的收入不到 20%。毫无疑问,联产承包所带来的粮食增产、农民增收,肯定不是支撑此后几十年浙江可持续改革的全部价值所在。

浙江人多地少的基本省情,决定了农民必须离开土地找活路

20 世纪 60 年代后,"兴无灭资""割资本主义尾巴""狠斗私字一闪念"成为触及每一位中国人灵魂深处的最高指示,构建乌托邦式理想王国的基点即为"一大二公"的高纯度所有制形态。

恰恰,包产到户来了个乾坤大颠覆,它明白无误地首先确定了人作为利益动物的天然属性。黄宗羲在《明夷待访录·原君》中有言:“有生之初,人各自私也,人各自利也。”无论我们如何深恶痛绝,“私”不是人的原罪,在可以想见的历史阶段,人对于占有私利的强烈冲动,仍将是社会发展、文明进化的原动力。

进一步,包产到户明白无误地确定了个人——在现有社会关系属性下往往表现为个人的家庭化组合“户”——是追逐利益最大化、最优化的基本细胞。“户”,由此而得以成为社会主义市场经济环境下最活跃、最优质的市场主体。在以后的章节中我们会清楚地看到,以温州为例,从最初的小作坊、夫妻店式的家庭工场到联户经济,再到股份合作企业,乃至规范化的现代股份制有限公司,“户”构成了一切高效经济活动的起点和最广泛基础。

如果从以上视角解析,包产到户的大突破无疑是新中国成立以来前改革时期与改革开放 40 年的根本性转折,其分水岭式意义怎么评价都不为过。

问题又来了:既然包产到户具有如此深刻的前沿价值,那为何全中国都在同样的改革大政策之下,都是从联产承包破冰,数十年后却表现迥异:不少地方仍然在为广大农户温饱脱贫继续苦行,以浙江等沿海省份为代表,却是百业兴旺、老板遍地?

浙江一位老资格的农村问题专家向我分析了所谓中国农村改革开放伊始的“3 亩—15 亩—50 亩”发展路径理论,颇有见地。详解如下:

——“15 亩模式”。主要集中在安徽、河南、湖南、四川等中国中部地区。按照这一区域人均占有耕地及平均家庭人口数计,每一农户的土地占有量大约在 10—20 亩之间。以大包干第一村安徽凤阳小岗为例,1978 年时全村共 20 户,115 人,耕地 550 亩。1979 年,大包干硕果累累,全年粮食产量由过去的 1.5 万公斤猛增到 6 万公斤,自 20 世纪 50 年代实行合作化以来第一次向国家上缴了公粮。小岗人品尝了巨大的丰收喜悦,人均耕地 4.78 亩、户均 27.5 亩的田园美景,使他们坚信伺候好土地就会有好日子。于是,乡村工业的星火始终没有在这里点亮,直到 1995 年第一批小岗人不得不远走异乡进城打工,才发现外面的世界很精彩也很无奈。太迟了,他们已经错过了工业化进步的春天的列车。至今,解决了温饱的小岗人仍旧徘徊在富裕的大门之外,以致曾经轰轰烈烈的小岗之路引来了浓重的质疑和争议。自家拥有的那一片不算太多也不算太少的土地,令小岗人深陷进退两难的尴尬。

——“50 亩模式”。中国土地总体不富足的国情,决定了这种模式仅仅适用于少数区域。以当年推行包产到户最迟的省份黑龙江为例,全省农村人口人均耕地 10 亩、户均 50 亩左右,居全国之首。这片令人垂涎欲滴的黑土地,可行的机械化与规模效应,都决定了不离土不离乡的现代农业同样有可能给这里的农户播撒富裕之光。

——“3 亩模式”。浙江恰是最典型代表。改革启动之初的 1978 年,全省农村人均耕地约 0.68 亩(温州部分地区仅 0.3 亩),户均 3 亩上下。即使实行了包产到户干劲冲天,按照当年的粮食产量水平与粮食价格,也只能勉强填饱全家老小的肚子,致富那是痴心妄想。这一用脚指头都可以算得清的账,逼得上千万浙江农民在因包产到户而获得了经济行为自由权之后迅速转身,集体选择了两条生存路径:一是从家庭工场、乡镇工业掘取第一桶金;二是游走四方,做贾经商。两条路径又互为拉动,交相辉映。从此,一路走来,一路精彩。

中国农民绵延数千年的对土地的渴望,显现出了其本来就有的硬币的双面性——土地能给予它的拥有者以最坚实的生存滋养,然而在工业化、后工业化的今天,在一定的模式条件下,亦可能成为你起飞的最大羁绊。“3 亩—15 亩—50 亩”理论并不能给出当今中国乡村分野的全部理由,但细细回味,无疑有助于我们更深切地厘清包产到户及由此发端的改革时代种种变局的内在逻辑。

本章故事给你描绘的是看似相互矛盾的景象:李云河、冯志来等众多浙江的小人物们——李云河仅仅官至副处,冯志来一干人等更属草民——很早就开始为事关普通百姓的生存权、发展权奔走呼号,前赴后继。而在他们之上的权力者则展现出了一种传统的端庄与矜持,以及理由充分的观望。

事实上，这正是浙江 40 年改革演进的真实脸谱，自发的、广泛的、活力四射的民间创造始终是社会前行的第一力量。令人欣慰的是，政府在经历了最初的茫然与无措之后，逐步校正方位，投身大潮，成为改革发展坚定的推动者与维护者。有关这一点，在以后的章节里会为你叙述更多的故事。

现在，让我们一起上路。

【浙江改革开放史档案】

『包产到户』名词解释

家庭联产承包责任制，是指我国农村现阶段普遍实行的农户以家庭为单位，向集体组织承包土地等生产资料和生产任务的农业生产责任制形式。

其基本特点是在保留集体经济必要的统一经营的同时，集体将土地和其他生产资料承包给农户，承包户根据承包合同规定的权限，独立作出经营决策，并在完成国家和集体任务的前提下享受经营成果。一般做法是将土地等按人口或劳动力比例，根据责、权、利相结合的原则分给农户经营，承包户和集体经济组织签订承包合同。具体形式有：

一、包产到户。即作为承包者的农户与集体组织实行定产量、定投资、定工分，超产归自己，减产赔偿。

二、包干到户。即承包户在向国家缴纳农业税、交售合同定购产品，以及向集体上缴公积金、公益金等公共提留后，其余产品全部归农民自己所有。农民把这种承包方式通俗地称之为“保证国家的、留足集体的、剩下都是自己的”。

包干到户在承包责任上比包产到户更为彻底。目前，绝大部分地区农村采用的是包干到户的形式，也叫“大包干”。

被学术界普遍认可的基本判断是，直到1978年，浙江仍然是一个工业基础薄弱的农业省份，是一个自给自足的自然经济社会。

——三次产业在GDP中的比重：38.1∶43.3∶18.6。第一产业在GDP中的比重高于全国平均水平9.4个百分点；第二产业的比重低于全国平均水平5.3个百分点。

——从业人口在三次产业中的比重：74.82∶17.1∶8.08。第一产业从业人口比重高于全国平均水平4.13个百分点；第三产业从业人口低于全国平均水平4.06个百分点。

结论是，1978年，浙江的工业发展水平低于全国平均水平，第三产业发展水平明显低于全国平均水平。从绝对数看，当年全省GDP总值为123.72亿元，列全国各省市区第12位；人均GDP为331元，低于全国平均水平12.7个百分点，列全国第16位。

40年后的2017年，浙江GDP总值高达5.18万亿元，列广东、江苏、山东之后，跃居全国第4位；人均GDP逾9万元，紧随北京、上海、天津、江苏，居全国第5位。40年间在各省市区GDP中的排名则上升了8位，提升位次仅次于福建，居全国第二。

第二章

我们来了

若真想要是一次解放
要先剪碎这诱惑的网
我要的一种生命更灿烂
我要的一片天空更蔚蓝
我知道我要的那种幸福就在那片更高的天空
我要飞得更高，飞得更高

——汪峰：《飞得更高》

村村点火　户户冒烟

1980年初，钱塘江畔一望无际的芦苇仍旧满目枯黄。江边风大，极冷。鲁冠球的心却从没有这么火热过。

后来鲁冠球回忆说，那一天，他作出了自己近50年经营生涯所有重要决定中可能是最重要的决定：将厂门口的4块牌子摘掉3块，只剩1块——宁围万向节厂。

被摘掉的3块牌子分别是：宁围农机厂、宁围轴承厂和宁围铸钢厂。宁围地处钱塘江南岸，是被激流澎湃的钱江大潮挟裹而来的泥沙堆积而成的滩涂平原。贫瘠的沙地种不了稻子，只能种些棉花、络麻、花生。但对于办工厂来说，这片种不了稻子的沙地倒成了足以施展手脚的广阔天地。

20世纪70年代的万向集团前身萧山宁围农机厂

那一年，鲁冠球35岁，他的工厂已经开办11年了。

虽然，鲁冠球后来以"中国农民企业家第一人"享誉海内外，但这个中国农民的儿子从小就对在钱塘江边当农民、种棉花毫无兴趣，他最大的梦想是进城，当工人。1958年，经姨妈托人说情，鲁冠球成为萧山县城厢镇铁器社的一名打铁小学徒。美梦才做了3年，"大跃进"带来的大饥荒，使他又不得不卷起铺盖回乡。

城里注定是去不了了，可下地干农活那更是万万不能的。1961年，鲁冠球搭起草棚开了第一间自行车修理铺。1967年，他用自己修车攒下的一小笔钱，开办了产权说不清是归大队还是个人的宁围金一五金厂。工厂的工人除了妻子章金妹，还有5位同村的庄稼汉；全部资产就是几只打铁的大铁炉。

先是个体修车铺，再是产权不明的打铁铺，在"割资本主义尾巴"的严厉目光之下，鲁冠球觉得越来越无地自容了。1969年，毛主席号召广大农村要"社社实现机械化，农机维修不出社"，急于抓出点政绩的公社领导居然也盯上了鲁冠球的打铁铺，两下里一拍即合。于是，鲁冠球和他的6名创业元老背起用血汗换来的价值4000元的家当，投身于集体的温暖怀抱，大门前的招牌——"宁围公社农机修理厂"从此金光闪闪。这一年，成了后来大名鼎鼎的万向集团的创立元年。

直到此时,对于未来的宏图大业,鲁冠球仍颇感茫然。那个时候,他的办厂方针还是接到什么活练什么摊,凡是和铁沾上一点边的,自己的能力又可以达到的,通通地干。犁刀、轴承、铁耙、万向节,产品让人眼花缭乱。大门口的招牌终于也挂到了4块,猛一看,很是威风。

到1980年,鲁冠球的工厂已经从7个农民加到400来号人了,年产值也达到了令人吃惊的400万元左右。

此时的中国乡村,数十年来一成不变的东西正在悄然改变。

早在"四人帮"被粉碎的1976年底,全国已经有了10.62万个社队工业企业,当年产值达到了243.5亿元。农业部在那一年建立了人民公社企业管理局,整个中国大陆除西藏之外,省级社队企业管理机构相继成立。

到1978年末,全国有94.7%的公社和78.7%的大队办起了企业。社队企业发展到152.4万个,当年社队企业总收入达493.1亿元,占人民公社、生产大队和生产队三级组织经济总收入的29.7%。

1979年7月,国务院颁发《关于发展社队企业若干问题的规定》,给予社队企业税收优惠、奖售补贴和资金扶持。

在浙江,1980年时包产到户已暗潮涌动;以服务15公里地范围内农业机械化为名创办的社队企业,纷纷突破笼子,日渐明目张胆地与国有工业企业争原料、争市场,并向各种加工领域顽强地渗透。政策松动引发的变革,开始萌发出第一颗嫩芽。

一向有着极好"嗅觉"的鲁冠球,感觉大干一场的机会来了。

干什么?怎么干?问题还是没解决。左思右想,鲁冠球认定必须清理门户,捏紧拳头搞专业化生产。于是,就有了本章开头的那一幕:农机厂、轴承厂、铸钢厂的招牌不见了,"宁围万向节厂"几个大字赫然而立。

几乎决定了鲁冠球此后创业史全部命运的"万向节"又是何物?这个看上去并不神奇的貌似十字架的东西,是汽车传动轴与驱动轴上的连接器。因为它在旋转中可以任意地变换角度,所以被称为万向节。正是这个看上去并不神奇的万向节,将鲁冠球推上了走向世界的通天大道。他的命运从此与现代汽车大工业紧紧相连,并最终成为福特、通用、克莱斯勒等国际巨头邀请名单上的贵客。

当时还是草根创业者的鲁冠球何以这么灵光地一步登天？作出咬定万向节决定的那一刻又发生过什么？这成了许多追访者的难解之谜。

1995 年 5 月 15 日，鲁冠球迎来了一位最尊贵的客人——时任中共中央总书记、国家主席江泽民考察万向集团。

走在设备先进的车间里，总书记一边仔细察看，一边向身旁的鲁冠球提了个问题："老鲁，你当时为什么看中了万向节这个产品呢？"

鲁冠球脱口而出："当时，选中万向节并不是科学的决策。"

总书记饶有兴趣地扭过头来，谁也不知道老鲁接下去说的是什么。

鲁冠球在车间检查万向节的生产质量

鲁冠球无非是在实话实说："当时只是社会上需要什么我们就生产什么。"

"那么是拍脑袋决策喽。"总书记笑了。

鲁冠球也笑了起来："是拍脑袋。不过拍脑袋之后，我们还是认真分析了市场的。"

其实，在 1980 年前，鲁冠球生产万向节已经断断续续有 5 年多，但都属内销的低档货。真正让他痛下决心的，是那一次千里迢迢的首都之行。这也是他第一次首都之行。在他的想象中，那里有一座金灿灿的大宫殿。

硬着头皮，鲁冠球迈进了北京中国汽车工业公司的大门。他可能是第一个敢于迈进那个大院的农民厂长。

北京的老同志颇有素养，与地方上的到底不同，见了他的那张皱巴巴的介绍信也没瞧不起。不过关于万向节的生产情况,老同志说,全国此时已经有 56 家工厂在生产万向节,产品差不多呈现饱和状态了。

鲁冠球心里一惊,失望地夹起皮包。快要出门时,老同志突然随口说了一句话:“目前市场上饱和的万向节,是供应国内汽车生产的。国外进口汽车上所需的万向节技术要求很高,横断面必须平光如镜,磨掉一根头发丝的 1/6 就不行了。而且利润又薄,所以许多厂家不愿意生产,也生产不了。”老同志迟疑了片刻,“如果你们愿意试试,那么,无疑是为国家填补了空白,是在为国家做贡献啊。”

鲁冠球听了这话,简直不相信自己的耳朵,这可真是天上掉下一个馅饼来了。

他毫不犹豫地说:“行,我们来搞吧。”

这下,要轮到人家老同志不相信自己的耳朵了。

在遥远的南方,在一个不知名的棉花地中的小厂子里,一个关键的决策在几秒钟内产生了——他们准备大干一场了,他们要造很多大型国有企业都不敢碰的洋人汽车上的万向节了。

“这些农民是怎样办起 2000 万家企业、解决 1 亿人的就业的?他们如何选择产品?到哪里获得技术诀窍?启动资本从哪里来?是如何取得辉煌成绩的?”新加坡原副总理吴庆瑞在中国沿海考察乡村工业时提出了这些疑问。

吴庆瑞是新加坡执政的人民行动党创始人之一,曾先后担任李光耀内阁的财政部长、副总理,为新加坡经济起飞立下了汗马功劳。20 世纪 80 年代,退职后的他接受邓小平的邀请,正式受聘为中国沿海开发区经济顾问。此后的 6 年中,吴庆瑞每年两次前来中国考察。令这位毕业于伦敦政治经济学院的经济学博士最为困惑不解的是,中国浩如烟海的乡村工业“崛起”背后的真相究竟是什么。

最接近“鲁冠球真相”的资深观察者、著名财经作家吴晓波是这样分析的:在浙江,作为一个庞大的群体,随着改革开放之初乡村工业化风暴的来临,广大农民企业家获得最终的成功是一种无法阻挡的必然。但就其中的某一个体而言，从何处出发、往哪里去、能否抵达激动人心的彼岸，则充满太多不可预测的偶然。一句话，他们是真正摸着石头过河。

几乎同时，距离鲁冠球数十公里外的绍兴人也开始摸着石头过河了。

1979 年，从浙江省委办公厅下派的沈祖伦被调到绍兴县担任县委书记。这位与鲁冠球一样有着宽阔前额的书记后来官至浙江省省长，并以进取型改革派姿态而口碑甚佳。

绍兴是水乡，是鱼米之乡，农业也是蛮有搞头的。但沈祖伦总觉得必须把目光放长远些，不想法子解决乡村工业的发展问题，从根本上说农民致富就没有出路。可乡村工业很难从计划经济的盘子中找食，依靠市场求生存又随时可能触碰意识形态的高压线。

沈祖伦决定要动手了。他问当时的县社队企业局局长韩福之："老韩，你怕不怕？"

军队转业的韩福之脖子一梗："你都不怕，我怕什么！"

沈祖伦也提高了嗓门："我把县委书记的帽子捏在手里，一定要把乡镇企业搞上去！"

韩福之至今对那番对话记忆犹新。"沈书记这个人很像列宁，他说最后一句话的时候，我脑子里立即浮现了《列宁在十月》电影中的一个画面。就是列宁激昂地把手一挥，'面包会有的，一切都会有的'！"

方向找准了，可是究竟怎么干心里还是没一点谱。许多人认为绍兴县的特产是黄酒，办酒厂肯定有钱赚。开会时，沈祖伦就号召全县 50 个公社争取一个公社办一个酒厂。

这时，马上有 5 个部门拿出红头文件来反对。他们说，黄酒是专卖商品，是国营厂指定生产的，要经过国家酒类管理机构登记批准。而且，粮食是国家统购统销的。

但沈书记下定了决心，他转身赶回杭州找老上级省委书记铁瑛"开后门"。铁瑛被缠得没办法，就批示说："根据实际情况办。"沈祖伦有了靠山，胆子更大了。酒厂的一些设备要用到锡，这可是国家管制的紧张物资。沈祖伦的老关系又起作用了,他直接跑到省物资局局长的办公室去要,一下子运来了4吨。

在艰难的夹缝之中,经一连串的"灰色"操作之下,50个酒厂呼啦啦全开张了。虽然此后不少酒厂办砸了,撑不下去了,绍兴县的乡镇企业也逐步转向了轻纺产业,并最终摘得"中国纺织第一县"的美名,但颇有些瞎子摸象式的"酒厂事件",实实在在为绍兴乡村工业的崛起打响了关键的第一枪。

1980年,绍兴县就冲上了浙江省乡镇企业排名的榜首。1983年,全县乡镇企业猛增到3300多家,总产值接近20亿元。

回顾乡村工业的萌发,浙江有一个很有意思的现象:在杭嘉湖宁绍等浙北地区,许多鲁冠球这样的民间草根力量起到了最为关键的"带头人"作用,乡镇工业也因此被定义为所谓的"能人经济"。而不少县市政府官员的强势推动,其功效亦可圈可点,比如沈祖伦之于绍兴县。

而在温州、台州、金华等浙中南地区,情况就不一样了。这些地区,山更高、地更薄、路更弯,教育水平有限,能人也少。穷山恶水的无奈,又不能奢望来自政府的"温暖的大手"的帮助。没有成批的"能人"、没有厚实的"靠山",吃饱肚子的生存本能逼得那里成群的农民还是得不顾死活地往前冲。于是,当年发生于浙中南地区的乡村工业最初的革命,更像是一场无组织、无纪律的农民暴动——男女老少齐上阵,翻墙钻洞各显神通。

这就意味着,那一场革命更加躁动无序,更加艰辛,也更加具有摧毁一切的力量。

下面,我们就来说说第一代温州首富叶文贵的故事。

把叶文贵称作第一代温州首富一点都不为过。这位温州苍南县金乡镇的农民早在20世纪80年代初就先后办过5家工厂,办一个火一个,迅速积累的家财至少上千万元。即使在老板满街跑的温州,当年也少有人敢与他叫板。后来浙江召开全省首届家庭工业会议,他曾被推举作为预备成立的省家庭工业协会的会长候选人。

严格地说，叶文贵亦应该归入“能人”之列。但与颇具领袖气度的鲁冠球相比，面庞瘦削、其貌不扬的叶文贵显然缺乏大手一挥定天下的霸王相。我们在他身上嗅到更多的是温州商人的狡黠。而叶文贵很早就极善于利用这一点发掘商机挣大钱。

在黑龙江省七台河市当知青的叶文贵掘到了人生“第一桶金”

1969 年，19 岁的叶文贵没能逃脱同辈人的命运——到黑龙江省七台河市一个只有 50 户人家的山村当知青。望着无边无际的老林子，许多第一次离家的知青号啕大哭。叶文贵却认为天无绝人之路，他的商人本性又忍不住地躁动起来了。

叶文贵发现当地烟糖公司的茶叶要卖十六七元一斤，价格高，质量却一般。再一打听，温州来的知青差不多每个人都带了一些茶叶，但是实际上没几个人喜欢喝茶。价格有落差、信息不对称，他觉得自己该下手了。

叶文贵悄悄从知青那里收购来茶叶，再转手卖给烟糖公司，还煞有介事地说这是杭州产的龙井茶叶。烟糖公司的人又有几个去过天堂杭州？就傻傻地把茶叶按等级照单给收进去了。每位知青起码带了七八斤茶叶，光是温州知青就有 400 多人，叶文贵一口气买了其中 150 人带来的茶叶。在老家，这样的茶叶一斤顶多卖两元钱左右，叶文贵的收购价翻倍——4 元，然后立即抬价至每斤八九元卖给烟糖公司。这一圈投机倒把，叶文贵的口袋里就至少揣进了几千元。

从东北至温州,倒人参、倒熊胆、倒黑木耳,瘦巴巴的叶知青摇身一变,成了叶老板。“你问我当时多有钱?”叶文贵几杯酒落肚这话可就多了,“告诉你吧,当年七台河市革委会主任李凤久都常找我去他家喝酒!”

1978 年底,叶文贵回到老家金乡镇。这金乡其实根本不是金子之乡,人均耕地不足 0.2 亩,人均年收入仅 20 元。就在叶文贵回乡的前几个月,新来的镇委书记到任的当天,金乡人贴出了这样的海报以示欢迎:“今晚召开要饭吃、要工做大会,敬请书记莅临指导。”

然而,没过多久,叶文贵发现一切都变了。

古镇的街头巷尾神速地冒出 3000 多个家庭小作坊,几乎都是生产铝质校徽和塑料饭菜票。那可真叫是人民战争的汪洋大海:家家户户的厅堂、灶间架起了破旧的机床,哐当哐当的金属切割声、后院母猪哼哼叽叽的拱槽声此起彼伏。一个人口不过数万的小镇竟有 1.2 万人先后模仿、跟进,卷入类同的小商品生产领域,还有约 7000 名金乡人游走全国,接订单、做推销。

为了扩大业务量,金乡人盯上了 3 分钱一张邮票的信函。叶文贵被自己看到的场面吓了一大跳:“当时,金乡邮电局的门口每天都挤满了人,大家都把业务信装进麻袋,挑着箩筐去寄信。交邮费的时候由于来不及点数,就把信件放在秤上称,然后按每斤多少封信来交费。”

据统计,1980 年,金乡邮电局最多一天发出业务信 52 万封,一个月至少报废十几只邮戳,全国每家企业平均每周至少收到来自金乡的一封业务信。由于发信、拆阅信件、写回信等挺费工夫,镇上很快就出现了不少负责写信、封口、贴邮票、送信至邮局盖戳等工序的专业户。小学以上文化,且能写一手好字的,只要帮别人在信封上填写地址和收信人,一个月就能赚到 100 多元。

脑瓜灵光的叶文贵知道,自己这辈子最大的发财机会就在眼前。金乡做铝质徽章的小作坊都要用到铝材,却没人搞铝加工。早已在东北掘得第一桶金的叶文贵决定投资轧铝厂。

没料想,麻烦也来了。办轧铝厂需要镇上同意并刻一个公章,否则出门谈生意连住招待所都难。可是分管工业的副镇长黑着脸伸出一只手:“先交一笔管理费再说。”

“厂子还没影,哪来的钱呀?”

副镇长一听火大了,拍起了桌子。钻过东北老林子、见过黑瞎子的叶文贵也火大了,拍得比他更响。僵持之下,叶文贵托人疏通关系,书记和镇长发话,叶文贵这才拿到了厂子的“出生证”。

继轧铝厂之后,叶文贵又接连开办了高频机厂、压延薄膜厂、微机仪器厂、铅箔厂。生意倒是一天天红火,可是来自一些政府官员的白眼、拿捏也没少过。

有一次,温州市委书记董朝才到苍南县调研,拍着叶文贵的肩膀说:“我们各级政府对民营企业的发展都是很支持的。”窝了一肚子火的叶文贵发飙了,和董朝才当面争起来,还列举了不少“罪证”,搞得站在一旁的县长刘晓骅一脸尴尬。

“董书记还是好官,”叶文贵回忆那天的情景时颇为感慨,“最后他笑着说不与我争论了,吃饭时还认罚了好几盅酒。”

几年以后,叶文贵成了温州首富。金乡也真的成了“金子之乡”,一个镇生产的铝质徽标和硬塑料片就瓜分了全国50%的市场,学生证、自行车证、户口簿以及各种书籍、笔记本封面的塑料膜制品市场也随后落入金乡农民企业的囊中。

由南至北,起点不同、方式各异,浙江乡村工业的第一浪风生水起。1984年春,中共中央、国务院批转了农牧渔业部《关于开创社队企业新局面的报告》,是为中共中央四号文件。从此,社队企业这个名称在中国的文件和媒体上消失,取而代之的则是“乡镇企业”这个崭新的称号。

这一年,21岁的南存辉用辛苦多年修鞋积攒的1.5万元,和胡成中合伙创办了求精开关厂,正式开始了这位温州新首富的漫漫商旅。

这一年,“汽车疯子”李书福向父亲借了4000元钱,开办了自己的第一家电冰箱厂。

刀尖上的舞蹈

浙江商人肯吃苦,这早已成为共识。在一片赞誉声中,最为传神、传播也最广的评价是所谓的"四千精神":走遍千山万水,讲尽千言万语,想尽千方百计,历尽千辛万苦。

"事实上,还应该再添上一句:尝尽千生万死。"20 世纪 80 年代,新华社驻温州首席记者陈坚发曾向我叙述了如下故事。这可能是 1978—1984 年间浙江商人所遭遇的最血腥的一幕,但肯定不会是唯一的一幕——

急电。来自北京的急电。

收电单位:温州市公安局。

发报时间:1981 年某月某日。

温州市公安局副局长老叶虽然是老公安了,亲自处理过许多血淋淋的凶杀案,但他还是被眼前的电文内容震惊了:北京西单发生一起罕见的杀人碎尸案。经初步侦查,被害两人的年龄均为 16 岁左右,男性,可能系你市永嘉县江北乡人,请速查核电告。

老叶感到头皮发麻,一阵阵血直往上涌。他拿起了无线报话机话筒。

温州街头,警车呼啸。

夏日的炙热之中,隐隐透出一股逼人的寒气。闹市上熙来攘往的行人,只是向呜呜呜响的警车投去好奇的一瞥。

5 小时后,电文的内容被证实:确有此两人,系孪生兄弟,15 岁,姓名黄某某、黄某某。一个半月前外出推销纽扣,至今无音信。体貌特征如下……

急电。来自古都西安。

收电单位:温州市公安局。

发报时间:1983 年某月某日。

电文告:近日,本市破获一起特大谋财杀人案。犯罪嫌疑人系一私人旅馆店主。据旁证及犯罪嫌疑人口供,三个被害人是温州市城区个体商贩叶某某(女,19 岁左右),平阳县塘下区村民高某某(女,16 岁),郑某某(女,21 岁)。请速协助查实……

根据事后进一步的调查,北京西单杀人碎尸案的具体案情,是永嘉黄氏兄弟因推销纽扣时与人发生纠纷而遭杀害,直至有人在犯罪嫌疑人的内院发现残余尸块,案件才败露。也许是案情过于残忍血腥,此案从未见诸媒体报道。

我们不妨假设,如果永嘉黄氏兄弟没有被杀人碎尸,如果三位年轻的女商贩没有死于非命,几十年后,他们(她们)也许同样会成为百万、千万甚至亿万富豪,成为社会主义市场经济的成功人士。然而,他们就这样消失了,消失得无影无踪。我们总是容易记住最后的胜利者,却往往忽视胜利者背后无名者的碑铭。这,也许是一个时代进步必须付出的代价。

据统计,当年,仅温州一地背负致富梦想跋涉于全国的供销员至少超过 10 万人。他们中间,有多少人死于歹人屠刀、死于飞来车祸、死于精疲力竭,我们不知道。

除了不可预知的生命的消逝,等待他们的还有无法逃避的精神磨难。对于他们中的大多数人来说,这种磨难更加残酷,更加沉重。

用乍暖还寒来形容 1978—1984 年中国改革开放的气候特征,是再确切不过了。1982 年,中共中央一号文件下发,农村联产承包责任制得到方向性肯定,成为不可动摇的改革成果。除此之外,很多都不确定。要解放思想,要大胆改革,这是容易明确的原则。但怎样的思想必须被解放?什么领域必须被改革?不知道。没有可以比照的先例,扑面而来的都是新事物。随着政治气候的阴晴不定,判断的标准和结论随时可能截然相反。

1982 年 1 月 11 日,中共中央发出《紧急通知》;同年 4 月 13 日,中共中央、国务院作出《关于打击经济领域中严重犯罪活动的决定》,要求坚决打击“走私贩私、贪污受贿、投机诈骗、盗窃国家和集体财产等严重犯罪活动”。这类犯罪活动如何处理?文件的语气十分严厉:对严重破坏经济的罪犯,不管是什么人,不管他属于哪个单位,不论他的职务高低,都要铁面无私,执法如山,不允许有丝毫例外,更不允许任何人袒护、说情、包庇。如有违反,一律要追究责任。

文件出台的背景是,多年的管制出现松动,社队企业肆无忌惮地与国有经济抢资源、抢市场,个体私营企业四处出击"挖墙脚",民间贩运异常活跃。担心、忧虑、指责,天平又开始向另一端倾斜。

显然,政策收紧了,刚刚呼吸到自由空气的浙江商人们,心又被拎了起来。他们警惕地观望着,成为惊慌失措的惊弓之鸟。

吴来根(化名)就是这样一只惊弓之鸟,而且是自投罗网的惊弓之鸟。

37 岁的吴来根是国有杭州啤酒厂绍兴麦芽车间的一名普通工人。虽然只是普通工人,人称"小诸葛"的吴来根却颇善交际,路子宽、朋友多。捏着口袋里每月 24 元 3 角的薪水,他的心思活络起来了。他盯上了紧俏物资的转手倒卖。

后来经绍兴市人民检察院查实,吴来根实际发生的全部犯罪事实如下:

1980 年 7—12 月,吴来根在绍兴市兰亭林牧场支农期间,为绍兴、萧山、临海等地的社队企业"联系"业务,从外地某纺织工业局购买涤棉纱 1000 公斤,厂丝和小绞丝 405.25 公斤,五级棉纱 3414.25 公斤,70—150 丙纶复丝 968.3 公斤。"非法获利"共 3104 元,其中,吴来根个人实得 2057.53 元。

由于是托朋友私下悄悄联系,吴来根的"犯罪事实"其实无他人知晓。1982 年初,抓人的风声一天紧似一天,吴来根害怕了。2000 多元"非法收入",相当于自己 7 年工资!这可不是小数目啊,被抓住了该吃多少年官司呀?

彻夜的辗转反侧,吴来根决定自首。4 月 1 日,他给自认为值得信赖的《浙江日报》编辑部写了一封信:

我是在经济上犯了罪的人!

自从全国人大常委会作出了《关于严惩严重破坏经济的罪犯的决定》之后,我每天都看报上登载有关打击经济犯罪活动的报道,使我下决心向政府坦白交代自己以往所犯下的经济上的罪行！

打击经济犯罪斗争一开始，我就背上了思想包袱，日夜不安，心中感到有亏心之事。我也多次想坦白交代问题，但是怕坦白了得不到宽大处理，怕单位领导知道后把我看死，怕亲属和子女受影响遭歧视。想到这一切，每日每夜都在进行着激烈的思想斗争。有时，甚至出现自杀之念。但是，最后还是党的政策把我召醒，叫我下决心，选择走坦白从宽的道路。现在我的心情是又激动又紧张！

……

编辑同志，我切切地盼望能早日得到你们的帮助。我的这些罪行应向哪个政府部门去坦白交代，请速指点我吧。

我该怎么办？现在就等着你们的指点了！

吴来根的自白信以“一个经济犯罪者写给本报一封信”为题，于 1982 年 4 月 8 日刊登在《浙江日报》头版头条，并配发评论员文章“改邪归正，莫失良机”。

自白信事件的结果是，4 月 17 日，绍兴市召开从宽处理大会。该市人民检察院当众宣布了对主动投案自首、坦白交代的吴来根免予起诉的决定。吴来根则当众痛哭流涕，表示要重新做人。

有一个难以证实的说法：吴来根此后回厂里的确规规矩矩做起了工人。但是到 1988 年，有“投机倒把”前科的他又蠢蠢欲动，终于辞职离厂，据说跑到绍兴柯桥轻纺市场摆摊，当上了布老板，真的发了大财。

急风暴雨般的经济整肃持续了差不多一年。据官方统计，到 1982 年底，全国立案各类经济犯罪 16.4 万件，结案 8.6 万件，判刑 3 万人，追缴款项 3.2 亿元。民营经济最早萌动的浙江无疑成为重点严查的省份之一。

吴来根显然只是被那场急风暴雨淋湿的一只小鸟，真正具有标志性意义，并因此在浙江 40 年改革历史上留下浓重一笔的，是温州“八大王事件”。

市场经济萌发时，三教九流人欢鱼跃，成功者往往被尊称为“大王”。温州乐清县柳市镇的“八大王”正是这样一拨流通领域的出类拔萃者。他们经营的无非是螺丝、矿灯、线圈、小五金等商品经济的“针头线脑”，但他们更有眼光、更善于发现市场流通中的最大落差。于是，他们率先富起来了。

1981 年底，浙江省委工作组就已对“八大王”进行了调查。1982 年初，全国性“严厉打击经济领域犯罪活动”的运动升温，乐清县委便立即将“八大王”事件列为大案要案加紧查处。“大王”们此刻发现，瞄上自己的，不仅有羡慕的目光，还有黑洞洞的枪口。

在《温州大爆发》一书作者朱幼棣、陈坚发的笔下，我们读到了“八大王”之首“电器大王”胡金林的那段不堪回首的往事。

1982 年 7 月，酷暑笼罩着浙南大地。

闷热难熬。男人和孩子光着背，只穿一条裤衩。女人们则不停地摇着扇子。街角的狗伸出长长的舌头，喘着粗气。但到了午后，天空迅速聚集起乌云。黄昏，电闪雷鸣，一场惊心动魄的大暴雨倾盆而下。

这些日子，对胡金林来说，同样是炎热难熬和雷电交加。

阴云的聚集，是从上年底开始的。工作组进驻柳市，调查他是否补缴税款。胡金林补缴了 17 个月的税款 6 万余元。1982 年 3 月，他看苗头不对，放下手头正在做的电器生意，携妻子去全国各地旅游，想避一避风头。谁知返回柳市后，发现事态仍在升温。税务部门规定的营业税最初是按 0.35%征收的，后来连补代罚增加到 6%。据一些知情人透露，还需要再罚一两倍。有关部门已开始整理材料，通知他不得外出，必须随叫随到，等候处理。

胡金林被称为“大王”是当之无愧的。他在电器购销中建立起了相当紧密的关系网。他像注意市场行情那样，紧张地注视着当地“政治气候”的变化。他的“关系网”发挥了作用。有人通知他：被工作组找去谈话的几个“大王”都被扣下了，没有回家。胡金林如坐针毡。黄昏，又有人奔来跟他说：“不行啦，要下大雨啦！”

带着 500 斤粮票、2000 元现金和早已准备好的各种证件，他匆匆出逃。

当夜 12 点，警车呼啸而至，扑了个空。

胡金林从此开始了长达两年多的亡命天涯。

乐清县公安局的通缉令，两次发往全国各地。

上海、哈尔滨、长春、山海关……胡金林辗转于关内关外。在东北的一个城市里，他遇到了几位温州同乡。他们拉他去饭馆喝酒。三两杯落肚，温州同乡嫌菜不好，和服务员吵了起来。胡金林一看，慌了神，赶忙劝止。闹出事来就要命了，自己可是个在逃的通缉犯！

第二天，胡金林便仓皇离开这里。不能再和老乡搅在一起了，他躲进了夹皮沟，这正是小说《林海雪原》中描述过的那条东北大山中的山沟……

胡金林出逃后，他家的几个兄弟也陆续逃出去避风。16 岁的小弟弟胡荣林在上海码头被抓获，押回温州。汽车从温州到乐清的路上，经过白象镇，恰逢集市，车被堵。胡荣林趁人不备，跳窗逃命。

屋外，飘着纷纷扬扬的大雪。

在这些提心吊胆的日夜，胡金林不止一次地审视自己：变国有企业的积压产品为畅销，为国家挽回了不少损失，这怎么倒成了犯罪？没有杀人抢劫，没有贪污诈骗，就算不上犯罪！

出逃大半个中国后，悄悄潜回老家过春节的胡金林终于被关进了监狱。

当天，乐清县广播站向全县广播了这一消息："全国经济要犯、'八大王'之首胡金林抓获归案……"

66 天的监狱生活，胡金林终身难忘。

《温州大爆发》一书没有记录柳市其他 7 个同样被定为重大经济犯罪分子的"大王"的命运，但他们并不比胡金林好多少——

"矿灯大王"程步青，1982 年遭逮捕时仅 22 岁。几天后，县里召开公审大会，他被五花大绑押上台，判了 4 年徒刑，成为各位"大王"中量刑最重的一位。

"螺丝大王"刘大源是最侥幸的。1982 年夏的一天早晨，他到街上转悠。街上居然一夜之间贴满了"坦白从宽、抗拒从严"等暗藏杀机的标语。刘大源心惊肉跳，一回头，猛发现有两人在盯梢，他偏身一脚跨进了街边的供销社。瞅个空当，又钻进了小巷。回到家取了 7 万多元钱后去了河边，穿着背心短裤，失魂落魄的刘大源跳上一只机动小木船，直奔县城。当地的朋友给了他衣服，为他买了车票。3 天后，刘大源流着泪远走异乡。凭着多年跑码头的经验，他东躲西藏，成了唯一未坐牢的“大王”。

需要补充交代的是“八大王”的准确名单。

唯一侥幸逃脱而未坐过牢的“螺丝大王”刘大源

根据《经济观察报》资深记者仲伟志找到的一份日期为 1984 年 6 月 14 日，由浙江省打击经济领域犯罪活动联席会议办公室印行的《情况简报》，“八大王”的名单为：“电器大王”胡金林、“矿灯大王”程步青、“螺丝大王”刘大源、“目录大王”叶建华、“线圈大王”郑祥青、“旧货大王”王迈仟、“翻砂大王”吴师濂、“胶木大王”陈银松。

而另外一份广泛流传的名单则是：“电器大王”胡金林、“矿灯大王”程步青、“螺丝大王”刘大源、“目录大王”叶建华、“线圈大王”郑祥青、“旧货大王”王迈仟、“合同大王”李方平、“机电大王”郑元忠。

两份名单的差别在于，“翻砂大王”吴师濂、“胶木大王”陈银松，与“合同大王”李方平、“机电大王”郑元忠，那么，究竟哪两位不在“八大王”之列。

我曾费尽周折寻访到一位当年乐清县委工作组的当事人。他分析称，其实，当年严查、批捕了一批柳市购销大户，并无明确所指，人数也肯定超过 8 位。所谓“八大王”是以后才有的形象的概括。这可能是比较令人信服的解释。

“八大王”的抓捕，没有带来预想中发展秩序的清朗，而是经济的急速滑坡与衰退。

1980年,温州市工业的增速已高达31.5%,到1982年陡然下滑为-1.7%。抓了“八大王”后的柳市镇当年工业生产竟暴跌了57%。

时任温州市委书记袁芳烈心急如焚。“八大王事件”冲击的背后,他清楚地知道,已成惊弓之鸟的老板们如果没有了信心,没有了对未来的预期,将意味着什么。

1983年春节刚过,袁芳烈再下柳市镇调研。“共产党人做事光明磊落,要实事求是,错了就要改!”他建议对“八大王”逐一复查。

几个月后,市中院对全部案卷再三复查取证的结论是:除一些轻微的偷漏税外,“八大王”的所作所为基本符合中央精神。因此,“八大王”被改判无罪,发还其罚没财物。但拖了一截尾巴:宣告无罪却并没有给他们平反。

社会反响仍是观望。

1984年,中共中央第三个“一号文件”明确指出:供销员是流通领域的一支重要力量,而且对农村商品生产的发展起着重要作用。供销员是农村发展生产的催化剂,是国营商业和合作商业所代替不了的,应该得到大家的肯定和支持。

袁芳烈借此东风,在省委常委电话会议上疾呼要给“八大王”平反,获得一致同意。在当年春召开的全市乡镇书记以上干部大会上,温州市委公开宣布为“八大王”彻底平反,袁芳烈作了“认真吸取‘八大王事件’教训”的重要讲话。

“十个纸上的文件,也抵不过‘八个大王’的王者归来。”消息不胫而走,云开雾散。几十年后,温州最大的老板、全国工商联副主席、中国正泰集团董事长南存辉告诉袁芳烈:“‘八大王’平反了,我才砸下所有家底申办求精开关厂。否则,我真不敢。”

2008年2月20日,“八大王事件”发生整整26年后,一个温暖的下午,“八大王”中的6位应柳市镇政府之邀,参加纪念改革开放30周年座谈会。当年的“大王”各奔东西,命运迥异:胡金林远走柬埔寨,摇身成了柬埔寨的“电器大王”和“橡胶大王”,并被推选为当地温州同乡会首届会长。“合同大王”李方平移民加拿大，后回国再创业，因成功自主研发人工耳蜗，当选 2015 年度“风云浙商”。“机电大王”郑元忠创建了著名的西服品牌“庄吉”，并于 1998 年改革开放 20 周年时获评“温州改革十大风云人物”，但 2015 年因债务缠身宣告破产。其他“大王”经历磨难后大多一蹶不振，有的一直小本经营，有的早已默默无闻、悄无声息。“旧货大王”王迈仟则在 1995 年病逝。

座谈会上，遥想当年风云，“螺丝大王”刘大源幽幽地冒出一句：“那，都是过去的事了。”

走私狂潮

按照辞典的标准解释，走私，指个人或者机构故意违反政府海关法规，逃避海关监管，通过各种方式运送违禁品进出口或者偷逃关税，并且情节严重的犯罪行为。

毫无疑问，走私就是犯罪。

当改革春江初暖之时，在浙江沿海尤其是南部改革涌动最为活跃的温州、台州地区，走私黑潮汹涌澎湃，出现了大范围泛滥之势。

走私，成为解读浙江改革史第一页颇显尴尬却无法躲闪的灰色片段。

1981 年 2 月，广东、福建、浙江三省在福州召开东南沿海三省第一次打击走私工作会议。同年 7 月 6—15 日，国务院再次召开东南沿海三省第二次打击走私工作会议，8 月 3 日，转发了《会议纪要》。中共中央、国务院的批语极为严厉：自 1980 年以来，广东、福建、浙江三省沿海地区走私活动猖獗，并波及全国许多地区。走私之所以发展到泛滥的地步，主要是由于有些领导干部对走私的危害性和打击走私的必要性认识不足，加上我们的一些管理制度不严，思想政治工作薄弱，给走私分子内外勾结以可乘之机。我国实行对外开放政策，走私和反走私的斗争将长期存在。这种斗争，不仅是经济斗争，而且是政治斗争，是现实阶级斗争的一种表现。

浙江沿海的走私风潮主要集中在温州及其相邻的台州。1981 年下半年达到高潮的走私“大雪崩”，席卷了温州苍南、平阳、瑞安、永嘉、乐清、瓯海、鹿城7个县市(区)。其中走私狂潮泛滥的有12个区、24个乡，几乎覆盖此后温州商品经济最为繁荣的乐清柳市，苍南的金乡、宜山、钱库，平阳的鳌江等地。全市大小走私市场达17个，其中每天客流万人以上的超级市场有乐清柳市的里垅、苍南的林家院和关尾洋3个，当时即号称“台湾有基隆、香港有九龙、温州有里垅”。

据温州打击走私领导小组不完全统计，仅1981年这1年，就在海上查获走私船107艘，私货价值1100万元。缴获的主要走私物品有录音机9644台、电视机210台、手表24万只、尼龙布72万米、银圆2.3万枚、黄金1681克……在陆上还查获贩私和黄金贩卖案件9589起，银圆4万枚、黄金2700克、手表1.6万只、录音机3279台……最大的几个走私市场受到多次打击后才逐渐转入地下，最终销声匿迹。

浙江海岸线总长6486.24公里，其中大陆海岸线长2200公里，面积500平方米以上的岛屿有3061个，是中国海岸线最长、岛屿最多的省份。浙江天然的地理位置决定了走私产生的巨大可能性。

北宋开宝年间，杭州、明州(今宁波)始设专管海外贸易的市舶司，浙江有史料记载的最早的走私活动亦由此发端。此后1000年，浙江沿海的走私活动时起时伏，尤以明嘉靖年间倭寇骚乱时期最盛。

关于倭寇，20世纪90年代出版的权威辞书《中国历史大辞典》的定义是：明时骚扰中国沿海一带的日本海盗。抗倭，也使得浙江总督胡宗宪麾下的戚继光和“戚家军”名垂青史。

近年史学界的研究成果显示，将倭寇简单定义为日本海盗的传统概念并不确切。比较一致的新解为，明代中叶时，前期之倭寇是“真倭”，主要由日本浪人组成；后期则大多数是“从倭”，即参与倭寇之乱的中国商人，他们以海上武装走私为手段，真正目的在于牟取巨额的商业利益，其气焰远超“真倭”。

最出名的“从倭”大首领即为安徽歙县人王直(亦称汪直)。作为另类徽商，此人靠贩卖私盐起家，再前往浙江一带沿海从事硫黄、硝石、生丝和棉布等政府禁运物资的武装走私。王直曾先后盘踞在当时的远东贸易中心——

浙江舟山六横岛双屿港及定海烈表山烈港,一度垄断了中日海上贸易。在明军的坚决剿杀下,王直移居日本平户(今长崎县),自称"徽王",追随其落户平户、福岛一带的中国商人至少有3000人。明嘉靖三十五年(1556),胡宗宪将依然梦想明政府解除海禁、开放海上贸易的王直诱捕,3年后将其处死。

2005年1月31日晚,安徽歙县境内由日本长崎县福江市政府和一些日本人捐助修建的"王直墓"及其"芳名塔",被浙江丽水学院教师郐伟民等两人砸毁,引起一片哗然。这是后话。

新中国成立后,浙江沿海走私相对平静。1977年,平静被打破;1978年,迅速盛行;1980—1981年初,达到顶峰。这一次,狂潮席卷的主要是浙南温州及台州。因为200海里之外,与之一衣带水的就是台湾。起初,多由福建近海转货。不久,满载私货的成群结队的台湾渔船就直接开进了温州瓯江口、台州玉环大麦屿。名表、收录机、计算机、涤纶布、自动伞,商品琳琅满目,市场人声鼎沸。

数据触目惊心。从温州最南端的苍南县巴曹公社的陡门到卢埔公社的林家院,形成的走私市场长达5公里。高峰时,每天有13艘走私船进港。据当地10个大队调查,当地百姓参与走私贩私的占94.8%;党员干部及其家属参与者也占了89.9%。

对于万人空巷、全民走私的"盛况",当时的媒体做过大量报道。以下这则报道《乡村教师的最后一课》描述得入木三分,极为传神:

吴定法在乐清县三山公社滨海的村办小学里已教书四五年,多次被评为优秀教师。对一个有文化的农村青年来说,没有什么比教书更体面的了。

那年夏天,走私的风刮到村里,吴定法的想法终于变了。"一次走私走成功,可抵种田300工。"他对这句顺口溜越来越认同。

每次走私船一到港,他这个文化人常常被请去帮忙记账。忙活完了,都能分到点私货作酬劳。有时是几块电子表,有时是几把折叠伞。他不好意思自己到市场上去卖,就让别人代售,一次就有几十上百元的进账。

"那些连字都不认识的人也发大财了,凭什么?"这个念头烧灼得吴定法心神难安。

他教的班上有 40 多个学生，半个月后，座位空了十几个。他心里清楚这些请假说生病或在家带弟妹的孩子去了哪里。

一天清晨，吴定法夹着讲义走进教室。上课的钟声响了很久了，空荡荡的教室里只有 5 个学生，也不知道哪个捣蛋鬼在黑板上画了个大大的“蛤蟆镜”和一块手表。

“老师，今天上哪一课？”

呆呆地，吴定法想起了法国作家都德脍炙人口的名著。他拿起粉笔，在黑板上的“蛤蟆镜”旁边龙飞凤舞地写了一行字：最后一课！

“最后一课在哪一页啊？”

吴定法昂起头，用前所未有的坚定口吻大声说：“同学们都比老师清楚——做生意！”

最后几个学生欢呼着立即没了踪影。吴定法收拾好讲义，正准备锁门离开时，发现左面第二排还有个女孩子。她叫赵丽萍，是班上最用功的学生：“老师，什么时候再上课呢？”

吴定法甚至不敢多看一眼这孩子的眼神：“等通知吧。”

不久，学校里其他班级也全停课了。吴定法在私货市场上占了一个摊位卖起了涤纶布，生意不错。一天，摊前围着买布的人稀了些，他突然听到有人喊他：“老师。”定睛一看，竟然是赵丽萍。只见她胸前挂着七八块手表，正缠着两个外地人在讨价还价，一脸的汗水。

几个月就变了个人样了，练出来了。将来可了不得！吴定法心里猛地一惊，不知是欣喜还是愧疚。

浙江南部沿海 1980 年前后大走私的泛滥并非偶然。

十一届三中全会以后，开放已经成为与改革同样重要的命题，闭关锁国的传统思维逐渐瓦解。但毕竟近 30 年中国人与世界隔绝，开放什么？怎么开放？风险之大，足以让所有人手心冒汗。国门初启，无缝不钻的苍蝇极可能是第一个访客。

此外,还有一个具体背景。

1979 年元旦,全国人大常务委员会发表了《告台湾同胞书》,首次明确提出:希望尽快实现祖国大陆和台湾地区的通邮、通航、通商,以及经济、科学、文化、体育等方面的交流。同年 6 月 18 日,第五届全国人民代表大会第二次会议上所作的《政府工作报告》,再次发出“三通”的呼吁。1981 年 10 月,叶剑英委员长发表了盼望台湾回归祖国、实现和平统一的讲话,即著名的“叶九条”。

“三通”无疑蕴含着巨大商机。但只有善意的愿景和原则,而没有具体推进的操作手册。

于是,走私乘虚而入,捷足先登。海峡两岸一时暗潮汹涌。

以上均只是客观的外部背景,根本的诱因肯定还深藏于肌体之中。

农村联产承包责任制再次成了点燃寻求自由的火星;人均 3 分地的严酷现实,逼迫人们必须从土地之外找生路;摆脱贫困的渴望,从未像今天这般强烈。而不按制度出牌的走私行为,提供了一夜致富的现实可能。走私的日本产东方表售价仅为 60 元,性能、外观远优于当时国内最好的卖 120 元的上海牌手表。不愿试一把?转手一台走私双喇叭三洋牌收录机,利润可高达 300 元,相当于 1 年的工资。干还是不干?

几乎没有人能抵挡如此巨大的诱惑。何况,面对诱惑的是一大群身无分文的浙江农民。

走私犯法了?对不起,他们是农民,他们绝大部分是文盲或只有小学以下文化水平,身处制度与法律的边缘。谁又能说服他们?有什么比挣钱吃饱肚子、养活全家更要紧?

走私无疑是犯罪行为。换一个视角看,本质上,走私又是自由贸易的畸形怪胎。走私如吸毒,有危害,但能让人短时间极度兴奋。

于是,走私给出了硬币的另一面:部分地区全民参与带来了商品意识的极度扩展;市场交易的膨胀式发育;在外来新颖产品刺激下模仿型制造业的加速;肮脏但巨额的原始资本的积累。这一切,恰恰又是市场经济萌生的肥沃土壤。

无论我们是否愿意面对，走私作为浙江改革开放第一幕大戏的另类插曲，真真切切地发生了，并按其自身逻辑生发出后续效应。

1982 年后，浙江南部的走私活动又出现过几次小高潮。

第一次发生在 1985 年，是由大量免税进口汽车在温州、台州口岸进行倒卖引起的；第二次发生在 1986—1988 年间，由于来料加工业务的迅速增加，"飞料""串料"等走私行为抬头；第三次发生在 1990 年，港、澳、台地区的企业在温州、台州关区的海上及陆路大肆走私外烟。

这三次走私活动的规模远不能与 1980 年前后相比，更没有呈现全民走私的状态。

也正是在这三次走私活动盛行的同时，浙江南部民营经济迎来了全国瞩目的第一轮爆发期。通过诚实劳动、合法经营，一部分人先富起来，在这一区域率先变成了现实。

"偶像"步鑫生

1983 年 9 月的一天下午，新华社浙江分社分管工业报道的记者童宝根走进了地处杭州市梅花碑的浙江省二轻局大楼。这是他多年的职业习惯，有事没事都要抽空去串串门。

聊起报道线索，二轻局办公室主任陆安根试探地对他说，嘉兴海盐县冒出了个海盐衬衫总厂厂长步鑫生，有兴趣可以去看看。"不过，这个人可是个争议人物。"

争议人物往往也是新闻人物。国庆节刚过，童宝根出发了。为了谨慎起见，他带上了盖着新华社大红公章的介绍信，并通过海盐县委办公室"组织联系"，来到了步鑫生的厂子。

童记者和步厂长整整谈了两天。"这个体重只有 89 斤的小个子男人很有煽动性，精力之旺盛让人不可思议。"早已退休在家的童宝根向我描述了步鑫生留给他的深刻印象。

当时,步鑫生和他的衬衫厂基本轮廓已经清晰。

海盐县衬衫总厂属城镇集体企业,其前身是1956年组建起来的缝纫合作社。直至1975年,全厂固定资产仅2万多元,年利润5000元,职工连退休金也领不到。1977年,步鑫生任厂长。这个裁缝出身的精瘦男人很快亮出了火药味十足的一整套改革"撒手锏":奖金"上不封顶、下不保底",大锅饭没了;懒散的职工被辞退,铁饭碗砸了。于是,虽然骂声不断,厂子的效益却越骂越好了。

不喜欢循规蹈矩的步鑫生出手招数招招劲爆,十分抓人眼球。当时,海盐县委、县政府只有一辆北京吉普,而他们厂用来接送客户的小轿车就有5辆;步鑫生常常坐飞机去外地参加订货会,这在当年是县团级领导才能享受的待遇;厂里有厂标、厂徽、厂服、厂歌,还举办一年一度的厂庆,还有全国服装企业第一支具有专业水平的时装表演队,漂亮姑娘一大把。

精彩! 争议人物果然是个新闻人物。职业敏感性很强的童宝根觉得抓到了条"大鱼",《一个有独创精神的厂长》的调查报告很快完稿。但毕竟内容"太冲",他决定还是先尝试着发新华社内参,并且是阅读层次最高的《国内动态清样》。同时,在稿件的最后也客观列举了步鑫生被反映最多的三方面问题。

11月5日,内参刊发,但反映步鑫生问题的内容被删去。当日,时任中共中央总书记的胡耀邦从成堆的"内参"中注意到了特点鲜明的"问题人物"步鑫生,并写下了一段批示:海盐县衬衫总厂厂长步鑫生解放思想、大胆改革、努力创新的精神值得提倡。对于那些对工作松松垮垮,长期安于当外行,做一天和尚撞一天钟的企业领导干部来讲,步鑫生的经验应当是一剂治病的良药。

10天后,新华社把根据这篇内参改写的长篇通讯向全国发了通稿,胡耀邦的批示则作为该通讯的"编者按"。各地所有党报都在头版甚至头版头条予以登载。

"这篇报道让步鑫生出了名,但还远远不是后来那样的'超级典型'。"童宝根回忆说,"《工人日报》的又一篇内参起到了转折性的助推作用。"

以下的事件颇具戏剧性。

同年7月7日，习惯于独往独来的步鑫生擅自改组厂工会。他宣布原工会副主席赵荣华为主席，一名原副主席留任，并指定另一名原副主席和3名职工为工会委员。原工会主席冯织绢的职务实际被非法撤销。当时，冯织绢和赵荣华都不在场。事后，赵荣华认为这是违反工会组织原则和职工意愿的，坚决拒绝出任厂工会主席。

步鑫生岂能容忍如此"不识抬举、有损威严"的行为？12月8日，步鑫生再度召开全厂职工大会，宣布撤销赵荣华的一切职务，开除公职，留厂察看两年，工资降一级。赵荣华的妻子、同厂职工刘培英被株连辞退。赵荣华坚决不服，遂向海盐县委和上级工会申述。12月9日，遭遇"顽强抵抗"的步鑫生一不做二不休，将处理决定升级为"不作留用，立即开除"。此后，在强大的压力下，步鑫生勉强恢复了赵荣华的厂籍，但把他下放到车间劳动，不同意恢复赵荣华的一切职务及其妻子的工作，并扣发赵荣华的部分工资和奖金。赵荣华忍无可忍，被迫挥泪离去，自谋生路。

就在赵荣华事件发生前夕的10月18—29日，在北京召开的中国工会第十次代表大会通过了《中国工会章程》，保护职工权益被提到新的高度。连工会主席都敢撤的步鑫生无疑被斥责为"胆大妄为"。

《工人日报》驻浙江记者立即抓住赵荣华事件，向全国总工会发了《我们需要什么样的独创精神》的内参，"揭露"了步鑫生无视职工权益的14条罪状，其中包括"收买记者、自我吹捧"。

截然相反的事实，引起了胡耀邦的高度重视，他批示要求新华社会同浙江省委对步鑫生再做调查。

1984年春节期间，联合调查组冒着大雪深入海盐。随后由浙江省委提交中央的调查报告称，改革需要具备大胆创新精神的人去推动，这些人有的跑过码头，敢作敢为，但也存在这样或那样的毛病。对他们不应苛求，要善于引导——步鑫生得到了充分肯定。

胡耀邦在该调查报告上第三次作出批示：抓住这个指引人们向上的活榜样，对干部进行十一届三中全会以来党的路线、方针、政策的教育，统一思想，推动经济建设和整党工作。

这已经不再是一位创新型优秀厂长的问题了。在中国,“榜样”有着极特殊的内涵,何况又和整党工作联系在了一起。1984 年 2 月 26 日,新华社再次播发“调查报告”全国通稿,大力倡导步鑫生的“改革创新精神”,并由“中共中央整党工作指导委员会办公室”配发上千字的长篇按语。

政治嗅觉灵敏的全国各地无数媒体“闻风而动”,掀起一股“向步鑫生学习”的热潮。从 1984 年 3 月 9 日到 4 月 15 日,仅新华社就播发了关于步鑫生的 27 篇报道,共计 3 万多字。时任新华社社长穆青事后说,全国宣传步鑫生的广度和力度,仅次于当年对焦裕禄、雷锋的宣传。他被全国政协选为“特邀委员”,他用过的裁布剪刀被收入中国历史博物馆。

“向步鑫生学习”陡然升温,实在是暗合了特殊背景、特殊需要。20 世纪 80 年代初,农村联产承包责任制取得巨大成功,改革重点逐渐向城市转移,以扩大企业自主权、推行厂长负责制为主要内容的第一轮高潮初现。但很快,经济迅速过热。同时,民营企业、民间流通抬头,“倒爷”横行,活跃伴随着“混乱”。中央开始了两年治理整顿,并严厉打击“经济领域犯罪活动”,国内气氛沉闷异常。

此时,迫切需要一位如晴天炸雷式的破局者。冒冒失失、浑身长刺的步鑫生恰到好处地出现了,他的种种“缺点”,正是打破改革僵局的有力武器。这样,他不红都不行。

中国人对“榜样”历来有解不开的膜拜情结。从全国各地潮水般涌来的参观取经者几乎堵塞了通往海盐县城武原镇的狭窄沙石路,最多时一天竟达数万人。有关方面甚至规定:“只有师、局级以上才能面见步鑫生本人,其他人一律听录音。”步鑫生不无得意地幽默了一把:“干脆将我弄到动物园让大家买票参观算了!”

前来“参观学习”的人潮中,也有着兴冲冲的鲁冠球。1984 年 5 月,揣着两张《人民日报》,鲁冠球带着他的部下开着一辆面包车进了海盐城。

厂门口,已经挤满了焦急地等待接见的参观者。鲁冠球的面包车理所当然被门卫拦下："步厂长今天很忙。"几番交涉，门卫松口了："要不，你们开着车子绕厂区一圈吧。呼吸这里的空气，也算是学习过了。"

幸好，从厂里走出两位和鲁冠球熟悉的《浙江日报》记者。引荐之下，步鑫生皱着眉头一摆手："那就见见吧。"

一个偌大的会客室，见面，握手，坐定。一方是诚惶诚恐，一方是趾高气盛。"要改革啊。现在，国有企业如猪，要靠人家喂；我们集体企业如鸡，好的时候有人撒一把米给你，糟的时候也得自己找食吃；你们乡镇企业如狗，从来就是天生地养……"

云里雾里，15分钟。在回来的路上，鲁冠球脑子里一直有一个疑问："步厂长整天这样谈改革，到底还有多少时间干改革？"

在一轮参观考察风潮之后，步鑫生的光环越来越令人敬畏。他开始被赞誉为"中国城市经济体制改革的先行者"，如何看待步鑫生与如何看待改革者画上了等号。步鑫生多次对虔诚的参观者表示，我是改革厂长，中央给予肯定的。支持我就是支持改革，反对我就是反对改革，这是两条路线的斗争！"现在的我已不属于我个人了，我要对中央、对胡耀邦同志负责。"

他神采飞扬地出发了，受邀到全国各地的工厂、学校、机关、剧团甚至军队巡回演讲。话题不再局限于小儿科的企业管理，而是关于改革的大趋势、关于开放的宏观思考：《谈谈对城市改革的看法》《谈当前改革中的若干问题》……他陶醉于掌声之中，享受着别人崇敬的目光。

既然是"全国最知名的改革厂长"了，经营上就得大手笔。步鑫生的大跃进开始了。

当时，中国"西装热"风头正劲，穿西装甚至成了改革者必备的行头。步鑫生决定上西装分厂，最初的想法是投资18万美元，年产8万套。但是，所有的人都热烈地鼓动他要建就建全国最大规模的。投资与激情一起膨胀起来，转眼变成了投资80万美元，年产西装30万套。设备从日本进口最高档的，外汇由轻工部慷慨出借。

现代化的领带生产线、投资130万元的印染分厂……一个和"改革厂长"

名声相匹配的“一条龙服装生产托拉斯”轰然崛起。然而,辉煌的背后,无尽的烦恼也来了:西装分厂项目久拖未成、领带大量积压、资金链断裂。步鑫生发现,自己在无数次报告会上宣讲得精彩四溢的改革经验,好像也不灵光了。

全国巡回演讲的步鑫生

1985 年 3 月,步鑫生以一个“著名改革家”的大度,吃进了上海绿杨领带厂的 13 万条领带,帮助对方“渡过难关”。一年后,捉襟见肘的步鑫生因无力支付 22 万元货款,不得不第一次站上了被告席。厂里的两辆卡车被法院拉走抵债,无法动销的领带也只得以几毛钱一条的清仓价抵给一位无锡的个体户。

遭受了经营和精神双重打击的步鑫生方寸大乱。情急之下,他甚至宣称,凡武原镇居民,只要每人出资 1000 元,就可以进衬衫总厂当工人。这对当地居民来说,在几年前是想都不敢想的事。

大厦将倾,没有什么救得了步鑫生。到 1987 年 11 月,海盐衬衫总厂负债已达 1014.46 万元,亏损 268.84 万元,而全厂的资产总额仅 1007.03 万元。资不抵债,实际上已经破产。1988 年 1 月,浙江省委调查组到厂里做民意测验,96%的职工表示,曾经被他们尊称为“先生”的步鑫生不能胜任其职。

同年 1 月 16 日上午,上级领导来到衬衫总厂,宣布免去步鑫生厂长职务,并通知其去县二轻公司报到,另行分配工作。陡然跌落谷底的步鑫生发出了无奈的最后一击:“我步鑫生是忠臣,我有什么错?你们搞莫须有!”

全国媒体蜂拥而上，只是这一次步鑫生已经成为一颗划向黑夜的流星。《人民日报》在头版显著位置刊发的稿件标题很长，每一个字都让他冷到骨头：《粗暴专横、讳疾忌医，步鑫生被免职　债台高筑的海盐衬衫总厂正招聘经营者》。文章下的是结论式断语："步鑫生在成绩、荣誉面前不能自持，骄傲自满、粗暴专横。特别是不重视学习党的方针政策，现代化管理知识贫乏，导致企业管理紊乱，亏损严重，资不抵债……步鑫生讳疾忌医，至今仍不觉悟，辜负了党和人民的期望。"

童宝根与同事陈坚发也采写了总结反思步鑫生现象的长篇通讯《步鑫生沉浮录》。步鑫生对此耿耿于怀，他甚至放出话："成也童宝根，败也童宝根。"

"步鑫生效应"对当时中国改革的推动作用显而易见。几年后，如日中天的河北石家庄造纸厂厂长马胜利就宣称：我是学了步鑫生的事迹才搞起改革来的。鲁冠球也曾表示：走改革之路，走步鑫生之路，才能搞好我们的企业！

"但这个典型发掘出来后，铺天盖地的报道越来越过火，报纸上那个人已经不是步鑫生了，而是一个神。"童宝根说，他在和《人民日报》记者金凤聊天时得知，有一次，薄一波很不满地告诉金凤："你们这样捧，会把步鑫生捧死的。"

时势造英雄，也同样能制造悲剧人物。童宝根认为，从起始到终结，媒体的作用仅仅是推波助澜而已，决定性的因素，还是媒体与步鑫生本人均难以左右的无比炙热的时代需求。很长一段时间，民营经济萌发对改革进程的价值并未充分显现，直到 1987 年，邓小平才表示："我们完全没有预料到的最大的收获，就是乡镇企业发展起来了。"当时，从中央到浙江地方，仍将城市经济改革的巨大希望，寄托于国有及城镇集体企业的突破。从某种意义上而言，步鑫生类似于城市经济改革的"小岗村"，他的治厂之道本身并不神奇，但正是在这一"巨大希望"的催化下变成了神话。被无限放大的极致化的偶像背后，是必然的衰败。

与"偶像"步鑫生的诞生相关联的一个事实是，1984 年，浙江省企业管理协会、浙江省厂长研究会、浙江人民广播电台进行了浙江省"万人赞"厂长评选。这是浙江省第一次有影响的有关企业家——在当时仅称作企业经营者——的评选,共有10人当选,步鑫生以54300票列榜首,以产品"青春宝"名扬海外的胡庆余堂关门学徒、杭州中药二厂厂长冯根生列第二,鲁冠球以43000票列第三。

步鑫生、冯根生、鲁冠球,一个城镇集体企业的裁缝、一个国有企业的药徒、一个乡镇企业的打铁匠,这三位影响了浙江企业40年走向的企业家代表各自的"所有制成分",当年在杭州人民大会堂召开的经验介绍大会上的报告题目是同一个:"我是怎样以改革精神办厂的"。

自此,企业家——浙江新生财富阶层的最杰出代表,真正作为一股日渐强大的社会力量,开始走进我们的视野。10多年后,又汇聚成为"浙商"这一独特的中国商业文化概念。

最后需要叙说一下的是步鑫生的去向。

免职后一个月,步鑫生没有和任何人告别,黯然离开家乡。先在上海创业;随后北上,承包了北京一家亏损的服装厂;再出关至辽宁盘锦,甚至还漂泊到俄罗斯。

1992年元月,步鑫生在给鲁冠球的一封信中写道:"尽管我已年过六旬,我还不死心,我别无他求,但愿有机会再出山办厂。能否实现,我自己也难预测。"

1993年,步鑫生受人之邀,到秦皇岛创办以他名字命名的步鑫生制衣公司。这成为他办厂梦想的最后一站。

2001年,步鑫生从制衣公司退休。他选择定居上海,而不是老家海盐。因为这里,会让他想起太多伤心的往事。

"咱们是靠办厂子吃饭的,离了这一点,真的一钱不值。"夕阳西下时,步鑫生一声叹息。

邓小平点将"宁波帮"

1984年8月1日,北戴河。

邓小平与当时分管沿海开放工作的中共中央书记处书记、国务委员谷牧共进午餐，并关切地询问当年 5 月刚刚确定的首批 14 个沿海开放城市的进展。

“宁波究竟怎么样？”手里捏着筷子，邓小平突然若有所思地自言自语。

谷牧简要地向他作了汇报。

邓小平听取谷牧汇报宁波工作

“宁波的事情好办点，宁波有那么多人在外边，世界上有名的两个船王包玉刚、董浩云都是宁波人。”邓小平显然早已胸有成竹，“把全世界的‘宁波帮’都动员起来，建设宁波。”

邓小平还明确表达了两点意见：宁波的民航机场要解决，附近的军用机场可以先拿出来，交地方使用；派时任国家旅游局局长的卢绪章去宁波，帮助那里搞好对外开放工作。

这一天，被“宁波帮”视为最重要的节日。

邓小平所说的“宁波帮”古已有之。

公元 992 年，因“海外杂国，贾船交至”，宁波始设市舶司。地处沿海门户，港口资源极为优越的天然禀赋，使宁波商贾云集，商业文明积淀丰厚。明清时期，伴随着民族工商业的兴盛，中国南北渐次崛起以某一地域商人群体为鲜明特征的“十大商帮”，“宁波帮”即为其一，与极负盛名的徽商、晋商比肩。“宁波帮”从此成为广泛流传的特定名词。

1916 年 8 月 23 日，孙中山在宁波各界欢迎会上，对“宁波帮”推崇备至：“凡吾国各埠，莫不有甬人事业。即欧洲各国，亦多甬商足迹。其能力与影响之大,固可首屈一指者也。"

1949 年 5 月 6 日,解放军兵临上海城下,踌躇满志的毛泽东特别交代:"要注意保护'宁波帮'大小资本家的房屋财产,以利我们团结这些资本家在上海与我们合作。"

毛泽东的担心是有充分依据的。毫不夸张地说,20 世纪 40 年代的上海,几乎就是宁波人的上海。浙江兴业银行 1943 年的一份调查报告称:全国商业资本以上海居首位,上海商业资本以银行居首位,银行商业资本以宁波人居首位。与上海隔杭州湾相望的"宁波帮",开办了上海第一家钱业公会、第一家中国银行、第一个华人商会、第一家华商证券交易所、第一家汽车出租公司、第一家保险公司、第一家房地产公司,成为上海第一个买办,成为上海五金大王、颜料大王、棉纱大王、地产大王、娱乐大王。

新中国成立前夕,上海与江浙一带的"十大资本家"中,有 9 家举家迁徙,或逃亡香港、台湾,或远走异国。其中,至少 4 家属于"宁波帮"或与"宁波帮"有千丝万缕的关联。

毛泽东知道,留住"宁波帮"就能留住中国民族工商业的根。邓小平也知道,重新唤回"宁波帮",宁波乃至中国的对外开放大计就有希望。

"开放"与"改革",是中国 40 年变革史中有着同等分量的关键词。

在邓小平对海外"宁波帮"吹响集结号之前,围绕"开放",已经发生如下重大事实:

1978 年 12 月,中共十一届三中全会首次明确指出,要"在自力更生的基础上积极发展同世界各国平等互利的经济合作,努力采用世界先进技术和先进设备"。对外开放政策一锤定音。

1979 年 1 月 17 日,邓小平约请胡厥文、胡子昂、荣毅仁等五位工商界泰斗,边吃火锅边发表重要谈话:"现在搞建设,门路要多一点,可以利用外国的资金和技术,华侨、华裔也可以回来办工厂。吸收外资可以采取补偿贸易的方法,也可以搞合营,先选择资金周转快的行业做起。""五老火锅宴"透露的"开放"信息已极为清晰。

1979 年 6 月 18 日—7 月 1 日，在北京召开的第五届全国人民代表大会第二次会议上，制定并通过了《中外合资经营企业法》。

1979 年 7 月—1981 年 11 月，深圳、珠海、厦门、汕头 4 个经济特区先后获批。

1984 年 4 月，中共中央、国务院决定，进一步开放首批 14 个中国沿海城市。

这 14 个沿海城市中浙江省有两个：宁波和温州。而邓小平之所以对宁波情有独钟，一是因为“宁波帮”，二是因为“宁波帮”的带头大哥包玉刚。

1918 年 11 月，包玉刚出生于宁波镇海区钟包村。据中国现存最早的私家藏书楼宁波天一阁珍藏的“镇海横河堰包氏宗谱”记载，他是宋代名臣包拯的第 29 代嫡系子孙。包玉刚的祖、父两代均长年在湖北汉口经营一家鞋铺，但他初中毕业后并未接手父亲的小作坊，而是一脚踏进了更高层面的金融业。1949 年，包玉刚升任上海银行副总经理。当时，战火已烧到了长江北岸，风雨飘摇间，包玉刚决定跟随其他“宁波帮”前辈，撤离上海。3 月初，他向国民党政府的上海市市长吴国桢递交了辞呈，携妻女飞赴香港。

从零起步，一路打拼。30 年后，包玉刚麾下的环球航运公司已拥有各类船舶 210 艘，总载重吨位达 2079 万吨，成为傲视全球航运业的第一船王。

此时，中国大陆开放的大门初启。包玉刚透过这一丝门缝，好奇地张望着这片与世界隔绝已久的土地，并逐步与邓小平建立起了令许多人羡慕的“特殊友谊”。

关于包玉刚究竟是何时第一次回大陆并被邓小平接见的，说法不一。香港媒体普遍认为是 1978 年 11 月。稍前，仍心中忐忑的包玉刚给国内发了一份电报，电文大意称“我夫人想见卢绪章夫人”。同样出身于宁波小商人之家的卢绪章，是新中国成立前活跃于国统区的中共地下党员中最富传奇色彩的人物之一，其夫人与包玉刚夫人黄秀英是表姐妹。包玉刚的投石问路很快有了回应，邓小平请国务院侨办主任廖承志回电表示欢迎。为避人耳目，包玉刚夫妇立即启程，绕道日本前往北京。在凛冽的寒风中，包玉刚与邓小平第一次握手。

随后 13 年,两位巨人会见过 10 多次,包玉刚成为邓小平会见次数最多的海外商人。

包玉刚是“宁波帮”的代表人物,在全球政商界有着不可低估的号召力。邓小平对此寄予厚望。包玉刚更是不遗余力地为宁波开放、为中国开放“跑腿”。

1980 年,包玉刚捐赠 1000 万美元。邓小平批示:请国家旅游局在北京最好的地方给包玉刚建一个饭店。1985 年 10 月 25 日,以包玉刚父亲包兆龙名字命名的、位于北京三里屯使馆区的五星级饭店兆龙饭店落成。邓小平首次为一个饭店开业剪彩。

几天后的 10 月 29 日,包玉刚捐赠 2000 万美元兴建的宁波大学奠基。邓小平为宁波大学题写校名,代总理万里出席奠基典礼。

由包玉刚捐赠、邓小平题写校名的宁波大学

11 月 23 日,国务院办公厅又下发了“国阅〔1985〕80 号文件”《关于加快宁波经济开发问题会议纪要》,决定成立“国务院宁波经济开发协调小组”,谷牧任组长,包玉刚为顾问,国务院 10 个部委办主要官员为小组成员。国务院为一个城市的开发专门设立如此重量级的领导和协调机构,这是前所未有的。

有了包玉刚及“国务院协调小组”两台功率强大的“超级发动机”的推进,此后数年,宁波开放与开发速度大大加快:1987 年 2 月,宁波跻身计划单列城市之列;民用栎社机场通航;杭甬高速公路动工;北仑深水良港启动,并迅速崛起为年集装箱吞吐量 900 万标箱、货物吞吐总量超 3 亿吨,成为居世界第四的“东方大港”。

在家乡建一座特大型的北仑钢铁厂，是包玉刚一个未圆的梦。

1978年，距离宁波100多公里的上海宝山钢铁厂已经开工。宝钢是20世纪70年代末中国第三次从国外大规模引进的22个项目中最大的一个，其一、二期工程总投资301.7亿元，计划年产钢、铁各600万吨。但包玉刚认为，宝钢每年从澳大利亚、巴西、印度等国进口1000万吨铁矿石，运输是个大问题，转运成本过高。而宁波有停泊30万吨巨轮的北仑深水港，“不建钢铁厂真是可惜”！

邓小平对这一提议表示了支持。经包玉刚大力撮合，1985年，以英国戴维·麦基公司为首，由英国、联邦德国10家设备制造、工程承包公司及香港汇丰银行，共同组成了“宁波工程欧洲财团”。1986年，在英国女王伊丽莎白访华期间，中方与“欧洲财团”签订了《宁波北仑钢铁厂意向备忘录》。最初的设想是以引进外资为主，建成规模年产300万吨成品钢材的北仑钢铁厂。但中欧双方就合资比例一直未达成共识，两年马拉松式的艰难谈判最终搁浅。邓小平表示：“实在不行，就不要勉强了。”

由于包玉刚的坚持，北仑钢铁厂还有过一个年产60万吨中型规模的替代方案。1988年，在召开6次会议后，“国务院宁波经济开发协调小组”撤销，包玉刚的“钢铁梦”亦随之无疾而终。

1991年9月23日清晨，曾担任香港基本法起草委员会副主任的包玉刚，因突发呼吸系统疾病辞世，时年73岁。葬礼上，邓小平给这位“宁波开放大使”敬送了花圈，落款为“生前友好”。

邓小平与包玉刚以开放的中国为背景的“特殊友谊”，使“宁波帮”与宁波的开放开发迅速崛起。流散在世界各地的“宁波帮”共有30多万人，仅香港一地就有近20万人，除包玉刚，还有邵逸夫、董浩云董建华父子、曹光彪、应昌期、王宽诚等，商界名流如云。统计显示，40年间，“宁波帮”对家乡的教育卫生等公益性捐赠达10多亿元；邵逸夫在宁波及中国各地捐赠总额超过40亿元。然而，在中国改革开放最初20年，“宁波帮”在家乡的实业性投资却很少。

在相当一段时期,面对扩大开放、引进外资的急迫课题,整个浙江均呈现出与宁波同样的窘境。

1980 年 7 月,浙江第一家外商投资企业——与香港地区合资的西湖藤器企业有限公司开建。但此后多年,外资引进仍是浙江难以言说的"短腿"。包括"宁波帮"在内,海外浙江籍人士 100 多万人,侨乡主要集中于宁波、温州两地。血浓于水的乡情,并不能代替理性的商业行为。国家投资长期严重不足,造成了浙江的基础设施极为薄弱。"车轮跳、浙江到",一直让浙江人在外商面前羞愧难当。同时,由于国家投资不足,浙江遍地开花的乡村工业起点极低,与外资对接的产业及技术门槛一时难以逾越。

不妨让我们放眼对比。

广东毗邻港澳,巨大的地理优势令其他省区难以望其项背。加上中央率先开放政策的强力助推,使得珠三角在 20 世纪 80 年代即进入外资开发起飞期成为理所当然的事。

再看江苏南部,地处富庶江南,水陆交通便捷。改革开放之初,社队集体企业积累深厚,与上海的经济技术互动也颇为密切。20 世纪 90 年代后半期,苏南从乡镇集体经济中迅速华丽转身,外资大引进、产业大升级,当属水到渠成。

这一切,对于山清水秀却地瘠人贫的浙江来说,都是无法企及的奢望。

这也同样决定了,在改革开放起步的很长时期内,浙江人只能从市场、所有制以及精神力量等领域率先破题,以大胆改革蓄积可贵的内源性发展动力。这是一条侧翼杀出的独特的血路。

改革与外资开发比翼齐飞,在浙江大抵是 2000 年之后的事。

在步鑫生当年掀起的种种改革风暴中，最具摧毁力的无疑是“赵荣华事件”。具体缘由及过程，本章“‘偶像’步鑫生”一节已有详细描述。步鑫生性格的暴烈与由此引发的对赵荣华的深深伤害，令人叹息。

意料之外的是，步鑫生与赵荣华，两个反目成仇的人，20年后却出现了耐人寻味的历史交集。

2003年10月10日，《海盐日报》全文刊出了步鑫生的一篇回忆文章《我和荣华》。这位当年用一把剪刀剪开了中国企业改革大幕的人，向20年前被“严肃处理”的赵荣华吐露了深藏在他心中的“忏悔”：

> 我在外地有时静下来，会想到他（赵荣华），这种回忆既有好的一面，也有内疚甚至痛心的一面。很明显，当时衬衫总厂职工有目共睹，衬衫总厂能够有较好的业绩，其中赵荣华做出很大的努力，可以说是功不可没。他们夫妻俩被打击，以致身处逆境，全在我个人的错误决断。虽已时过境迁，但这个问题在我的脑海里永远抹不去，每每想到一个人遭遇不公正处理后的那种心情，愧疚之情油然而生，这成了平生的一大憾事。

这篇回忆文章刊发前，已经发生了许多事。

1984年的冬季，背负着巨大的屈辱，原工会副主席赵荣华悄然离开了他工作8年的工厂。在距离步鑫生的海盐衬衫总厂西南大约20公里的古镇澉浦，属牛的赵荣华与4位朋友合伙，每人拿出5000元，租用几间生产队废弃的仓库，办起了海盐县特种纤维织造厂。宁折不弯的牛脾气，使赵荣华的厂子越办越红火。

4年后的1988年,赵荣华获得了全国五一劳动奖章。同年,他听到了一段步鑫生自嘲的语录:“1988年事情多,火车相撞,飞机坠毁,闹洪灾,还有就是——我被免职了。”

从狂躁中冷静下来的生死冤家开始反思。1990年,两人在接受不同媒体采访时,分别表露以下心声:

步鑫生:“那是我的错,我的脾气不好。现在想来,那时的做法有点过分了。”

赵荣华:“先生这个人,说真的,他有许多地方值得我学习。至于对我的处理,不是我们两个人有什么成见。出现这种情况,主要是他刚愎自用的性格造成的。”

有了这样的自我解剖,以后出现的一幕就是早晚的事情了。

2001年5月25日,从天津出差回来的赵荣华刚刚在上海浦东机场走下舷梯,手机响了,是熟悉又陌生的步鑫生的声音。他说他人已经到了海盐,很想与赵荣华会面。赵荣华欣然应允。

紧紧握手,良久无言。

次日上午,步鑫生来到赵荣华厂里。2万多平方米厂房,200多名员工,5000万元年产值,一向滔滔不绝的步鑫生沉默了。临走,他喃喃自语:“你是我们衬衫总厂出来的人中,干得最好的一个。”

此后,步鑫生多次回到海盐,与赵荣华有过多次的长谈。敞开心扉的笑容,在两个男人的脸上绽放。

一封可以说是写给自己的“忏悔信”,终结了跨越20年的恩怨。

事实上,步鑫生与赵荣华的恩怨并不仅仅是在两个男人之间。中国改革是从一个天一样大的“破”字艰难起步的,面对冰冻三千尺的旧观念、旧思维、旧体制,改革的确需要钢铁般的意志、大无畏的手段。步鑫生恰是那把破题所需的无比锋利的刀。

在改革披荆斩棘、不断奋进的欢呼声背后,必然会有茫然失措的惶恐,会有痛,会有泪,甚至会有血。我们知道,为了收获,我们必须学习忍耐。

但我们更有必要给予关切的是,什么是我们追求的改革的结果?毫无疑问，肯定不能只是冰冷的数字、累累的财富。普遍富足之上的身心和谐，才是我们改革急行军最终应该到达的彼岸。

步鑫生的“忏悔”，让我们触摸到了他内心深处依旧保存的最柔软的部分。这足以让人备感欣慰。

【浙江改革开放史档案】『小省』浙江

称浙江为“小省”，名副其实。全省陆域面积仅10.18万平方公里，在全国各省区中仅仅大于宁夏、台湾、海南，居倒数第4位。

就改革发展的角度而言，影响浙江的“小省”因素至少还包含两方面。

首先是“资源小省”。

浙江的煤炭、原油、铁矿石以及金属矿产等拉动经济增长的自然资源十分匮乏，几乎没有。据国务院发展研究中心《管理世界》杂志1987年刊载的《国民经济新成长阶段的区域问题》一文分析，中国主要自然资源人均拥有量指数，以全国平均数为100计，浙江的具体数值是：水资源89.6，能源0.5，可利用土地40，耕地和气候117.2。在全国各省市区中，浙江自然资源人均拥有量综合指数为11.5，即只相当于全国的11.5%，仅略高于上海及天津，居倒数第3位。

再看社会资源，状况亦不乐观。社会资源主要有劳动力资源、科技资源、教育资源、城镇资源、医疗卫生资源等。据上述研究报告，浙江的社会资源在全国居第16位，处中等偏下水平。其中劳动力资源的文化程度，在全国仅居第30位。

其次是“国有投资小省”。

资本是现代经济增长的发动机。对一个地区的经济发展来说，投资所具有的乘数效应不言而喻。传统计划经济时期，国家是动员、组织各种资源进行投资的主体，其重点无疑是重工业和国有大中型企业。而浙江地处所谓海防前线，又缺乏发展重工业的原材料支撑，注定将失去国家投资的青睐。因此，很不幸，浙江成为新中国成立以来国家财政投入最少、人均获得国有投资最少的省份。

据国家统计局《全国各省、自治区、直辖市历史统计资料汇编(1949—1989)》显示，1952—1980 年，浙江全民所有制单位固定资产投资总额为 134.02亿元，仅占全国同期投资总额的 1.56%，远低于 1978 年时浙江人口占全国 3.9%、生产总值占 3.42%的比重。1953—1978 年，中央对浙江的投资为 77 亿元，人均 410 元，相当于同期全国人均水平的一半。进入改革开放时期后，这一状况仍没有多大改变。1979—1992 年，浙江总计国有单位投资人均为 1723 元，是全国人均水平的 3/4，列各省市区的第 22 位。

于是，浙江改革前行的华山险道，只能是依靠最大限度地发掘人的力量、民间的力量、制度变革的力量。最终，浙江成功了。

“资源小省”兼“国有投资小省”，这是浙江的不幸。从某种意义看，也是浙江的“大幸”。

在神奇中绽放

第二部

1985—1991

温州打开“潘多拉盒”

每一天都有奇迹发生

到温州去

每一天都有奇迹发生

学者眼里的温州

山坳里的市场神话

义乌的秘密

来自浙江的“候鸟”

陈云书赠李泽民

当前温州老板和雇工的一些情况

浙江市场的部分中国之最

不戴“帽子”更凉快

“向左”或者“向右”

一位温州老百姓对“温州模式”的质疑

第三章

温州打开“潘多拉盒”

> 来到温州，我的大脑皮层出现了自20世纪30年代搞江村调查后从未有过的刺激与兴奋。
>
> ——费孝通：《温州行》

温州模式的横空出世，无疑是浙江40年改革开放史最重大的标志性事件。

它的姿态是那么的异端，它的内核是那么的莫测，它的震撼是那么的猛烈，以至于作家丁临一曾发出了与温州传奇同样“疯狂”的断语：

> 请允许我向你们说一句多少有些强加于人的心里话。我不仅自己在爱着温州，爱着温州人，而且我还觉得，20世纪80年代中国的每个真正儿子都应该热爱温州和温州人，都应该以一种十分独特的、温柔的、迥于寻常的、近乎病态的爱去爱温州和温州人。因为，在今天，只要审视一下某个中国人是如何理解温州和温州人以及他的理解的深浅，便可立即测定和判明那个人在改革中的位置、态度、作用乃至他整个的价值观念、

思维方式。也许,还要加上智力发育的程度。

没有一个改革典型,曾经像温州那样引起过如此剧烈且持久的激辩。温州模式的内涵到底是什么?究竟只是一种地域性的独特现象,还是具有社会主义初级阶段的普遍价值?在很长时间,缠绕温州的是大雾弥漫,令我们莫衷一是,欲罢不能。

温州宛如鲜活的精灵,在一个仍有些沉闷的清晨,肆无忌惮地舞蹈着,发散着。

到温州去

在此前两章,我们已经看到了许多不安分的温州人的身影。但在1978—1984年间,他们仍属于相当散乱的个体。现在,作为一支杀伤力超强的市场经济农民军团,他们开始异军突起。

1985年5月12日,《解放日报》头版头条刊发长篇报道《温州三十三万人从事家庭工业》,并配发评论员文章《温州的启示》。文章指出:"温州市农村家庭工业蓬勃兴起,短短几年,创造出令人瞩目的经济奇迹。如今'乡镇工业看苏南,家庭工业看浙南'已为人们公认。温州农村家庭工业的发展道路,被一些经济学家称之为广大农村走富裕之路的又一模式——'温州模式'。"温州模式自此与苏南模式、珠三角模式各领风骚。

这是目前有据可查的第一篇将"温州模式"这一概念见诸媒体的文章。

"实际上,此前已有经济学者在小范围研讨会上提出了'温州模式'。但究竟是谁,在什么场合讲的,难以查证了。"采写该篇报道的《解放日报》记者桑晋泉回忆说。

33年前的那次采访给他印象最深的是,温州瑞安市塘下区农民告诉他,当地家家户户都生产编织袋。一台国有厂子淘汰的生产编织袋的旧机器只需300多元,而一年所创造的利润超过1万元!塘下每年可创产值1.8亿元。

“这简直是天文数字。而且创造这天文数字的竟然是一群第一次摆弄机器的地道的乡巴佬。”祖籍江苏无锡的桑晋泉由此确信，依靠集体经济的苏南模式，并非中国乡村工业化唯一的致富路径。为了揭示温州家庭工业爆发式生长的动因，这篇报道还首次概括了“四千精神”——走遍千山万水，讲尽千言万语，想尽千方百计，历尽千辛万苦。

为了绕开“雷区”，桑晋泉在标题中回避了“温州模式”这一名词，只是在新闻导语的最后，以及同行记者陈也平撰写的评论的第一段中出现“温州模式”。总编辑陈念云审定了稿件，并很快签发。时任总编辑助理、6 年后因领衔撰写“皇甫平”系列评论而名噪全国的周瑞金，在安排版面时，决定将这篇文章推上头版头条。

解放日报
JIEFANG RIBAO

乡镇工业看苏南　家庭工业看浙南
温州三十三万人从事家庭工业
去年产值达七亿五十多万元，占全市工农业总产值六分之一

温州的启示
本报评论员

1985 年 5 月 12 日《解放日报》头版报样

“那时候，‘左’的思潮还相当浓郁，《解放日报》做这样的结论式报道是冒了风险的。”陈念云感慨而言。

温州经济的异动引起中央高层的关注，还要从桑晋泉、陈也平的报道往前推两年。

1983 年 11 月 29 日，全国农村工作会议召开。此次会议的一个重要议程，就是制定出台第三个令人瞩目的中央“一号文件”。杜润生回忆说，前两个“一号文件”着力解决的是农业和农村工商业微观经营主体问题，第三个“一号文件”考虑的是如何发育宏观市场机制。最终，允许农村社会资金自由流动，鼓励加入股份制合作、入股分红，允许农民自理口粮进城镇做工、经商、办企业等内容写进了该文件。

在这次会议上，中共中央书记处书记、国务院副总理万里，对温州苍南县宜山区的再生纺织业大加赞扬，称之使单一的农业生产开始变为农工商综合经营，“展现出生产力充满生机的发展前景”。万里认为，宜山经验完全符合第三个“一号文件”精神。

与20世纪80年代中期温州突然“受宠”相比，此前数十年乃至前2000年，温州从来都是一个极易被人“遗忘”的地方。

温州依山傍海，山川秀美，境内拥有闻名遐迩的雁荡山和楠溪江两个国家级风景名胜区。难怪清人孙广图在《忆江南·温州好》一词中发出由衷的赞美：“温州好，别是一乾坤！宜雨宜晴天较远，不寒不燠气恒温，山色异朝昏。”

然而，温州之美只是“异域之美”。

当中原文化、经济迅速发展时，古属东越、东瓯或瓯越的温州，还因“断发文身”和以蛇蛙为食而被嗤以蛮夷之地。秦末，群雄纷起，拥兵抗秦。越王勾践的后裔驺摇也率瓯人起义。西汉汉惠帝三年(公元前192年)，驺摇获封东海王，都东瓯，建东瓯国，这是温州历史上第一次见诸记载的行政建置。由于偏居东南一隅，天高皇帝远，这里历来是躲避战乱的世外桃源。

温州三面环山，且山高壑深，瓯江和飞云江拦腰横截，行路之难不输蜀道。唐代孟浩然早有诗云：“我行穷水国，孤帆天一涯。借问同舟客，何时到永嘉。”直至1989年，沿海14个开放城市中，仅温州既不通铁路，也没有机场。

公元998年，瓯人周伫第一个漂洋过海，远走高丽(今朝鲜)经商，水路成了温州人唯一的希望通道。多少年来，温州至上海的船票一直是抢手货，虽然需20多个小时的舟楫之苦，但相比之下，这已属豪华舒适的出行方式了。

无怪乎温州人叹言:温州、温州,只有水(当地方言“水”谐音为“死”)路一条。1998 年 3 月,也就是在周伫出国定居一千年之后,温州至上海的水路航班才宣布停开。

1988 年温州市区最繁华的路段大南交叉口

自然条件先天不足,又地处浙江距离台湾最近的前沿,长期以来,国家除了从战略角度考虑,在温州修筑必要的军事设施外,经济建设投资基本不予考虑。新中国成立后 30 年,浙江得到的国有投资在全国各省市区中就是最少的,温州更是可怜。到 1978 年,国家对温州工业的全部固定资产投资 6 亿元,仅为宁波的 1/4。在同期国家对浙江省的投资总额中,温州只占 3.24%,与其作为浙江三大城市之一的地位极不相称。大型国营企业一个没有,市属 1000 人以上的中型国营企业只有冶炼、矾矿、日陶、面砖等 7 个,500—1000 人的企业也不过区区 20 个。城市面貌残破不堪,基础设施严重滞后,以至于“姑娘、小嫂挑着粪桶满街跑”一直是温州人羞于启齿的心头之痛。

直到改革开放之初,温州百姓的穷苦仍可以用“令人震惊”来形容。

20 世纪 80 年代初,温州国家级贫困县文成县的民政局曾做了个调查,称全县当时有 104 户人家卖儿、卖女、典妻,缺半年以上口粮的人口占全县的 35%。县里的一位年轻干部不相信,下乡核实。在一个村子,他发现有一位农民因自己顽疾缠身,为糊口活命,将老婆典给邻居 1 年,换得区区 200 斤番薯丝;还有一对兄弟,由于没钱讨媳妇,竟然暗地里共用一个老婆。时间久了,全村人都知道,默认了。

正因为穷、因为痛,当改革刚刚透出第一线松动的光亮,温州人就蜂拥而上了。改革往往需要付出难以预料的代价,但温州人已经穷得没有什么值得犹豫了。

他们,成为一群最先感知春江水暖的鸭子,而且还真正是浩浩荡荡的一大群鸭子。

谁也说不清确切是从什么时候开始,中国的许多地方——无论泱泱都市或穷乡僻壤——冒出了一批批神秘人物。他们操着奇怪的方言,喜欢聚居,行色匆匆。在他们身后浩浩荡荡尾随而至的,是铺天盖地、五光十色的各类小商品。至今人人尚深感紧缺、当时更为稀缺的货币,一点一滴地装入了这伙人的囊中。

他们是谁? 他们从哪里来?

顺着歪歪扭扭的行进路线,好奇的目光聚焦到了同一个地方:温州。

当中国各地还在为奋力翻越"两个凡是"的藩篱大汗淋漓,为真理标准的确立慷慨陈词之时,这一片土地上早已是炉火正旺热翻了天:家家户户不知从何处拼装而成的机器疯了似的旋转;大街小巷的店铺一家紧挨着一家,密得连苍蝇都叮不到一道缝;河埠头、乡间路上,肩挑车载的商贩如集市般嘈杂。据统计,到 1986 年底,当时人口 600 余万的温州共有 120 万人从传统农业转入工商业,家庭工业已飞涨为 14.65 万户,470 多个专业市场粗具规模,10 万农民购销员遍布全国。

温州人富起来了。"贫穷不是社会主义",在这里首先成为历史明证。

可以说,温州是在没有预谋、没有准备、没有人为策划的情况下,极不自然地被推上了"典型"的巅峰。

1986 年 9 月,浙江省委召开扩大会议,经过反复热烈的讨论,通过了送交党中央、国务院的《关于建立温州试验区的报告》。报告设计了五大试验内容,提出:温州的试验带有"投石问路"性质,因此,试验内容、范围、方式、步骤不受传统理论、现行体制和具体政策的限制。允许打破常规、放手探索,准备承担一点风险。

中央领导来了，体改谋士来了，经济学家来了。通往温州的几条年久失修、崎岖颠簸的山路上尘土飞扬。

这是一支不见首尾、“滚雪球”式的参观考察大军：从中央各部委，各省委、省政府，扩大到政协、顾问委员会、人大常委会、纪检委，继而是各厅、局、处、科，再接着是各地、市、县，各区镇和厂矿……

弹丸之地的温州终于招架不住了。温州市委、市政府的办公大院成了停车场，大型长途专车鱼贯出入，一拨拨“对口学习”的考察团挤满了会议室、办公室。

温州市区大大小小的饭店、旅馆，一万多张床位爆满，就连走廊、过道、饭厅里也支起了临时铺位。

一些有名气的专业户家中参观者盈门，全家整日忙于招待，讲得口干舌燥，无法生产。不得已，有的被迫仓皇出走，闭门谢客。

新兴“农民城”苍南县龙港镇每天要接待上万人，所有饭店、食堂 24 小时开餐，仍无法满足需求。

1986 年 11 月 26 日，国务院副总理田纪云前往温州考察。同天抵达的全国仅地市级以上的参观团就有 10 多个。田纪云大吃一惊，当即给国务院打电话，要求坚决制止这一现象。

几天后，国务院办公厅下发了共和国第一个要求控制参观区域模式的文件——《关于各地立即停止到温州参观考察的紧急通知》。通知要求：从现在起到明年春，各地各级政府要立即停止和取消到温州参观、考察的安排。确有必要去的，也需事先征得浙江省政府同意，严格限制人数，分期分批前往。希望各地从严执行，以利于温州市各级政府和人民集中精力开展经济改革。

截至 1986 年，温州突如其来地遭遇了第一轮席卷全国的“温州热”，累计参观人数超过 60 万人次。其中被称作“温州年”的 1986 年，仅副省级以上官员就达 93 人次。高潮中的高潮——1986 年 9—10 月，从杭州、宁波连接温州的两条公路上车流阻塞，车祸激增：两个月发生交通事故 300 多起，日均 5 起。共翻车 57 辆，死 71 人，伤 250 人，比上年同期增加 4 倍。

对于那些为中国的未来虔诚祈福的真正的改革者来说，温州的爆发式发展呈现出了来自民间的巨大生命力。任何发生在温州的、有时甚至是天方夜谭的故事,都让他们感受到如同蒙娜丽莎的微笑般神秘的魅力。

1986 年 2 月,77 岁的社会学泰斗费孝通来到温州。此后的 1994 年 11 月和 1998 年 10 月,费老又两度重游,先后留下《小商品,大市场》《家底实,创新业》和《筑码头,闯天下》三篇影响广泛的佳作。徜徉于温州,年过古稀的老人感慨万千:“我的大脑皮层出现了自 20 世纪 30 年代搞江村调查后从未有过的刺激与兴奋。”

1986 年费孝通的温州调查,行程总计 1500 公里

每一天都有奇迹发生

在 1983 年底的全国农村工作会议上,温州苍南县宜山的再生纺织业,第一次引起了中共中央书记处书记、国务院副总理万里的注意,并建议“大家都应该到宜山看看”。令万里兴致盎然的,是宜山发生的匪夷所思的“奇迹”。

1988 年夏天,我前往苍南县采访,顺路“到宜山看看”。

以下是完全出乎我预料的抵达宜山的行军图:

早晨从县城灵溪镇出发,坐着中巴车在土石路上颠簸了差不多 2 个小时后,眼前淌着一条不知名的小河;

登船,两岸山峦十分清丽,没有顶棚、狭长得像条龙舟的小船在弯弯的河道曲折前行；

上岸，成串的农民“的士”——这是一种小型的柴油三卡，限定载客6人，实载常常达10多人，有的干脆如蜘蛛般半个人吊在车外——极热情地揽客，嘭嘭作响的柴油发动机让你心跳得发慌；

再登船，又是一条小河，又是一段对生意人来说无暇顾及的风光之旅；

下午，当你觉得似乎有点饿过了头的时候，宜山镇终于到了。

这是一片商品经济的海洋：当地各类纺织机达3.7万台，从业人员6.7万人，有4个专业乡，58个专业村，7个专业市场。全国各地国有、集体企业吃剩的晴纶布边角料，在这里经过农妇们粗糙的大手开花纺线，每年1.5亿件再生腈纶衫、2亿件腈纶拼料童衣裤、50万公斤再生腈纶棉，又被销往大江南北。

据统计，每年流进宜山的腈纶布边角料，达1700万公斤。

1990年，时任物资部部长的柳随年来到宜山。目睹了这一场面后他算了一笔账：1700万公斤也就是1.7万吨，按一节车皮载重20吨——纺织品是抛货，载重少于常规——每列火车挂30节车皮计，共需850个车皮、约30趟专列。加工后再生腈纶产品外销全国，又是一个1700万公斤！

“就是我这个部长手里也一下子调不出这么多车皮指标。而这些甚至可能连火车都没坐过的宜山农民，却将这么多的原料和产品从不通铁路、不通公路的宜山调运自如。不可思议，不可思议！”柳随年大为感慨。

创造“宜山奇迹”的，都是些土得掉渣的小人物。下面举两个例子。

先说说小人物赵开良。1985年，他44岁，搞购销已经整整19年了。像他这样的购销员，在11万人的宜山区就有8500多个。赵开良自称是“飞马牌”的，一年到头走南闯北。

宜山的土纺土织颇有些年份了，几乎家家都置办手摇纺车和老式织布机。购销员牛得很，是纺织作坊的龙头，从原料进购、选择品种、质量鉴定到产品推销，都是购销员说了算。能干的购销员下面固定或流动的纺织工业户会多达500—1000家。

1979年,完全是不经意间,赵开良改变了日后的宜山。

那年6月,他在邯郸一家纺织厂搞到了一批棉布边角料。这家厂的仓库里还积压着一大堆腈纶布的边角料没法处理,厂方趁机一定要他"搭了去算了"。他想,好在这种边角料只要几分钱一斤,咬咬牙就背回了宜山。

在宜山街头摆了好些天,几乎无人问津。问题在于,当时宜山的再生布原料从来都是棉布,而腈纶、涤纶的边角料放上开花机,转速一快,就会冒烟起火。

正当赵开良一筹莫展、准备自认倒霉时,第二个小人物出现了。

孙阿茶是宜山一个村子里的普通老太,摇了一辈子的纺机。这天清晨,她喊女儿上街去买废棉布。结果,不内行的女儿恰巧买回来一堆赵开良的腈纶布边角料。退货,别人肯定不认账了。犯难的孙阿茶不思茶饭,关在屋子里反复琢磨。

她尝试着用手工操作对腈纶边角料进行"开花"。接着,又制作了一架改进型的简易"开花机"。

当孙阿茶惴惴不安地捧着第一匹再生腈纶布来到集市上的时候,大家都吃了一惊:这是什么布呀?这么光滑、柔软。腈纶的?可比土纺棉布强多了。

宜山轰动了!乡亲们潮水般涌进了孙阿茶家。你想想看,因为工艺太难处理,当时腈纶边角料可是没人要的,价格比废棉布便宜多了。这意味着,再生腈纶的利润会翻番。

孙阿茶没有指望靠这个"绝活"独自发财。对每一位上门求教的乡亲,她都热心地指点诀窍。

风一般地,宜山家家户户转而搞起了再生腈纶加工,山乡处处机杼之声。孙阿茶的"绝活"变成了宜山人的"绝活",无数的小人物你追我赶,"宜山奇迹"冲出了山坳。

最后,这两位孕育了"宜山奇迹"的关键性小人物都很风光。

赵开良:几年后,他作为宜山区的唯一人选,出席了浙江省购销员先进分子代表大会,还受到了省政府官员的接见和亲切握手。

孙阿茶:1983年春天去世。整整3天,没有人通告,也没有人组织,宜山村村不闻机杼声。数千户家庭的男男女女停下了上万台纺机，向这位被誉为“当代黄道婆”的老人致敬。出殡那天，送行的队伍长又长，绕过了一座山。

“宜山奇迹”只是温州巨大的改革创造力的最初序曲。在浙江乃至中国改革史册上，温州向我们展示了太多的“第一”，太多的“奇迹”：

1980 年，温州人章华妹领取了改革开放后中国第一份个体工商业营业执照，编号“10101”

全国第一份个体工商业营业执照；

全国第一个探索“挂户经营”；

全国第一批股份合作企业；

全国第一个私人钱庄；

全国第一个实行金融利率改革；

全国第一个制定私营企业条例；

全国第一个实行全社会养老保险；

全国第一座农民城；

全国第一个农民包机公司；

全国第一个跨国农业公司；

全国第一起农民告县长案；

全国第一个成立个体私营企业联合党委；

……

支撑这些“温州奇迹”的主体，是无数赵开良、孙阿茶式的小人物。随着各类“奇迹”的广泛传播、演绎，有些小人物就成了知名人物。其中最具代表性的，是“胆大包天”的王均瑶。

王均瑶和赵开良是小同乡，苍南县金乡镇人，而且也是购销员出身，主要的业务点是湖南长沙。1991 年春节，已经跑了 5 年购销业务的王均瑶准备回

第三章

老家过年,因买不到火车票,就与一帮生意朋友从长沙包了一辆豪华大巴赶往温州。途中,他突发奇想:我能包汽车,为什么不能包飞机?长沙一带的温州商人就有1万多,从长沙到温州陆路行程1000多公里,乘火车转汽车起码得要两天。如果开通一条空中航线,还愁没人坐?

他越想越兴奋。大年一过,王均瑶一脚跨进了湖南省民航局。接待他的官员被吓着了,什么,私人包飞机?还是个嘴上没毛的农民?

但方案很诱人。由王均瑶承包长沙至温州的航线,每周两个航次。他必须按飞行架次、里程上缴营运费,而且是提前把承包款打进民航部门的口袋,盈亏自负。也就是说,王均瑶包飞机,民航部门包赚。于是,门开了一条缝:不声张,试试看。

说王均瑶胆大包天,那可是一点没错。此前,王均瑶没坐过飞机。生平第一次见到飞机,是十几岁时在金华市的公园里,和一架部队赠送的报废战斗机合了个影。

时任温州民航站站长张德志回忆说,其实,在王均瑶之前,1990年7月温州机场刚建成开航时,温州乐清有两个农民曾经包过杭州至温州的安24飞机。但很快,他们就以"非法经营"的罪名,被公安机关拘留起来,白白关押了17个月。要知道,那时候,买飞机票还需县团级以上政府部门的介绍信呢!

这一次,王均瑶成功了。1991年7月28日,一架被王均瑶"包"了的客机从长沙起飞,1小时30分钟后,稳稳地降落在了温州机场。一夜之间,王均瑶的大头照登上了全国媒体的显著版面。

从始至终,王均瑶都不是生意做得最大、最成功的温州商人。但王均瑶肯定是迄今全国知名度最高的温州人之一。正是他,将温州创业的草根时代推向了名人时代。

这,与王均瑶的个性有关。他可能是最善于"弄出响动"的温州人。与绝大多数行事低调、习惯"少说话多赚钱"的传统温州商人不同,无论是登台亮相包飞机还是此后的大小生意,王均瑶总是能以"最开放的浙商"形象聚焦媒体的目光,谋事与谋势始终交织在一起。有人笑言:"王均瑶见到记者就来精神。"

但最重要的，还在于当年王均瑶包飞机的这一“奇迹”，彻底颠覆了千百年来面朝黄土的中国农民的脸谱。想想看，还有什么比“胆大包天”，更能充分体现经历了改革洗礼的中国农民的新形象呢？无意间，王均瑶成为了一种象征，一种精神图腾。他自己，也借势一步登天。

我心飞翔的王均瑶(右)

首次包机后，王均瑶成立的中国第一家农民民营包机公司迅速包下了30多条航线，但结局可以说是“惨淡经营”：温州至昆明航线半年就亏损230万元；深圳—义乌—北京航线两年竟巨亏500万元。

王均瑶并没有倒下，而是继续弄出了更为巨大的响动：请香港当红歌星张学友为自己推出的均瑶牛奶做广告；以18%的股份参股东方航空武汉有限公司，成为中国第一家入主垄断性民航业的私营企业；宣布投资6亿元收购并重新改造湖北宜昌机场。

2004年11月7日，38岁的王均瑶因晚期肠癌病逝。此时，其均瑶集团总资产达35亿元。

王均瑶“胆大包天”15年后的2006年9月25日上午9时55分，一架空中客车A319飞机从上海虹桥机场腾空而起——均瑶集团全资控股的民营上海吉祥航空有限公司实现首航，其目的地：长沙。

温州的“奇迹”，几乎总是与“奇迹”般的温州人联系在一起。于是，我们有充分的理由发问:这究竟是一群什么样的人?他们的行为方式有何特别之处?他们又是怎样将贫瘠的温州变成财富之地的?

站在温州的大街上,你一定会得出这样几点深刻的印象:

茫茫人流中,目光游离者不多,形态倦怠者不多,无所事事者不多;

他们精神矍铄,活力四溢,步伐坚定且节奏很快,在你面前匆匆而过。

有媒体在报道中做了一个横向比较,温州人走路的频率基本上要比北京人快一拍,比上海人快半拍。这是一座富有动感的城市,这是一群充满生命力的人。他们日夜忙碌,就像一群永远生猛活泼的海鲜大虾。

有好事者进一步推论说,温州人头脑天生灵光,这与他们和大海为邻,喜食鱼虾有关。事实上,温州人在商战中的机敏,恰恰源于他们为求生存而永不停息的创业冲动。

温州人善于经商办厂是出了名的,被誉为"中国的犹太部落"。他们的这一禀性既有传统渊源,更多的是迫于现实生存的必然选择。

温州背山面海,历代战乱使得大批难民纷纷南迁于此。人口与土地的矛盾十分突出,人均耕地仅三分。土地难以养生,就只能远走他乡,在农业之外的工商业求活路。早在一两个世纪以前,成千上万的温州手工艺人和小商贩就背着黄杨木雕、石雕、瓯绣,从故乡出发,跋山涉水、漂洋过海,一直到地中海沿岸的欧洲以及世界各地艰难谋生。至今,生活在海外的温州人多达60余万。这一点,与痛失家园的犹太人颇有相似之处。

饱受磨难、浪迹天涯的闯荡经历,培育了温州人不安分、不守旧、"敢为天下先"的闯荡精神。离开了这样的土壤,王均瑶的"胆大包天"就会成为无源之水。

肯吃苦,也是许多人谈论温州人时最容易得出的结论。

江泽民对温州人有过一段中肯的评价:"世界的人都知道温州人会做生意,沿海靠山赋予他们这种开放的精神、冒险的精神。最主要的是温州人能吃苦。"

描绘温州人肯吃苦最经典的一句比喻是:"白天当老板,晚上睡地板。"此话丝毫不夸张。

1988 年 7 月,我第一次从上海坐火车去新疆采访。说出来吓你一跳,此行全程约 4000 公里,按当时火车的时速,你得老老实实在火车上摇晃四天三夜。因为作为新华社记者的小小特权,我买到了硬卧票——这在当年属于很值得仰慕的待遇——而且是下铺。

差不多两天两夜之后,车过甘肃兰州。天色渐暗,窗外全是让人生厌的单调的黄土戈壁,困乏的我决定早早宽衣入睡。也不知道过了多久,我隐隐感到铺板下有窸窸窣窣之声。睡意迷蒙间弯腰探头:我的天,我的身下还有"下铺",还睡着一个大活人!

我赶紧喊来乘警。这个 30 多岁的男子从高度绝不会超过 30 厘米的"下下铺"——准确地说那只是车厢地板与下铺铺板之间一道较宽的缝里——钻了出来,一脸歉意。

一盘问,温州乐清县人,在乌鲁木齐做服装生意已有 7 年,有两间铺面,个人资产不少于百万元。这次是去兰州进货,返回买不到票,花 50 元贿赂了硬卧车厢的服务员,乘黑摸上车。累了、困了,垫几张旧报纸,就地一滚,躺进了"下下铺"。

"睡着了,什么都不知道了,地板和席梦思又有啥区别?"他一面接受罚款,一面极自然地向吃惊的我作解释。不用问,这位八成是经常旅途睡地板的温州老板了。

头脑机敏、胆子大又特别肯吃苦的温州人,并不仅仅在生意场上表现出色。在前所未有的大变革时代,对温州人来说,只要是有助于改善自己命运的事,什么都可以试一试,一切"奇迹"皆有可能发生。

现在,有了点钱的温州农民准备"造城"了。

1985 年 1 月 2 日,《人民日报》向全国报道了来自温州的又一个奇迹——《龙港镇发动群众集资建镇》,并配发编者按语以示重视:"龙港镇仅一年多就兴旺起来,这种建设速度实在令人振奋。"

这的确是一个令人振奋的奇迹。因为,所谓龙港镇本来并不存在,如今,已经崛起为名副其实的"中国第一农民城"。

龙港地名很大，其实很小，原本是苍南县方岩下村的一个渡头，距离温州市区约60公里。就因为紧依鳌江又地处苍南、平阳两县交界，这里被批准建镇。但此地既没有龙，也没有港，只有数十间泥坯农舍，再就是一大片滩涂、芦苇和野鸭。

1984年6月，毛遂自荐的第一任镇委书记陈定模来了。他的全部家当，就是上级的一纸建镇批文，派给他的7名干部，3000元开办费。

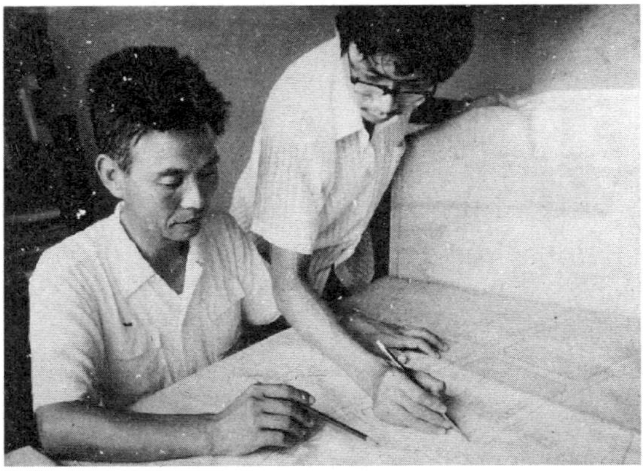

绘制新龙港第一份规划图的陈定模(左)

万事开头难，最难的是没钱——这可是要造一座城啊！还好，先富起来的温州农民有钱。龙港周边是苍南县的宜山、金乡、钱库江南三区，此前章节中出现过的许多温州创业者皆此地人士。1981年时，江南三区的家庭工业产值已占全县工业总产值的60.3%，万元户一抓一大把。

问题是，收钱的理由是什么？就算口袋里有了几个钱，赤脚的农民又凭什么能进城做穿皮鞋的城里人？“农转非”，中间横着一条巨大的城乡鸿沟。

这可难不倒当过几年县委宣传部理论科科长的陈定模。他从马列经典和各种文件的字里行间发现：1984年中央“一号文件”规定，农民可以“离土”却不能“离乡”。但这个“一号文件”同时规定，“允许农民自理口粮进城务工经商”。好了，进城的依据有了。《资本论》里马克思还说过“级差地租理论”，这样，龙港有4.1平方公里土地，就可以按不同地段向愿意投资进城的农民“征收公共设施费”。

这实际上是变通式的国有土地有偿出让。资料显示，1980年，深圳曾在全国首次向外商出租土地，以换取开发资金。龙港突破之举，则是中国土地有偿使用向国人尤其是向农民第一次开放。时任温州市委书记袁芳烈回忆，他还是在龙港头一回听说了“房地产”三个字。

理论撑腰，底气十足，陈定模动手了。1984 年 7 月，一则《龙港对外开放的决定》在《温州日报》头版刊登，公布了 8 条优惠政策，提出：“地不分东西，人不分南北，谁投资谁受益，谁出钱谁盖房，鼓励进城，共同开发。”

《决定》发出第 10 天，申请进城的报名农民已近 3000 户。1984 年 12 月 31 日，首批登记建房交款的最后一天，一包一包的钞票，一捆一捆的希望，在简陋的龙港镇政府“欢迎农民进城办公室”堆成了小山。

原本认为千难万难的“造城”由此变得势不可当。到 1987 年，龙港的进城农民已达 6300 多户，拥有“市民”3 万人，集资投入 2 亿多元，建成区面积 102 万平方米，修建纵横街道 27 条，总长 23 公里，并建起了 5 所学校、7 所幼儿院、3 座电影院，还有一个标准溜冰场。

从某种意义上说，陈定模的造城理论只是为龙港的破土而出找到了一个恰当的借口。这场惊世骇俗的“造城运动”大获成功，根本上缘于其顺应了一个早晚都会到来的趋势：生活的富裕并不是千百万农民参与改革的全部目的，他们还渴望得到一次社会结构重组的机遇，以期在这一机遇中彻底改变自身的生存形态。龙港的横空出世，正是这样的“机遇”。

20 世纪最伟大的社会学家马克斯 · 韦伯认为，蒸汽机之生就是磨房之死，传统的乡村小工业根本无法进化成社会化大生产，并滋长出现代城市的新文明。欧洲二百年工业化进程，相伴随的只能是大批农民被迫放弃土地，挣扎在大城市的边缘，肮脏且充满血泪。

龙港的崛起，展现的则是完全不同的前景：中国农民在自己的土地上摆脱了贫困，进而发育城镇，完成从乡村文明向城市文明的历史嬗变。最难得的是，在这种嬗变中，他们始终把握住了自己的命运。

在今后，在浙江各地，我们其实都可以找到龙港的身影。

历史上，浙江仅有杭州、宁波、温州等少数几个所谓的大中城市。1978 年后浙江全省性城市化进程的推进，并非依赖于上述大中城市，而主要依靠如龙港般数以万计的小城镇的兴起，如温州的柳市、桥头，台州的路桥、泽国，金华的稠城、吴宁，绍兴的杨汛桥、大唐，湖州的织里、嘉兴的许村等。农民城——小城镇，这是温州农民的创造，这是中国农民继家庭联产承包责任制、乡镇企业之后的第三个伟大创造。

同样的改革起点，同样的改革政策，为什么温州活力迸发，每一天都有奇迹发生?

杜润生的考察结论是:“温州经济发展的一切根源，在于其民办、民营、民有、民享。它是自发的，又是稳定的、可持续的经济秩序。”

很长时期里，中国社会一直存在两种主张:一种认为可以设计一个改造社会的蓝图。未来社会生产和分配是什么样子，文化是什么样子，政治组织是什么样子，人们的工作、生活、学习是什么样子，在蓝图中都可以设计得非常具体。持这种主张并做过这种设计的，不少是大学者甚至是伟人。另一种主张则认为，对于社会发展指出大方向和基本规律是可能的，但不要搞很具体的设计蓝图，而应该任由百姓为自己的利益去奋斗，合力增加社会福利，形成自发扩张的秩序。

无疑，温州实验的是后一种主张。人民——而不是先知——在这场实验中，彰显出了曾经被主流意识长期忽视的自主力和创造力。

“假的”还是“真的”

温州是富有争议的，这种争议从 20 世纪 80 年代中期开始，直至 1997 年 9 月中共十五大的召开。

有争议是因为温州有“小辫子”。其一是“姓资还是姓社”;其二就是假冒伪劣。这可是一条真真切切的“小辫子”，连温州人自己也有口难辩。

温州假冒伪劣的主打产品肯定是皮鞋了。

说起温州人做鞋可是有传统的。“明代温州靴鞋即为贡品，进奉朝廷”;“全国第一双猪革皮鞋，第一双硫化、压模、粘胶皮鞋诞生于温州”;“我国第一双高跟女鞋的创造者也是温州人”。“皮鞋佬”差不多就是温州民间手工业者温馨的自称。

到了 20 世纪 80 年代，作为既有传统投资又不大的致富之门，温州皮鞋真正的春天来了。全国最大的鞋革专业市场兴起于温州鹿城区的来福门。仅鹿城一个区，就冒出了大小皮鞋厂 1254 家。当时全市的皮鞋产量就达到年产 2400 万双，几乎占全国的 1/10。

温州鞋价格低廉，款式新颖，在市场上没有道理不所向披靡。

很快，有人发现上当了。

1985 年，南京一位消费者向《经济日报》投拆，称她买了一双高跟鞋，谁知穿了一天就掉了跟。仔细瞧瞧，竟是用糨糊粘起来的，而所谓的真皮也是仿牛皮的合成革。

有记者进一步在报道中证实，亲眼看见温州“皮鞋佬”整桶整桶地往厂里搬糨糊。

舆论哗然。一时间，“晨昏鞋”“礼拜鞋”“伪劣商品”“粗制滥造”等恶名铺天盖地。全国各大中城市开始纷纷驱逐温州鞋，无数商场挂出“提高警惕，勿买温州鞋”或“本店无温州货”的招牌。

高潮出现在 1987 年 8 月 8 日，地点：杭州市商业中心的武林广场。工商局和愤怒的市民们将 5000 余双温州伪劣皮鞋扔进了熊熊大火，付之一炬。

假的就是假的，有口难辩那叫活该。

但还是有不服气的。温州海螺工业集团的总经理邵奇星就是其中一位。1991 年 5 月，中共中央政治局常

杭州武林广场火烧温州鞋

委李瑞环考察温州。这位死不认输的温州人曾同李瑞环围绕伪劣皮鞋问题有过一番“经典探讨”。

那天,李瑞环来到海螺集团。在样品室,他拿起一双皮鞋里里外外摁摁拧拧:“我这次是带着一个怎么看温州皮鞋质量的疑问来的。现在外面有两种观点,有的说温州皮鞋穿半年就坏,是坑人;也有的说温州皮鞋价格便宜,更新换代快,坏了就买新的。我想听听你们的意见。”

邵奇星应声答道:“作为产品,质量当然要保证。但这里有一个价格和价值对等的问题。温州皮鞋才20元左右一双,如果上海皮鞋也是这个价格,会不会也做出像温州这样的皮鞋?温州皮鞋本身价格比较低,至于中间商拿到北京卖六七十元一双,那是另一回事了。”

邵奇星的这番话,并非他的独门发明。在温州,这套逻辑十分深入人心,并成为他们生产低价低质产品的“理论支柱”。

1990年,我在温州采访。晚上散步来到市区最著名的五马街,发现街边摊贩出售两元一条的“金利来真皮皮带”,不由得大惊。拿在手上翻来覆去看,竟看不出什么破绽。那摊贩倒实在,大声说:“别看了,马粪纸做的。买一条回去,有大场面时系系。花两块钱撑足面子,划算不?”

我追问:“但是如果有人拿这两元的皮带到别处卖20元呢?”

摊贩看了我一眼,笑道:“那是他们的本事。”

当时,李瑞环听邵奇星讲完,沉吟片刻:“对对,我听懂你的意思了。”

邵奇星接着阐述他的“理论”:“这种20元的鞋,我如果半年穿坏一双,一年穿两双,也只要50元,花的钱同外头那种60多元一双能穿一年的差不多。而我这样就可以穿两种款式了。问题是北方人拿过去卖到70元,那消费者当然会认为应该穿一年喽。”

假的就是假的,所以便宜。

假的当作真的卖,那是售假;假的只作假的卖,那就没错。

一些温州人的逻辑似乎很正确,很理直气壮。

虽然邵奇星的“价格价值对等论”颇能自圆其说,并道出了一定的事实,但是，这肯定不是事实的全部，也一定无法使温州的假冒伪劣理论摇身一变成为真理。

许多前往温州参观取经者必到乐清柳市。这个如今的温州第一经济强镇诞生过著名的“八大王”，也培育了温州民营企业“形象大使”：中国正泰集团的南存辉、德力西集团的胡成中、天正集团的高天乐等熠熠生辉的明星。

最初，柳市却因造假而闻名，而且是臭名昭著。

当商品经济的第一缕暖风吹过，这个雁荡山脉南麓的小镇就按捺不住地随风摇曳。大约20世纪70年代末，镇上就已经有2300多家低压电器家庭作坊，叮叮当当的敲打声响作一片。你随处可见这样的场面：

刚刚放下锄头的庄稼汉们正在一台台锈迹斑驳的机床边，把从全国各地国有企业收购来的废旧交流接触器肢解，用砂纸和鞋油将之擦得锃亮；

河边的埠头上挤满了一群群村妇，她们在清洗一筐筐的电器，然后在河滩空地晒地瓜干似的晾开成片的电器零件；

炉火通红的锅灶旁，老眼昏花的太婆们一边煮饭，一边慢悠悠地摇着漆包线；

……

市场混沌初开，欲望掺和着丑恶泥沙俱下。

——为了牟取暴利，以稻糠代替熔断器的石英砂；以白铜甚至是铁片代替白银充当继电器触头。

——明明是柳市产品，产地却标北京、上海。

——国家规定低压电器必须凭许可证生产，而当地大批企业中，有证企业不到1%，有证产品不到0.1%。经多次检测，无证的产品质量全部不合格。

1989年，国家技术监督局在一份《打击伪劣低压电器活动的总结报告》中愤怒地指出：“这次全国共检查了近7000个经销单位，查出的伪劣低压电器产品超过170万件(台)，价值3000多万元……各地在检查中发现，大多数伪劣低压电器，来源于浙江温州地区，特别是温州乐清县的柳市镇。”

在全国各地媒体上，小小柳市的曝光率越来越高，被曝光的事实越来越

触目惊心:

黑龙江鸡西煤矿由于柳市产的劣质电器漏电,引发严重的瓦斯爆炸,多人死伤;

新疆巴州工模具厂,因柳市产空气开关起火,一名电工烧伤致残;

河南某钢铁公司建成剪彩时,因使用柳市假冒伪劣低压电器,一包钢水正要倾倒却突然卡壳,上百万元的产品全部报废;

……

苍南的假商标、永嘉的假广告、瑞安的假汽配件……铺天盖地的假冒伪劣,使风光繁华的温州人和温州经济招致严厉的质问。这种质问更多地来自传统人士,往往具有居高临下的道德优越感:温州,资本主义泛滥,是假冒伪劣丑恶现象的必然温床!

然而,我们在温州观察到的更多的事实是,在这片市场经济的海洋里率先跃跃欲试、大展身手的弄潮儿,绝大部分是刚刚洗脚上田的农民。对他们来说,拥有深厚的法制意识暂时只能是一种奢望。同时,他们有一股被压抑已久的难以遏制的致富冲动。快速致富离不开资本。如同疯狂走私一样,生产低劣产品甚至造假,往往是温州农民最容易想到、最可能实施的资本原始积累的捷径。

在一些地方,在一定时候,假冒伪劣成为市场经济绿树最初萌发时形影相伴的养料。这是我们想极力回避却又难以回避的现实。

超越规律和发展局限性,很多时候只能是美好的愿望。

“初级阶段不完善,发展过程很难堪,负面效应总难免,问题就在怎么看,关键在于怎么干。”曾担任温州市委书记的张友余的一项重要工作,就是如祥林嫂一般向一批批参观者和媒体人反反复复地解释自己对假冒伪劣的基本态度。

中国将长期处于社会主义初级阶段是最基本的国情,那么,假冒伪劣的阴云尾随我们几代人恐怕也就不是什么不可思议的事了。

金钱大爆发

今天，当我们谈论温州和温州人，总是习惯性地将之与金钱联系在一起：全民经商，遍地财富，中国老板最多的地方。的确，有太多的温州故事，闪耀着金钱的诱人光芒。

两千年来，温州就是一个极度缺钱的地方。普遍的贫困，成为这片土地上最残酷的现实。

1978 年后，普遍的贫困第一次历史性地质变为普遍的富裕。财富突然从天而降，来得又快又猛，温州人对此还来不及做好准备。他们兴高采烈，又手足无措，他们不知道如何驾驭多得有点数不清的金钱。

于是，金钱就开始毫不客气地驾驭温州人的命运。以金钱为主轴，荒诞不经的黑色幽默不时轮番上演。

苍南县巴曹镇，鳌江口南岸的一个滨海小村。经历了走私与小五金加工的双重洗礼，村民们神速地富了。盖楼房、买大彩电、娶俏媳妇，再接下去，他们觉得如何花钱竟也成了一件头痛的事。

一天，村东头的鱼市场摆出了一条十分罕见的黄鱼王，围观的村民里外三层。按当地相传百年的旧风俗，谁要是吃上了黄鱼王的鱼胶，来年必交好运。看得人人眼馋，可鱼只有一条，没法子，竞拍！在众人的起哄声中，1 万元、2 万元，价格节节攀升。一位邻乡的开厂老板志在必得，一口气直接报价 10 万元。这下村里人慌了，鱼有可能被拿走不说，这脸面还不给丢尽了？但一户人家又实在扛不下来。紧急商议的结果，村里 6 位腰板粗壮的大户“挺身而出”，合资 12 万元坚决留住黄鱼王。全部是现金，塞进了装化肥的编织袋。

当天晚上，村里男女老少奔走相告、喜气洋洋，就像过年一样，还有人甚至买了几挂鞭炮，放得震天响。村中心祠堂支起一口大锅，投进整条黄鱼王，炉火通红，熬啊熬。全村人都来了，一人一碗。汤喝完了，出钱最多的大户代表高声宣布：再发现更大的黄鱼王，不客气，照样拿下！

另一个故事还是和汤有关。那几年，瑞安市一带攀比成风。凡有钱有派头的人物请客，必上两道汤：

一道汤是海鲜大盆中漂浮一只百元美钞折成的小船，是为“一帆风顺”。

第二道汤是海鲜大盆中再浮一小盆，上面整整齐齐围圈摆放着10只进口手表。在座食客见者有份，是为“表表心意”。

温州金钱大爆发最为人诟病的一幕，莫过于1985—1988年间几乎席卷各县市的“造坟热潮”。

炫耀着财富的温州豪华“椅子坟”

据官方统计，那几年，温州每年新增坟墓1.5万座，大大超出正常死亡火化所需增墓穴的数量。每年造坟耗资1亿多元，占用山地100万平方米，砍伐树木6万株以上。

历史上，温州的坟墓款式大体分为两种：一为贫苦人家修的简易平坟；二为有钱人造的大坟，亦称“椅子坟”。其形状酷似太师椅，象征死后仍稳坐“风水宝地”。

20世纪80年代后期，温州“造坟热潮”中出现的基本为“椅子坟”。其差别在于，造坟者不再是地主老财，而是因改革开放“先富起来的”温州农民。墓地占地面积一般为50—200平方米，不少人还嫌单一的椅子造型太寒碜，便建起凉亭、宝塔、石狮等“配套工程”，雕梁画栋，极尽奢华。最夸张的是平阳县某老板，花巨资选址县城南面山水俱佳的广慧禅寺旁，造墓占地面积竟达2600平方米；并拟效仿南京中山陵，将墓前近百米的山坡买下，并铺设石阶。

这一时期温州豪华坟墓数量之所以暴增，原因在于除重金重修祖坟之外，他们还大量为活人修造“阳坟”，甚至替自己尚未出生的子女也预备了。造坟花费少的需四五千元，多者数万元。而1985年，中国农民人均年收入仅为397.5元。

来温州采访的美国《华尔街日报》驻北京记者希金罗被眼前累累墓穴所震惊，他在1987年5月22日刊发的报道中写道：“温州的青山由于堆起了一座座坟茔正在变成白色。这一现象受到北京的严厉批评。”

《中国青年报》资深记者麦天枢曾用尖利的笔触，对温州“造坟热潮”做了这样精确的描述：

> 船行瓯江，迎面扑来的成百上千的坟墓，是人们对温州的第一印象。满山遍野白花花的，便是闻名天下的温州椅子坟。这些堂而皇之，居高临下，傲视天地的椅子坟包藏着的，不只是温州人祖先们的骨血。这是来自传统的精神的流向，这也是来自市场的新财富的流向。沿着这条一眼可见的线索，可以发现不同文化精神交锋、交融的重要秘密。
>
> 这里，也是不亚于市场的一个激烈竞争的战场。你的大，我的比你还要大；你的漂亮，我的比你更漂亮；你修了祖先的又修自己的，我修了祖先的修了自己的，还要再修儿子的。
>
> 当然，这项竞赛也是以主人们的富有程度为背景的。因此，寻找温州椅子坟有了这样一个当地人共知的规律：哪个村镇最富有，那里的坟墓就最辉煌气派。

腰包里突然鼓胀的金钱从何而来的？极有可能是缘于祖上阴德庇佑，这得修坟，而且得修大坟。已经穷苦几代了，遭人冷眼，受够了。如今有花不完的钱，那就让家族坟墓雄起，活得比你好，死了也比你强。

温州老板们的造墓观就是这么炙热，这么直截了当。坟墓、显赫大墓，让他们找到了彰显自尊、宣泄快乐的最新通道。

1988年9月，承受不小压力的温州地方政府开始阻击“大墓”之风，“富不富，看坟墓”热潮才逐渐降温。

温州超前发育的市场流通体系与极具活力的小商品制造业,为国人所熟知。全民参与的区域性商业氛围,培育了温州人对货币近乎直觉的把玩能力。他们清楚,货币是一切商业活动的血脉,如果能直接运作货币的组合与分配,就等于养了一只最会下金蛋的"老母鸡"。

1984 年 9 月 29 日,中国改革开放后第一家私人银行——苍南县钱库镇方兴钱庄,在一阵响亮的爆竹声中成立。钱庄的老板方培林是钱库镇医院停薪留职的收发员,他的钱庄从未领到过标志合法身份的"金融许可证",但其为当地个体、私营企业资金周转所提供的高效便捷服务,得到了普遍认同。开业一年,存贷 2400 多人次,存贷总额约 500 万元,方培林的纯利润为 2 万元。时任中国人民银行行长的陈慕华现场参观后称赞其在资金使用效率上"达到了国际水平"。

1986 年 11 月 1 日,又一位名叫杨嘉木的温州人集资 31.8 万元,创办了全国最早的"股份合作制信用社"——鹿城城市信用社。仅过了 6 天,温州家具厂老板苏方中紧随其后,开办了全国第一家由私人独资控股的东风城市信用社。

民营经济发展的强烈需求,加之国有银行体制的相对僵化,使得温州迅速进入了民间金融活动的高发期。资金调剂服务社、经济服务部、融资办事处,以及明目张胆的高利贷,五花八门,各显神通。国家对金融领域的严厉管制与民间需求的剧烈膨胀,形成了巨大的断裂层。在这一断裂层的夹缝之间,愚昧、贪婪得以发酵,使正常的民间金融探索严重异变,最终酿成 1985 年秋至 1987 年冬,温州改革史上规模最大、后果最为惨烈的"抬会风潮"。

温州民间一直有做"会"的传统。

做"会",是资金匮乏的民众互助互惠、共渡难关的手段。其基本运作模式为:甲急需用钱,邀乙、丙、丁三人做"会"。如每人出 100 元,这个会总数便有 400 元。第一次先给甲使用,以后每月各人再拿出 100 元,依次给乙、丙、丁。先用钱的付给后者利息,结算利率大大高于银行的利率。

"抬会"(或称"排会")则不同于一般的金融聚会。它只发生在一位会主和一位会员之间，即两个人“抬”起“会”来，但同一位会主可以同时与多位会员形成一对一的“抬会”关系。初始会费的金额大小可以双方约定。假定一个会员加入“抬会”，先交给会主的初始会费为1.16万元。从第2个月开始，会主每月必须付给会员9000元，连续付12个月，计10.8万元。从第13个月起，会员再付给会主3000元，连续付88个月，计26.4万元。同时，会主又循环支付会员高额利息。

走完这场“金融游戏”的全过程共需100个月。从表面上看，“抬会”仍是一种借贷关系，但其利息支付远远高于常规，显得更疯狂、更刺激。事实上，没有任何正常的投资循环能够应对如此短的时间内大笔款项的支付，唯一的办法就是“滚雪球”式发展新会员。会员抬会主，新会员抬老会员。甚至这个会抬那个会，会会叠加。据测算，一个初始会费1.16万元的会要维持下去，到第6个月，必须发展22个会员；第12个月691个会员；第18个月，会员总数将达20883个……

支撑这一几何级数新会员的增长，离不开两个前提条件：一是社会上有取之不尽的闲散资金，有源源不断的人加入“抬会”；二是每个会主、会员都能严格遵守信用，准时付款，不出半点差错。虽然温州百姓手中有大量的民间资金，以上两个前提条件仍是严重靠不牢的，大厦随时可能倾覆。许多人清楚地知道“抬会”迟早要倒，但暴利催生的赌徒心态，使每个人都心存侥幸，希望石头最后砸在别人头上。

一场动机不良、手段拙劣的“金钱大梦”就此开始了。

一麻袋一麻袋的钞票搬进会主家，很快码成一座小山。不可能一张张清点，就用尺子量、用秤称。乐清县共有会主1346个，最大的会主名叫李吾华，他的“抬会”会员总计多达12122人。此人后来被抓获时，在他藏匿钱财的一家普通农舍，竟发现在猪圈旁、楼梯下塞了满满96箱“大团结”。面对着这些散发出呛人霉味的纸币，县银行60名职员戴上大口罩，数了整整3天，合计1970万元！

大批官员踊跃参与的“表率作用”，也成为“抬会”泛滥最优质的催化剂。当时，甚至还出现了专替干部而设的“官会”，又称“倒抬会”。具有官职的特殊会员入会时不必交款,而是先领款,3 个月后再少量返回。这种会的初始会费可分 1 万元、5 万元、10 万元三种,视官员的头衔大小而定。

乐清县聚集总会款达 9000 多万元的大会主蔡星南手中就有一本“入会干部、党员账”。其所在的湖上岙村,从支部书记、村长、联合社社长到会计、调解主任、妇女主任,无一漏网。另据乐清县委对城区的初步调查,全区 135 名乡以上干部中,参与“抬会”的占 23%;200 名党员中则有 80%下水。

危卵之上,纸糊的金字塔终于崩塌。连锁大地震来了。

最早嗅出征兆的大小会主连夜卷款逃亡,留下的是无数个理不清、填不满的巨大窟窿。发现被骗,一夜间倾家荡产的数以万计的会员们绝望了,他们磨刀霍霍,报复行为狂暴而残忍。

苍南县几十个红了眼的会员举着炸药包奔到会主家中,讨债不成就准备与会主全家同归于尽;平阳县鳌江镇数百名妇女步行几十里到县城游行示威,强烈要求政府作主,追回血汗钱。

有多所乡村小学紧急停课。原因是学生常常在路上被讨债者掳走当人质;乐清县海屿乡某村,会主的上百间房屋被捣毁,洗劫一空。来不及逃走的 30 个会主家人被五花大绑,其中包括 5 名儿童。

恶性事件迭出,血光四溅,一派混战,众多乡镇陷入完全失控的瘫痪局面。这场以金融投机与金融诈骗为主要特征的“抬会风潮”,共卷入温州所属九县两区的 30 多万人。会款发生额总计达 8 亿余元。63 人自杀,200 多人潜逃,近千人被非法关押、拷打、强奸,无数家庭负债累累。

数年之后,“抬会风潮”的处理还留下了一道阴郁的尾巴。

一批涉案金额大、民怨强烈的会主先后被抓捕并判刑。其中,乐清县大会主郑乐芬夫妇分别被判处死刑和无期徒刑。

38 岁的郑乐芬是永嘉县无业游民,其丈夫蔡胜南原为乐清县汽车客运站职工。据查,郑、蔡直属的中小“抬会”会主达 427 人,会员遍及温州各县市,并远至江苏、山东、新疆等地;共收入会款 6200 万元,支付会员会款 6010 万元,非法经营金额 1.22 亿元;收支差额为 189.6 万元,大部分金钱被两人用于自家建房及挥霍。

分别被判处死刑和无期徒刑的“抬会”会主郑乐芬(前排右)夫妇

1991年9月,郑乐芬以投机倒把罪被执行枪决,从而成为浙江改革开放历史上有案可查的因“投机倒把”丢掉性命的极少数人之一。

投机倒把罪发源于计划经济时期,泛指非国家指定的一切营利性商业活动。仅从字面上通俗解释,即为“以赚取紧缺商品利润差额为目的的转手行为”。1997年,修订后的《刑法》废除了“投机倒把罪”。

郑乐芬就如同一只从打开的潘多拉盒里挣扎而出的飞蛾,扑闪了几下,便无声地坠落了。

【浙江改革开放史档案】学者眼里的温州

费孝通:小商品,大市场

温州地区的历史传统是“八仙过海”,即石刻、竹编、弹花、箍桶、缝纫、理发、厨师等百工手艺人和挑担卖糖、卖小百货的生意郎周游各地,挣钱回乡,养家立业。

这样的历史传统,推动了今天温州农村经济以商带工的“小商品,大市场”格局的形成。

从这一特点看去,“温州模式”就超出了区域范围,而在全国范围带有普遍意义。农村经济体制的改革,使农村的商品生产迅速发展。商品生产本身就要求有相应的流通服务,在原来的体制下过于单一的渠道已远远不能适应农村商品生产的需要。由于这种流通渠道与生产脱节,这就迫使温州的农民自己行动起来组织流通网络。他们依靠自己传统的才能和遍及全国的手艺人,通过自己组织起来的这种流通网络,形成了面向全国的大市场,为流通体制的改革创造了新鲜经验,为从根本上解决买难卖难问题树立了一个标本。所以,我认为"温州模式"的重要意义倒不在它发展了家庭工业,而在于它创建了一个民间自发的遍及全国的小商品大市场,直接在生产者和消费者之间建立起一个无孔不入的流通网络。

杜润生:一个自发的秩序

历史证明,在社会发展领域,蓝图和实际往往会有很大的距离。预先设计得越具体,越难符合实际,最终陷于空想。比如说,过去曾有过空想的社会主义,并没有成功,结果被马克思主义的唯物史观所代替,使社会主义由空想变为科学。尽管如此,社会主义事业毕竟还是在实践当中,人们受信息供给的限制,总难免犯理想主义式错误。比如说,我们曾要求全社会清一色的公有制和唯一的按劳分配形式并存,不容有其他的所有制和分配形式并存,这种设计至少是不适合中国社会主义初级阶段的实际。结果在实行了 20 年后,不得不进行改革。

历史表明,在自发秩序下,出现先行者的实践样板,产生诱导作用,通过相互博弈,不断扩张完善,形成新的体制、新的制度,这正是一般性规律。

温州经济就是一个实证。在 20 世纪 50 年代,永嘉县农民自发地搞包产到户,得到中共永嘉县委的支持,温州地区千余村庄群起仿效。不料遭遇挫折,一度被打了下去,永嘉县委几位领导人都受了处分。但是温州人并未从此放弃,他们继续走永嘉县的道路,包产到户几起几落,还把这种自发机制引到城市里面去,另辟蹊径。

浙江土地太少,人口太多。温州人从明清两代起就到外地经营,有的还出海渡洋,到国外去创业。新中国成立以后外出受到限制,他们只能就地在农业以外寻找就业机会。从此开始搞小商品生产,如服装、鞋帽、低压电器、眼镜、商标牌等。"小商品,大市场",吸引了越来越多的投资主体。改革开放以后,实现了市场取向,家庭经营的个体经济私人企业因而获得大发展,结果形成了一个中小企业大群体。论其特色,它是一种高于个体经济基础上的自发的、扩张的经济秩序。这个秩序从永嘉的农业开始，发展到温州全境，从温州、台州，一直扩展到全省，使浙江从一个资源小省变成经济大省。

吴敬琏：民间力量的成长有利于改革

温州以中小民营企业为主，是有竞争力的。温州让我得出的结论是：在一些地方，已经形成具有很强活力的中小企业群，只要我们采取措施，支持它们的发展并积极加以引导，很快就会在全国形成一些或大或小的“增长极”。它们的投资和扩张活动所创造的需求，将拉动自身生产的进一步扩张和其他地区的经济复苏，从而形成供给与需求相互拉动的良性循环局面。这样，国民经济这盘棋就能全局皆活。这正是我们要努力争取达到的。

全国每年有 500 万—1000 万下岗工人，温州没有下岗人员。为什么？中小企业吸收了。温州给我们指出了一条路：中小企业，特别是乡镇中小企业，是吸收消化劳动力的好途径。

同时，中国经济的发展需要社会力量的支持。从这个角度看，也希望各地能像温州那样，中小企业家和其他民间力量能够成长起来。如果他们成长起来，就会有越来越多的人支持一个有利于大众的改革。

钟朋荣：向温州人学什么

中国有句俗话，“大活人不能被尿憋死”。然而，在我国由于思想禁锢比较严重，活人被尿憋死的事时有发生。直到现在，依然如此。

温州人可不这么做。温州人是否干某件事情，既不看伟人讲了没有，也不看别人做过没有，只是看实践中需要不需要，实践中能不能做得通。只要实践中需要的而且又能做通的，他们都会千方百计地去做。农民手里有钱却没有城镇户口，进不了城，他们就集资建一个农民城；城里的国营商场不卖温州产品，他们就把国营商场的柜台租下来自己卖，在全国一下子就租了 5 万个；从外地回温州没有航班，他们就包飞机，自己开辟航线；国家银行不给贷款，他们就创办信用社、基金会，发展民间金融，实行浮动利率，自己给自己找资金；分散的家庭经济规模，而且被斥之为私有制的样板，他们就创造了股份合作制,既解决规模小的问题,又戴上了公有制的帽子。

可见,在温州的经济模式之后,隐藏着一个更重要的"模式",即温州人的思维无模式。这个思维的特点是:不是从教条出发,而是从实际出发;敢闯敢试,敢为天下先。不管什么事情,不管你旁人怎么讲,我都要试试看。试不成拉倒,试成了就要千方百计地坚持下去。同时,在温州人思维中,没有"等、靠、要"这一说。

最近几年,全国到温州学习取经的人不少。但人们似乎比较注重温州改革发展经济的具体措施和方法。我也介绍过温州发展经济的一些方法,如"一乡一品"的产业模式、百万游商走遍全国的市场开发模式等。然而,温州模式的核心或精髓,是温州人的精神。

《爱拼才会赢》,这是一首流行歌曲。这首歌曲描述了我国东南沿海地区人们共同的思维特征,而这一特征在温州人那里显得更加突出。

温州人精神可以概括为:白手起家、艰苦奋斗的创业精神;不等不靠、依靠自己的自主精神;闯荡天下、四海为家的开拓精神;敢于创新、善于创新的创新精神。向温州学习,关键是要学习温州人的这种精神。在温州,正是由于有这种思维,才有一系列的创新,才有温州模式和温州的经济奇迹。可以说,温州的经济模式是温州人思维的产物。

第四章

市场"大发现"

> 日中为市。致天下之民，聚天下之货。交易而退，各得其所。
>
> ——《易经》

1861 年，一位名叫利希霍芬的德国地质学博士得到上海英国商会的赞助，开始了一次与地质关系不大的中国人文考察。当漫无目标地游走了大半个国家之后，他突然对东西南北的中国人产生了浓厚的兴趣，并最终向为此行提供赞助的英国商会交出了自己的心得：《中国——亲身旅游和据此所作的研究成果》。

在这本书中，利希霍芬详细地描述了中国 19 个省份人士的性格特点。第一部分人群就是"浙江人"：

> 浙江省人，只是近几百年才服从朝廷的统治。浙江人一般性格柔和，给接触者以好感。
>
> 浙江居民很能干，善于背东西，女人和男人一样干活、撑船、做生意。

在中国，浙江的势力更表现在买卖人上，他们完全可以和犹太人媲美。

由于年代久远，我们已无法查证利希霍芬形容浙江人“善于背东西”的准确含义究竟是什么。但他所指应该不是单纯的体力活，而是类似于转运贩卖等商业行为。

一百多年后，“善于背东西”的浙江人借改革开放之力，真真切切地成就了一个活泼泼的市场大省。“办市场，看浙江”，成了破译浙江成功之道的基本密码。

利希霍芬博士一定会为自己当年的有趣判断颇感自得。

山坳里的市场神话

1986 年 7 月，著名经济学家董辅礽教授第一次前往温州永嘉县桥头镇考察。早就听说桥头是“世界东方纽扣中心”，他有些半信半疑。

汽车一直在瓯江北岸的山峦之中穿行。

“桥头还有多远？”从杭州出发，已经整整 10 个小时了。董教授不得不关切地询问。

“马上就到了。”陪同的同志回答。董教授记得，这样的回答好像已经说了好几遍了。

猛地，汽车从 330 国道公路上一个左拐，驶入了一条颠簸不平的泥土路。车摇人晃，尘土飞扬，窗外一片模糊。近半个小时后，汽车终于在一条宽仅几米的破旧的老街旁停下。迎面一块大大的招牌——“桥头纽扣市场”。

陪同人员向董教授介绍：桥头市场摊位为 1000 多个；包括周边乡村在内，拥有纽扣厂 480 余家；生产和经销的纽扣有 16 大类、1500 个品种，年经销额超过亿元，占全国市场份额一半以上；由此带动开办的服装厂、拉链厂有 1500 多家。像这样的规模，国内肯定没有，在东南亚亦堪称老大。

有人精确测量过，从桥头到杭温公路的这段乡间土路共 3.5 公里，只能平行交会两辆拖拉机。路两旁，是连绵的崇山峻岭。

这的确是名副其实的山坳里的“世界东方纽扣中心”。

桥头纽扣市场究竟是如何兴起的，又为何偏偏兴盛于这样的山旮旯？连桥头人自己也说不清道不明。

我听到的版本有四五个。其中流传最广的是，据传在 1979 年，一对依靠弹棉花为生的叶氏兄弟——永嘉县是远近闻名的弹棉郎之乡——在河南辛苦 1 年后准备回家。匆匆路过一家国营纽扣厂门口时，发现墙角有一堆次品纽扣。他们寻思，如果带回去说不好还能换几块小钱，可又没有装的口袋。弟弟二话不说，利索地脱下一条棉毛裤，将两只裤腿用绳子一扎，纽扣便哗哗地倒了进去。

回到桥头，叶氏兄弟摆开了小摊，没几天纽扣就被一抢而空。一清点，净赚了 90 多元，差不多相当于弹大半年棉花的收入。于是，马上再往河南赶，再运来一麻袋纽扣。

消息迅速传开。越来越多的桥头人往河南赶、往江苏赶、往广东赶，往纽扣厂多的地方赶，甚至还有人开始学习自己动手制作低档纽扣。

人多了，纽扣多了，“世界东方纽扣中心”一天天长大了。

1985 年，桥头纽扣市场并不是温州唯一的专业市场，却是最出名的市场。那一年，温州已经冒出 400 余家各类商品市场或产销基地，连同神通广大的 10 万购销员，为温州五光十色的小商品编织起了极为庞大灵活的全国性营销网络。其中，最负盛名的“十大专业市场”堪称浙江市场乃至中国市场最早的第一道霞光。

让我们一起记住这些已落满历史尘埃的名字：

永嘉县桥头纽扣市场；

乐清县柳市低压电器市场；

乐清县虹桥综合农贸市场；

苍南县宜山再生纺织品市场；

苍南县金乡徽章标牌市场；

苍南县钱库综合商品市场；

平阳县水头兔毛市场；

平阳县萧江塑编市场；

瑞安县仙降塑革市场；

瑞安县塘下、莘塍塑料编织袋、松紧带市场。

时任国务院发展研究中心主任、著名经济学家马洪这样评价："温州的十大专业市场在 20 世纪 80 年代影响了整个中国市场的发育，其生动的市场机制和优秀的市场开创者曾推动了全国市场的发展。"

考察古今中外我们不难发现，市场显然不是温州或浙江的独门秘籍，也不是改革开放才有的特产。

在中国，以商品交易为重要目的的庙会、墟市等集贸市场至少已有数千年历史。同治《湖州府志》记载："集市游移而至，邻近农人皆往。人头攒动，热闹不凡。或携货交易，或聚围把式，皆得其乐也。"这样的场景，我们耳熟能详。

《新帕尔格雷夫经济学大辞典》将集贸市场定义为：一个得到当局批准的、商品买家和卖家在某个特定时间相聚、或多或少受到严格限制及规定的公共场所。除交易时间的非连续性外，集贸市场还明显具有交易半径的区域化、交易内容以满足各种日用消费零售为主等特性。

而在浙江改革开放史上发挥了不可替代的巨大作用的市场形态，则是作为众多乡村中小企业共享的销售渠道出现的专业市场。与传统集贸市场相比，浙江专业市场具有如下共性：

——绝大多数并非脱胎于集贸市场；

——交易时间的连续性、交易地点的确定性；

——以现货批发为主、集中交易某一类商品或若干类具有较强互补性和互替性商品；

——市场范围呈现跨区域的开放性，甚至是辐射全国。

法国当代史学大师费尔南·布罗代尔在《15—18 世纪的物质文明、经济和资本主义——形形色色的交换》一书中，也曾经描绘过 200 多年前处于集贸市场向专业市场演变过程中的巴黎最大的市场"中央菜场"：

没有一张图样能确切反映中央菜场这一巨大建筑群的完整形象。盖顶的和露天的场所，支撑附近房屋拱廊的立柱，一面又利用杂乱向四周空地蔓延着商业活动。小麦商场于 1767 年迁出中央菜场，在斯瓦松府邸旧址重建；18 世纪末，又改建海鲜商场和皮革商场，并将葡萄酒商场迁往圣贝纳尔门。整修乃至拆迁中央菜场的计划曾反复提出，但这庞然大物（占地面积 5 万平方米）仍合乎情理地留在原地。

中央菜场内，仅呢绒商场、布匹商场、咸货商场、海鲜商场有房屋遮蔽。紧挨在这些建筑物的四周，设有种种露天集市，出售面粉、大块黄油、蜡烛、麻绳和井绳。在沿菜场边缘排列的"立柱"附近，因陋就简地住着成衣商、面包师、鞋匠以及"纳付市场税的其他巴黎小商人"。

在吉尼斯纪录上，欧洲现存最大的专业市场是荷兰鹿特丹的鱼类市场。那是一座 18 世纪 5 层楼高的砖瓦楼房，建筑面积为 10.6 万平方米。在过去的二百多年里，勤于海耕的"荷兰海盗"一直是欧洲市场最重要的渔产供应商。据称，目前每年仅从鹿特丹市场运往欧洲各地的渔产品就达 120 万吨以上，交易额达 10 亿美元。

但毫无疑问，只有在进入 20 世纪 80 年代的中国尤其是浙江，专业市场才真正开始发育完善而达到极致，真正对一个区域的经济活动产生如此深远的影响，并衍生出令人惊叹的"世界经济史经典"。

到 1991 年，浙江已拥有各类商品交易市场 3802 个，年交易额 204.6 亿元。全省差不多每 1 万人就有 1 个市场，200 多万农村人口直接在市场的各个环节找到了就业机会，1000 万人的商品生产行为与专业市场密切关联。

那一年，国家工商局第一次统计开列中国专业市场龙虎榜。在"十大专业市场"中，浙江囊括两席；100 多家超亿元市场，浙江约占 1/3，鹤立全国。其中，义乌小商品市场跻身"十大专业市场"之首，并将这一桂冠连续保持了 27 年。联合国、世界银行、摩根士丹利等共同发布的《震惊全球的中国数字》报告中再次确认：中国义乌市场为全球最大的商品批发市场。

专业市场在温州随即在浙江的率先起步和膨胀并非偶然。正如我们所观察到的，浙江自然资源十分匮乏，又长期属于计划经济的“遗忘之地”，乡村加工业数量惊人的原材料采购及产品销售，唯有指望自我发育的各类专业市场，才能冲出华山一条险道。

另据官方统计，浙江企业总数超过100万家，其中，中小企业占了99%以上，家庭工场、夫妻作坊构成了浙江经济的庞大基座。对于规模狭小的企业主体而言，建立自有的产供销渠道无疑是“不可承受之重”。而作为共有共享的交易平台，专业市场的出现恰到好处地满足了无数中小企业的生存需求，必然爆发出强大的生命力——无须千里奔波寻觅，天南海北的行业资讯在这里汇聚，林林总总的供需渴求在这里对接，实现交易的机会成本大大降低。

同时，专业市场的开放特性，决定了大量相同或类似的生产者和销售者会涌入同一个交易空间，彼此之间接近于完全竞争。于是，对专业市场的充分依赖，又反之强力推进了企业的市场化蜕变。正是在这样一种良性互动之中，浙江民间经济主体日渐绽放活力。

早期的浙江乡村专业市场图景

特别值得关注的是，20世纪80年代中期前后，以温州为代表的浙江专业市场的勃兴，并不是地方政府主动的制度安排，而是浙江乡村工业市场化发展顺其自然的必需。因此，浙江专业市场从一开始就蕴藏了计划经济难以具有的顽强生命力。

以下是同样发生在桥头，有关市场争夺的一场激烈而耐人寻味的“小镇战事”。

桥头西去13公里，是浙江丽水地区的青田县温溪镇。温溪地处一片山地小平原，330国道穿镇而过，当时的日车流量达5000辆，境内还有丽水地区唯一的内河码头。水陆之便，堪称浙南第一。

与之相比，桥头只是一个山坳里不起眼的埠头，“地利”远逊于温溪。桥头纽扣市场迅速崛起的神话，令温溪人大受刺激。不服气的他们决心放手一搏。

1988年，青田县及温溪镇有关部门立下“军令状”——不惜一切代价，把纽扣市场夺过来。他们坚信，在以往30多年以行政手段抓经济运用得轻车熟路的工作“法宝”仍将百战百胜。

由当地政府组织、供销社牵头，筹集巨资到全国各地采购来大批各色纽扣，在温溪集中销售，售价还比桥头的便宜。

一时间，商贩们纷纷从桥头转向温溪。

几天后，桥头纽扣市场的摊主积极应战，随之降价。

温溪立即作出反应——继续降价，低价竞争。虽然一降再降，售价已经接近甚至低于成本，卖出一粒纽扣可能赔一分钱，但温溪人咬住牙，坚持到底就是胜利。干部们很自信：这边是阵容严明的“政府军”，那边是一盘散沙的“游击队”，胜负不言自明。

终于，桥头农民摊主不耐烦了。他们潮水般冲进温溪，迅速将摊头上所有优质纽扣抢购一空，扬长而去。

很快，桥头纽扣市价回升到“战”前。而此时的温溪人殚精竭虑，资金已耗去大半，再无力组织像样的反击。

“肉搏”失利，在此后的两年多时间里，雄心未泯的温溪人又开始了一项人工“筑巢引鸟”的持久战计划——一个占地21亩、浙江省最大的镇一级车站建成，一条24米宽的标准化商业大道建成，两座造型别致的贸易大楼建成，两座拥有500多个床位的宾馆建成，一个占地面积5280平方米的小商品市场建成。还有日供水量 5000 吨的自来水厂、11 万伏的变电所、3000 门自动电话的邮电大楼，镇政府办公室也装起了当时连地委书记都没有的国际直拨电话。温溪人倾囊而出，花 3600 万元，筑起了一个现代化的“金巢”。

他们翘首以待，南来北往经商办实业的“凤鸟”们，这下总该翩翩而至了吧？1991 年底，我和新华社同事吴晓波前往温溪采访，耳闻目睹的事实却令人寒心：

五层的天香楼饭店，开张不久便告歇业，服务总台堆满了毛边纸，当年恭贺开张的喜匾浮尘满面、蛛网悬角；

拥有 242 个摊位的小商品市场中经常营业的只有 150 余家，摊贩比顾客多，两座气派的贸易大楼和商业大厦皆栅门紧锁；

一条 24 米宽的处州大街空荡寂寞，偌大的车站停车场有一半空间长期堆放木材，来往的车辆川流不息，却大多一闪而过，“凤鸟”们仍然直飞 13 公里外的桥头。

雄心勃勃的人工“筑巢引鸟”不战自溃。这是温溪的失败，更是计划经济的失败。

桥头纽扣市场生长在峻岭夹峙的旮旯，宜山再生纺织品市场也藏于交通极其不便的乡间，这一“山坳现象”同样适用于 20 世纪 80 年代中期浙江各地如雨后春笋般涌现的许多专业市场。

金江龙村地处浙中金华市，距离永康县城尚有 20 公里蜿蜒的山路。千百年来，当地一直有制作木杆秤的传统，钉秤手工艺人游走四乡谋生。1979 年，最早的杆秤及配件交易市场是在金江龙村后山山坡一片茂密的松树林中诞生的。市场名气慢慢大了，经营者却一直小心翼翼。5 年后，思想解放的古山镇干部敲锣打鼓，终于将这个“偷生”的市场“请”进了金江龙村中心祠堂边落户。1990 年，我来到这个小山村采访时，金江龙已是年成交额近千万元的全国最大的衡器专业市场，交易品种包括木杆秤、铝杆秤、电子秤、案秤、台秤、地中衡。同时，还带动了周边 10 多个衡器专业村、2000 多户家庭工厂的成长。

"山坳现象"显然不符合交通便捷、物流畅达这一市场构建的先决条件。浙江专业市场最初显现的普遍事实是，地处偏僻、先天不足，却率先发育、生机盎然。这一经济学悖论不能不让人大惑不解。

"事实上，这是一个研究视角的误区。"原浙江工商大学校长张仁寿说，"和许多中国问题一样，研究浙江专业市场不能只着眼于经济范畴。"

在这位著书颇丰的温州籍学者的一篇论文中，我注意到了这样一段文字：

> 以当年温州十大专业市场为例，大多坐落在水陆交通都不是很便利的地方。唯一合理的解释只能是，在那些地方，"左"的思潮相对薄弱，计划经济的束缚相对较小。否则，这些市场很可能在兴旺之前就遭取缔。中国改革的经验证明，对旧体制的最初突破，往往发生在旧体制最疏于防范的地方。

张仁寿把这一现象概括为"边区效应"。

夹缝中趁虚而入，夹缝中遭受百般挤压。"边区效应"的背后是浙江商人的狡黠和酸楚。

义乌的秘密

1986年10月28日，具有风向标意义的《人民日报》第一次以显眼的头版，对发生在义乌的市场经验进行了报道。同时，配发了一篇比新闻本身篇幅更长的评论员文章，其标题就是对义乌结论式的高度肯定——《大兴民间商业》：

> 义乌县发展民间市场，培育市场机制，引导农民背靠市场搞活经济的做法，对我们下一步如何发展农村商品经济很有启示。
>
> 农村在完成以家庭承包制为主要标志的第一步改革后，怎样引导农

民发展商品市场呢?显然,过去那种依靠指令性计划、自上而下地指挥生产的老办法不行了。我们现在面临的,是已经取得独立商品生产者地位的近两亿个农户,他们有自主决策权,可以和社会各方面发生横向联系。在这种条件下,只有把市场机制培植起来,才能引导农民逐步进入市场,通过市场交换来发展商品生产。也就是说,要积极地把过去高度集中、只依靠行政命令的计划经济,改为以多样化、多层次的市场为基础的有计划的商品经济。

在农村,尤应提倡积极发展由农民和农民群体组成的民间市场。义乌经验证明,兴民间商业有利于培植市场机制,这是农村第二步改革要做的一篇大文章。

义乌专业市场的秘密开始浮出水面,其背后的价值远远超越了市场本身。

从现有的资料看,美国芝加哥大学的中国问题专家 Mathire 博士,可能是第一位“意外”关注到中国专业市场的西方学者。

1987 年 5 月,这位能讲一口流利中国话、还起了个中国名字的“马紫梅”博士,站在了拥有 5400 个摊位的义乌小商品市场前。她后来形容当时自己的惊讶,“不亚于看到了一处从未发现过的异域文明”。

彼时,为撰写《时代之子吴晗》书稿的马博士两次到吴晗老家义乌苦竹塘村。其间,陪同的中国翻译便热心地把她带到了市场逛逛。在她眼前,人头攒动,熙熙攘攘,操着各省口音的商贩穿行于一眼望不到边的摊位之间,然后又背起大包小包的小商品奔赴各地。

据当年陪同马紫梅博士的义乌县委干部回忆说,马博士一口气问了 5 个“为什么”:

这些农民商贩是怎么找到这里来的?

为什么这里的商品会那么便宜?

如此遥远的运输、如此低廉的价格,还会有利润吗?

为什么美国在工业文明初期，没有出现过像义乌小商品市场这样的超大型专业市场？

为什么一场前所未有的专业市场浪潮，偏偏会出现在20世纪末的中国？而在中国，最活跃的专业市场群为什么会出现在东南沿海的浙江省？浙江最大的专业市场又为什么出现在了过去并不出名的义乌？

带着一连串的疑问，马紫梅博士离开了义乌。临走时还买了一打尼龙丝袜带回美国，折合美元为0.6美元："不可思议的便宜，无法抗拒的诱惑。"

对义乌秘密越来越浓厚的兴趣，一直延续到30多年后的今天。解开义乌秘密的第一把钥匙，肯定是鸡毛换糖的义乌"敲糖帮"的前世今生。

和100多公里外的温州一样，义乌也是可怜的人多地少。更糟糕的是，处于金(华)衢(州)盆地的义乌土质属黄红壤，黏性大而肥性极差。土地不养人，经商便成了农民糊口活命的生存之道。

黄红壤不适宜种水稻，却盛产甘蔗，用甘蔗熬出的红糖成了千百年来义乌的一大特产。冬春农闲时节，义乌农民们肩挑货郎担，手摇拨浪鼓，走街串巷，用红糖制成的糖饼向客户换取鸡鸭鹅毛、废铜烂铁。换回的鸡鸭鹅毛按质量分等，好的可用来加工鸡毛掸，差的下田沤肥。"敲糖帮"由此产生，至少相传了数百年。慢慢地，糖饼不再是唯一的交换物，针头线脑等各色日用小商品也装进了货郎担，"敲糖帮"逐渐成长为义乌最重要的民间商业力量。

"敲糖帮"的行踪并没有局限于义乌。鼎盛时期，其活动范围南至广东、西至湖南、北到徐州。货郎担远走他乡，最怕的就是势单力薄。由此，"敲糖帮"内部开始趋于合理分工，日渐紧密，成了真正的"帮"。

从组织结构看，"敲糖帮"分为游走四方的"行担"与"坐坊"两大体系。"老路头"是"行担"中地位最高的，管辖数位"拢担"；"拢担"之下是几个"年伯"；"年伯"再下辖若干"担头"。"坐坊"则专门为"担头"提供配套服务。其中，"糖坊"主要负责帮助"担头"制作糖饼、糖搭、篾篓；在某些交通要道设立的专门接待"担头"的小客栈称作"站头"，"站头"一般由"糖坊"控制；"行家"是给"担头"批发采办百货的机构；"老土地"则在义乌当地以收购"担头"的回头货为主业。“坐坊”拥有的流动资本相对较大,它们比“行担”更有实力,“行担”因此而往往受制于“坐坊”。

据官方统计,1949 年时,义乌“敲糖帮”的季节性商贩人数占全县人口的 5%以上,达数万人。伴随着社会主义工商业改造,“敲糖帮”严重萎缩,但远未“斩草除根”。

1980 年底,义乌县工商局出于恢复当地传统民间商业的考虑,尝试性地再度颁发了 7000 余份“小百货敲糖换取鸡毛什肥临时许可证”,并要求:“外出人员统一由大队申请,公社审核同意,县工商局核发许可证。各区工商所要指定专人负责。”

在将这份“通知”下发本县各乡镇的同时,义乌县工商局还向货郎担活动频繁的江西、湖南、安徽、福建等毗邻各省相关部门发出了公函,希望“予以支持和管理”。

“敲糖帮”的重生,实际上意味着计划经济时代“市场准入”禁区的悄悄开放。

义乌“敲糖帮”的货郎担

大约在 20 世纪 70 年代末,一些货郎担开始在县城稠城镇和廿三里镇歇担摆摊,小商品市场雏形初现。而在外地走街串巷的“敲糖帮”则从小商品市场进货。资料显示,这一时期的稠城市场,设摊的商贩已达 100 多人,先是在繁华的县前街,后迁往北门街。经销的商品涉及塑料玩具、装饰品、打火机、帽子、手提袋等。货物来自三种渠道:从国有百货公司批发;从外地厂家直接进货;摊贩自己加工生产。

此时的小商品市场已由地下转入半公开,人气渐旺。商贩们以竹篮、箩筐、塑料布、旅行袋为工具,随地设摊,沿街叫卖,被认为“严重影响市容”。有关部门多次奉命驱赶，商贩们则迅速收拾简陋装备一哄而散。“猫捉老鼠”难以奏效。

1982 年，义乌小商品市场发展史上的两位传奇人物登场了。一位是摊贩冯爱倩，一位是刚刚从相邻的衢县调任义乌的县委书记谢高华。

冯爱倩的经商之路是在卖掉了 10 担谷子获得了 80 元的“本钱”，又从信用社贷款 300 元之后开始的。经商实在是因为家里日子太苦，而被逼上梁山的。冯爱倩记得，有一次她曾经拿着篮子去借两斤米烧饭，居然借了 7 户人家才借到。1980 年 12 月 1 日，40 岁的冯爱倩领到了县工商局发放的小百货个体经营营业许可证，编号是 001 号。

那年头做小商贩之苦，冯爱倩至今刻骨铭心。有一次去绍兴进货，她把 3000 元现金捆在腰间，由于捆得太紧，差点喘不过气来。进到货回义乌，汽车刚过诸暨就抛了锚。天已透黑，还下起了雨。货物用篷布包裹得严严实实，冯爱倩自己就蜷缩在敞篷车厢的角落里，啃点随身带的饼干充饥。阴风阵阵，人被吹得像筛糠似的哆嗦个不停。整整冻了一夜，天亮时她发现自己的头发、眉毛都结满了霜花。

辛苦点倒也罢了，更大的麻烦是虽然手里已有了许可证，但个体商贩终究还是让人看不顺眼，被当作“投机倒把”遭受围追堵截是常有的事。一不小心，货物被全部没收，血本无归。“抓了罚、罚了抓”，这样的日子是没法过了。无可奈何的冯爱倩唯一的指望就是哪位领导“能站出来说说话”。

终于，她遇到了“能站出来说说话”的谢高华，也就有了小商贩向县委书记“怒拍桌子”的经典史话。

1982 年 5 月的一天傍晚，冯爱倩偶然发现自己身边飘过一个瘦高的身影。“这不是新来的‘县太爷’谢高华吗？”她鼓起勇气径直冲到了县委书记跟前。事后冯爱倩回忆说，当时自己紧张得手心都是汗。

冯爱倩情绪激动大声嚷着，她的义乌土话显然使谢高华听得一头雾水。街头路人以为夫妻吵架，看热闹的越聚越多。“你先跟我走。”谢书记赶紧低声说。

冯爱倩生平第一次踏进了“县太爷”的办公室,心里还是慌慌的。她和平时谈生意一样,习惯性地掏出两毛九一包的好烟“大重九”,双手递了一支给县委书记。

“我们做点小买卖养家糊口,政府为什么要赶我们?”

“我没工作,又没田种,不摆摊叫我怎么活?”

“你们当官的要体察民情,老百姓生活这么苦,总要给我们一口饭吃!”

也许是太紧张,也许是怨愤压抑得太久,冯爱倩连珠炮般地质问开了,泪水哗哗地流了一脸。

至于她当时究竟有没有“拍桌子”,是怎么拍的,说法不一。26 年后,谢高华在接受《钱江晚报》“纪念浙江改革开放 30 周年”特别报道小组记者采访时澄清说,那一夜,冯爱倩怨气很大,语气很冲,几次用手“敲了桌子”,但不是传闻中的“大拍桌子”,“必须承认,她的胆子的确够大的”。

这场著名的“争吵”或说是“对话”持续了一个多小时。谢高华留下了两句承诺:“一是政府理解你,同意你们继续摆摊;二是我会转告有关部门,不会再来赶你们。”

来自商贩的意外“争吵”让谢高华感慨良多。他一头扎进义乌乡间,默不作声地连续调研了 4 个月。调研的结果是,1982 年 8 月 25 日,由县政府、稠城镇、城阳区工商所三级部门成立的“稠城镇整顿市场领导小组”下发了“一号通告”,宣布将于当年 9 月 5 日起,正式开放“小商品市场”,一个在稠城镇湖清门,另一个在廿三里镇(后迁并至稠城镇市场)。这是全中国第一份明确认同农民商贩和专业市场合法化的政府文件。

9 月 5 日,湖清门市场并没有出现在日后很多媒体报道中所描述的“锣鼓喧天、彩旗飘飘”的隆重场面。没有一个县级领导在开业现场露面,也没有任何新闻报道。因为根据此前的官方条文,搞小商品市场至少违反了三项禁令:农民不能弃农经商;集市贸易不能经销工业品;个体不能批发销售。另外,政府的松口“准生”,很大程度上只是对义乌小商品交易普遍存在这一既定事实的客观“追认”。“猫捉老鼠”的游戏不能长期玩下去,既然无法禁止,说明百姓有此需求。与其逆势而上强行关闭,不如顺其自然,规范管理。当然,这种"追认"在当时仍是需要勇气的,其重大意义在那一天以后逐渐显现,熠熠生辉。

1982 年 11 月 25 日,义乌县委、县政府召开了全县农村专业户、重点户代表大会。虽然这次大会并非专门针对小商品市场问题,但县委书记谢高华在讲话中提出了"四个允许",并进一步明确了事关市场生存的重要政策规定:允许农民经商;允许从事长途贩运;允许开放城乡市场;允许多渠道竞争。"四个允许"从政策上对日后义乌小商品市场的大发展起到了关键的催化作用。

翻过最艰难的山隘之后,义乌市场从此一马平川。

1982 年 9 月,落脚湖清门的第一代小商品市场建成,是在一条臭水沟旁。水泥板上用木板搭成摊位,以塑料薄膜作雨棚,属典型的"马路市场"。有摊位 700 个,年成交额 700 万元。

1984 年 10 月,义乌县委、县政府响亮喊出"兴商建县"口号。同年 12 月,第二代市场在稠城镇新马路建成,水泥铺地,钢架玻璃瓦,银行分理处、问讯广播室等配套设施齐全。占地面积 1.3 万平方米,摊位增至 2874 个,年成交额 5000 万元。

1983 年时的义乌第一代小商品市场

1986 年,位于篁园路的第三代市场开张。占地面积 4.4 万平方米,摊位 5483 个,来自周边地区及福建、江苏等地的客商纷纷进场设摊,一些乡镇集体企业甚至国有企业也前来直销产品,市场主体趋于多元化。年成交额突破2亿元。

1992年8月,国家工商局正式将义乌小商品市场命名为“中国小商品城”。

1995年,在第四代小商品市场一二期工程的基础上,现代化超大型大厅式商城——宾王市场投入运行。年成交额猛增至184.68亿元。

2002年5月9日,中国小商品城股份有限公司股票“小商品城”在上海证券交易所上市。

2002年9月,第五代义乌国际商贸城一期建成。

2007年10月,采样自义乌3000余家商户,由商务部发布的“义乌·中国小商品指数”正式启动。

“这肯定是一个会让你发疯的地方!”来自纽约的全球代理商格伦·塞恩惊呼。

格伦·塞恩所听到的关于义乌中国小商品城的数字,的确会让任何人发疯——营业面积550万平方米,商位7.5万个,从业人员20多万人,以小商品城为中心的全市年客流总量达3000万人次,常驻义乌的各国商贾1.5万人。如果你在每个商位前逗留3分钟,需要100多天才能逛完。整个市场覆盖26个大类、180万种商品,几乎囊括了工艺品、饰品、小五金、雨具、电子电器、玩具、化妆品、袜业、钟表、线带、纺织品、领带、服装等所有日用工业品。2016年,市场总成交额首次突破1000亿元,达1105.8亿元,出口到219个国家和地区。

在美国《洛杉矶时报》记者唐·李的笔下,义乌市场俨然是《马可·波罗游记》中“世界之城”的现代版:

> 在这里,成千上万的店主在近距离竞争,而且全部是以超低的价格,兜售着包括家用电器、发卡、锤子、佛像、类似哈雷摩托的自行车以及埃及水管在内的所有东西。买主来自世界各个角落,他们不仅在为小商

铺,也在为沃尔玛和家乐福等大型零售商寻找商品。

你的圣诞节装饰物也许就来自这里。45 岁的穆阿耶德·萨阿德每年都要从耶路撒冷来这里两次,每次都要花大约 5 万美元。他说:“这里不是什么都有,但基本上什么都有。”他从一家卖装饰品的店铺买了 500 卷 6 英寸长的绸带,打算用它们装点婚礼贺卡。这花了他 250 美元,价格仅为耶路撒冷的 1/10。

至今,有关义乌何以成长为令人瞠目的专业市场“巨无霸”,以及这个“巨无霸”究竟还能走多远的争议仍在持续。格伦·塞恩的惊呼与唐·李毫不夸张的描述,多少能让我们触摸到“义乌的秘密”的清晰脉动:全球最庞大的规模、全球最齐全的商品、全球最低廉的售价,赢者通吃的“第一效应”,足以让义乌在我们可以想见的未来,依旧鲜活。

来自浙江的“候鸟”

在距离浙江 4000 多公里的乌鲁木齐,新华饭店当年就很出名,甚至相邻的中亚和独联体国家都知道。但新华饭店的出名并非因为它是一家饭店,而是因为它变成了一家市场。

1986 年,20 多位义乌人扛着大包小包的服装、小百货到乌鲁木齐。他们坚信,新疆很大,市场一定也会很大。但等待他们的,却是一次次的驱赶、查罚,无证摊贩的遭遇,几乎和 5 年前的义乌一样。

就这么打道回府是不可能的,钱没挣到,脸面也会丢光。

办法总是会有的。他们住的正是新华饭店。这是乌鲁木齐城西河滩地上的一座三层楼房。位置偏,房价也就便宜,20 来平方米的一间大床房每晚只要 8 块钱。于是,他们包下 4 个大间,1 间大家挤着住,3 间权当摊位,鞋袜、玩具、服装,一字排开。

“新华饭店有浙江人在卖服装了,款式蛮新潮,比百货商场还便宜几十块呢!”好消息总是像插了翅膀。没过多久,3 间客房每天都人潮汹涌。生意一火，尾随而来的义乌同乡也越来越多。到年底，摊位增加至 90 多个，占下了整整一层。1990 年时，新华饭店已经完全没法接待纯粹住店的客人了。摊位暴涨到 720 个，连楼道拐角和饭店办公室都挤满了百货摊。4 年时间，原本半死不活的新华饭店居然摇身一变，累计向国家缴纳利税 787 万元。

那几年，在家乡已操练得拳脚熟络的浙江各地商贩纷纷杀进作为大西北中心城市的乌鲁木齐，单是义乌籍的经营户就达 2000 人。新华饭店客满为患，而且由于当地冬季实在太冷，根本不适合露天摆摊，于是那些冷僻闲置的饭店、旅馆又被盯上了。先是长征饭店被“开发”，再是群众饭店，而后是新疆军区第二招待所，紧接着火车南站附近的 4 家旅社被一并“吃掉”。

形势大好，问题也随之而来。商贩们分驻在乌鲁木齐城区四面八方的大小饭店，人气散了不说，秩序也散乱不堪，搞得工商部门很头痛，加强整治的理由可是充分得很。

怎么办？1991 年初，几个头脑灵光的义乌商贩联名致信老家义乌市政府，建议在乌鲁木齐开办一家像模像样、正规有序的集中交易小商品市场，并亮出义乌分市场的金字招牌。

义乌工商局兴奋异常，立即派员飞赴乌鲁木齐。已经初尝“办工厂不如办市场”甜头的当地政府也兴致盎然，两下里一拍即合。比邻市郊火车站一家濒临倒闭的国营木材厂被相中了。1991 年底，浙江义乌小商品市场乌鲁木齐分市场开业，占地 36000 平方米，拥有营业房 700 间，摊位 3200 个，地下室仓库 213 间。市场建设资金以集资自筹为主，凡进场的浙江商贩每户缴 4000 元，可以享受前两年免缴摊位费，后 10 年再优惠 18%摊位费的待遇。

花开乌鲁木齐之后，中国小商品城实业总公司在义乌成立，专门从事外地分市场的选点和开发。精明的义乌人十分清楚见好不能收的道理。

在北京，义乌中国小商品城通县分市场开业；

在内蒙古，呼和浩特分市场开业；

在广西，凭祥分市场开业；

在四川，广元分市场开业；

在甘肃，兰州分市场开业；

……

到 1997 年，散布全国的 13 家分市场仿佛伸展开了一张巨大的网，年成交总额迅速超过了 80 亿元，相当于义乌小商品城母体交易额的一半。

一车车的浙江货配送四方，一队队的商贩如“候鸟”般在各地穿梭飞翔。义乌人已经不是当年低三下四的“敲糖帮”了，而成了“连锁全中国”！他们的口气大得很咧。

义乌人挟小商品市场威名，在全国各地风风火火，搞出了很大的响动。但作为“经济候鸟”，他们显然不是浙江唯一的一群，也不是最早的一群。

从浙江飞来的“经济候鸟”在大江南北安营扎寨

率先振翅高飞的还是温州人。20 世纪 80 年代初，温州专业市场的萌动大抵要比义乌更早一两年。其声名远扬的“十大专业市场”背后，依靠的正是在大江南北遍走天涯的 10 余万名购销员。在他们永不疲倦地奔走之下，是雪片般的订单和无孔不入的销售通道。这带来了家乡市场的爆发式兴旺，也使他们自己成为真正先富起来的人。1986 年，据温州有关部门对 147 名购销员的抽样调查，平均年净收入为 7800 元，万元以上的占了 1/3。在那个年代，“万元户”基本上就是富豪的代名词。

慢慢地，被动型的上门推销已经不能让温州人满足了。1987 年，中国轻工总会陆续收到一些城市“投诉”，称全国的纽扣价格已经被温州桥头农民强行“把持”了。总会立即派员赴各地暗访。调查的结果比投诉反映的情况要严重得多。据粗略统计，在北京、天津、上海、武汉、西安、兰州、银川、长春、哈尔滨、昆明、大理、拉萨等 50 多个大中城市，共有 2000 多家商场(店)的某一类商品的柜台被包括桥头镇在内的温州农民承包或租赁,涉及"垄断经营"的产品有纽扣、皮鞋、徽章、标牌、低压电器等10多个大类40余个小类。寻着这些被承包或租赁柜台所经销商品隐秘的路线图,其流向只有一个:温州。

从温州出发,"候鸟"们看似散乱无序,却以共同的利润追逐为清晰指向,步履坚定,短短数年竟汇聚成为无所不在的庞大的温州军团。

官方认同的说法是,这支走遍全国的温州军团的"将士"不少于160万人,相当于当年温州户籍人口总数的近1/4。其中以出卖劳力为生者寥寥,他们共创办大小企业3万多家,经商户达70余万户。除西藏、青海等边远地区外,全国各省(市)、自治区首府所在城市,温州商人均在2万人以上,形成100多个温州村、温州街等群体集聚性"社区"。

温州商人向全国进发的所谓"财富之旅"决非我们想象中的那般光鲜和豪迈,其间的艰辛甚至血泪几乎无人知晓。

原新华社资深记者朱幼棣祖籍浙江台州黄岩县,与温州相邻。不知是否乡土地气的缘故,一把年纪的他仍喜欢放纵天涯,大西北是他的最爱。下面是朱幼棣一次刻骨铭心的"老乡奇遇记":

> 那是很多年前的事了。在新疆阿勒泰地区雪山脚下的一个小县,我遇到了可以算作半个老乡的温州小鞋匠。他挑着一副担子,一头是颇齐全的补鞋用具,一头是镜子、牙膏等小百货。我试了试,沉甸甸的。他告诉我,开春以来,他就是挑着这副担子,踏着初融的积雪,一路追赶骑在马背上的哈萨克部落的迁徙。牧民们穿的马靴是用牛皮缝制的,一沾地上的雪水,极易磨穿,这是挣钱的好时机。两条腿的人要追上四条腿的马挣钱?我问。这位老乡脱下鞋子、袜子,瞧着满脚的血泡,黯然地自语:我是挣血汗钱,卖命钱!
>
> 他已经快三年没回家了。他问我能不能在回北京后帮他给家里捎封信,我答应了。第二天,我去看他,竟已人去床空。一大早,牧民提前出发,他也随着走了。

这么多年过去了，我一直无法忘怀这位只见过一面不知姓名的老乡。我的眼前常常浮现这样一幅情景：一个挑着担子的温州商人，拖着一双血泡累累的脚板在追赶马背上的哈萨克牧民。但他无比坚毅。

在温州人和义乌人的身后，是更多的浙江人。

钉秤的永康人、修鞋的萧山人、补袜子的诸暨人、做棕床的嘉兴人、修眼镜的台州人……人多地少的基本省情，推动了浙江许多地方区域性传统手工业的兴盛，赢得了“百工之乡”的美誉。为了生计，为了活命，他们必须走出去，走出家乡、走出浙江，甚至走出国门。

上虞县是“中国朱丽叶”祝英台的故乡。这片充满美丽传说的土地上，修伞郎也要出发了。捏着地图，背上伞件，他们边走边修，一直转悠到了云南、广西等边境乡镇。一些人干脆一抬脚，悄悄潜入越南、缅甸、老挝等国家摆起了修伞摊。到 1985 年，散布各地的上虞修伞郎有 6000 多人，其中跨出国门的就达近千人。

在上虞雨伞之乡崧厦镇，我曾经采访过一位姓张的修伞郎。他才 24 岁，在缅甸修伞已有六七年“工龄”。他说当年初到异国，人生地不熟，就花钱聘请能讲两国语言的缅甸边境居民当翻译兼向导，四处修伞。一年后，自己的缅甸话就相当顺溜了。

他告诉我，在跨国修伞游历中他发现，缅甸、越南当地对中国产的纺织品极感兴趣，而上虞邻县绍兴就有国内最大的轻纺专业市场。“修了几年伞已积攒了不少本钱，这次回来打算搞些布料到那边贩销。生意不愁没得做。”

有学者在研究近当代中国新经济移民族群时，观察到了一个非常显著而独特的现象。

按一般规律，经济移民总是从边缘地带向中心地带、从贫困地带向繁荣地带、从战乱地带向平安地带流动。但是，20 世纪 80 年代，浙江商人族群却是逆向而行。他们的出发地是经济相对发达的浙江沿海，目的地主要是更为贫困落后的中国西北、东北和中南、西南地区。

据不完全统计,以温州人、义乌人为先导,当年走向全国的浙江商人族群有400万人之众,而浙江全省的户籍人口总数不过4000多万。这种“候鸟”型的行商现象,在改革开放后经济同样发达的珠江三角洲、江苏南部、山东胶东半岛地区均未大规模出现过。

费孝通认为:“社会变迁起于人口的流动。人口流动非但使各个人能够见到不同的生活形式,而且使个人遭遇新环境,要求新应付。”

温州人在浙江40年改革开放史上向来以观念突破、勇领风气之先而广受称道。没有高深理论的启蒙,无须经典著作的引导,广泛的大量的主动性人口流动,为浙江思想解放培植了肥沃的土壤。所谓见多者识广说的正是这个道理。这与流动半径有关,而与流动者文化水平的关联度并不高。160万在外温州人抽样调查显示,其中小学程度占48.5%,中学程度占25.7%,大学以上程度仅占0.47%。

大规模“候鸟”型的行商现象,也为浙江市场的超常规发育找到了无可替代的强力支撑点。数百万的商贩奔波各地,无孔不入地渗透于各个销售渠道,或零售,或专卖,或批发,他们已经成为浙江专业市场放飞在中国大地上空的一只只由长线牵引着的“经济风筝”。正是这种放飞和牵引,使浙江大批专业市场经脉舒张,收放自如。

许多参观考察者往往对浙江人商业嗅觉的灵敏和捕捉商机的能力赞叹不已。实际上,浙江人并非天然优秀的经济动物,他们的商业成就很大程度上是因为其比别人付出了加倍的艰辛。甩开脚板,浪迹天涯,彼此之间又依托地缘、血缘、乡情等传统族群因素,编织起了巨大的共享性的商业信息网络。从这一意义上说,专业市场仅仅是一种有形的市场载体,在某些情形下,市场交易形态会发生这样或那样的变化,但由无数经济“候鸟”织成的市场大网却总是能生机盎然、张力无限。有浙江人的地方就会有商品的流动;有商品流动的地方就会有浙江的市场。它如同空气,无所不在。

进入20世纪90年代,“市场热”开始在中国各地风起云涌,而在作为最早启动点的温州,专业市场却渐渐失去了昔日的辉煌,一个个“落榜”的消息

频频传来:

——1991 年起全国数次评选“十大市场”,温州均落榜。1994 年浙江省“十大超级市场”评选,龙虎榜上温州依然无名。

——按全省各地市专业市场总成交额计,1992 年温州排列第 3,1993 年居第 4,1994 年退至第 7。

——除桥头纽扣等少数几个市场外,当年的温州十大专业市场有的停滞不前、发展缓慢,有的甚至已经销声匿迹。

温州专业市场出现了明显的相对萎缩。但正是在这一时期,温州经济进入了又一个高速发展期:1994 年,全市乡村工业的总销售额猛增到了 300 多亿元,约为 10 年前的 50 倍。

对以上反差强烈的事实稍加分析后不难发现,在此前我们所描绘的温州专业市场发展的“山坳现象”,是以温州改革的先发效应为基本前提的。当市场经济理念开始成为普遍真理时,温州偏居一隅的地理瓶颈日渐凸显。专业市场向交通更为便捷的浙中、浙北转移,这恰恰是正常的市场规律使然。

同时,当年撑起温州经济好大一片天的家庭工业异常灵活,但个体薄弱,如一盘散沙,企业的生存力与产品的辐射力都十分有限。千家万户的小生产选择千家万户商贩式的专业市场这一商品交换形式是合乎逻辑的必然。

逐渐,一批批温州企业在激烈的竞争中崭露头角,日益壮大,雄厚的实力非昔日可比。它们已经有能力从最初有形的专业市场依托中脱颖而出,构筑起自己各具形态的有时甚至隐形的新型购销网络。

在市场交换形态不断提升完善的进程中,我们看到的是一个更具活力的“大温州——大市场”。

这样的景象,我们同样可以从整个浙江找到。

21 世纪初,有权威机构曾经从浙江宏观市场的层面——包括市场主体发育状况、要素配置的市场化程度、市场经济价值观与行为规范确立的程度,以及政府管理经济方式的转变程度等综合范畴,进行过定性的分析和定量的评价。得出的结论是,浙江当下的市场化程度已接近 60%,高于全国 10 个百分点。全球范围内,市场经济国家的市场化程度的极限在 80%—85%。以此推断,截至改革开放近30年时,浙江的市场化已经走完了3/4的路程。

【浙江改革开放史档案】

1978—2008年浙江商品交易市场年谱

浙江是公认的中国"第一市场大省",其专业市场发展的高峰期为20世纪80年代及90年代。最近十余年,又以电子商务网购新业态再度领跑全国。以下是浙江改革开放前30年商品交易市场的基本数据年谱:

年 份	数 量		成交额	
	个数	年增长率(%)	亿元	年增长率(%)
1978	1051		8.6	
1979	1322	25.8	11.3	31.4
1980	1415	7.0	12.2	8.0
1981	1656	17.0	14.7	20.5
1982	1736	4.8	18.1	23.1
1983	1788	3.0	21.6	19.3
1984	2241	25.3	26.9	24.5
1985	2345	4.6	44.0	63.6
1986	3653	55.8	59.1	34.3
1987	3706	1.5	80.9	36.9
1988	3632	−2.0	96.3	19.0
1989	3669	1.0	149.0	54.7
1990	3797	3.5	161.9	8.7
1991	3802	0.1	204.6	26.4
1992	3865	1.7	321.3	57.0
1993	4127	6.8	651.2	102.7
1994	4207	1.9	1476.2	126.7
1995	4349	3.4	2165.6	46.7
1996	4388	0.9	2545.0	17.5
1997	4488	2.3	2798.0	9.9

续表

年份	数量		成交额	
	个数	年增长率(%)	亿元	年增长率(%)
1998	4619	2.9	3209.6	14.7
1999	4347	−5.9	3606.0	12.4
2000	4348	0.0	4023.0	11.6
2001	4278	−2.0	4652.0	15.6
2002	4193	−2.0	4997.0	7.4
2003	4036	−3.7	5591.0	11.9
2004	4049	0.3	6384.0	14.2
2005	4008	−1.0	7173.0	12.3
2006	4064	1.4	8247.0	14.9
2007	4096	0.8	9325.2	13.1
2008	4087	0.2	9794.0	5.0

(资料来源:《浙江省统计局年鉴》)

浙江市场的部分中国之最

截至2008年底,浙江共有商品交易市场4087家,总成交额达9794亿元,年成交额超亿元市场585家,其中超100亿元市场15家,均居全国第一位。同年,义乌中国小商品城、绍兴中国轻纺城、永康中国科技五金城名列全国商品交易专业市场年交易额前十强。其中,义乌中国小商品城以381.81亿元再度名列榜首。

此外,浙江商品交易市场创下的中国之最不计其数。现简列如下:

中国最大的羊毛衫市场——桐乡濮院羊毛衫市场

中国最大的轻纺原料市场——绍兴钱清中国轻纺原料城

中国最大的纽扣市场——永嘉桥头纽扣市场

中国最大的鞋类市场——温州鞋革城

中国最大的童装市场——湖州中国织里童装城

中国最大的衡器市场——永康金江龙衡器市场

中国最大的胶合板市场——南浔建材市场

中国最大的眼镜市场——瑞安马屿眼镜市场

中国最大的教具市场——永嘉桥下教具市场

中国最大的香菇市场——庆元香菇城

中国最大的淡水珍珠市场——诸暨山下湖珍珠城

中国最大的袜业市场——诸暨大唐袜业城

中国最大的领带市场——嵊州中国领带城

中国最大的塑料原料及制品市场——余姚中国塑料城

中国最大的皮衣市场——海宁皮革城

中国最大的真丝绸市场——杭州中国丝绸城

中国最大的灯饰市场——温州东方灯具市场

中国最大的家纺装饰布市场——海宁许村中国家纺装饰城

第五章

"向左"或者"向右"

> 我真的迷了路
> 在喧闹人群中
> 向左走还是向右走
> 我努力选择，努力记得
> 不管世界有多辽阔
> 只要向着你走
>
> ——光良:《向左走向右走》

在浙江改革开放 40 年尤其是前 20 年中，"向左"或者"向右"，始终是一个无法回避的大问题。

关于"左"与"右"，在官方和民间有两种不同解释。

先说说被普遍传播的官方的说法。

"左派"与"右派"这一对名词诞生于 18 世纪末的法国大革命。1789 年 7 月 17 日，法国巴士底狱被攻陷，第三等级的代表掌握了政权。然而，由于阶级利益的不同，在 1791 年召开的立宪会议上，议员中第一等级的教士、第二等级的贵族与第三等级的资产阶级、城市平民、工人及农民出现了鲜明的分化。当时，拥护革命措施的社会底层议员占据了议会左边的席位，反对继续革命的上层议员占据了右边的席位。原本，这个颇具戏剧性的历史场面是偶然形成的，但从此，“左”与“右”彻底分道扬镳，泾渭分明。进步革命者被称为“左派”，落后保守者被称为“右派”。

再说说有趣的民间说法：一般一个人走路的时候先迈左脚，后迈右脚。于是“左脚”代表了先进，“右脚”意味着落后。

很不幸，有时，勇于率先改革的浙江人和他们的改革行为却很容易被看作是落后的“右脚”。更确切地说，是走腐朽、肮脏资本主义之路的“右脚”。

中南海派来调查组

出于对新闻职业的执着，1987—2000 年，我对温州大体保持了一年不少于两次的采访频率。

1989 年 6 月 2—10 日，我当年第二次前往温州。采访的主题是乡村工业兴起后的农业出路。

7 日晚，我结束了苍南县一天的采访任务，入住县政府招待所。那时候，温州人刚刚富起来，政府招待所却还是破旧不堪。摇摇晃晃的木窗怎么也关不紧，床一坐上去就有随时可能塌掉的感觉。沾满污渍的天花板上悬下一只只不知名的黑色虫子，在你头顶上方不停地蠕动。但我还是睡着了。

蚊帐突然被掀开，手电筒刺眼的光柱在我脸上扫过来又扫过去。有人低声吼道：“证件！”我摸索了半天从裤子口袋里掏出新华社记者证。又是一阵手电筒光柱的横扫。几十秒钟后，咣当一声关门，杂乱的脚步迅速远去。我呆坐了半晌，不知道已是夜里几点，也不知究竟发生了什么。

第二天早晨，招待所服务员告诉我，昨晚是公安干警紧急查房。因为传说有不法分子从北京潜逃而来，准备从这里偷偷租渔船前往台湾。苍南是温州也是浙江最南端的县，与台湾基隆仅相隔 100 多海里。作为一张外来的陌生脸孔，被怀疑和警惕是很自然的。

一夜惊魂。

在这一非同寻常的时光，温州人可谓夜夜惊魂。

几年前，当温州以一种极异端的姿态闯入中国改革开放大舞台，就深陷截然相反的“左”与“右”的激辩旋涡。一边是热情洋溢的高度肯定与赞叹，另一边则是此起彼伏的或明或暗的疑问甚至质问：

——温州发生的一切究竟是中国改革的一种偶然还是规律性的必然？

——温州眼花缭乱的变革“姓资”还是“姓社”？是否符合社会主义发展的大方向？

——温州会把中国引向何方？是充满阳光和生机的绿草地，还是万劫不复的深渊？

1989 年前后，中南海曾经连续三次派调查组前往温州，频率之高、级别之高十分罕见。温州试验区领导小组办公室于 1994 年 2 月整理的一份内部资料，对中南海三问温州作了详尽如实的记录。

第一次调查组

时间：1989 年 8 月。

缘由：1989 年 4 月，在全国政协七届二次会议上，全国政协委员、浙江省石油化工厅一位工程师提出第 0484 号提案，主要内容是温州市自开辟为试验区以来，其优点为城乡工商业有所发展，但带来资本主义影响十分严重，物价高涨，走私偷漏税现象严重。一切向钱看，以钱开路，投机倒把、贪污受贿不正之风横行，造成人民间贫富悬殊，多数为投机倒把致富，建议中央会同省市组织调研人员前往总结经验教训。

过程：全国政协将这个提案转给国家体改委。4 月 30 日，国家体改委决定 5 月 24 日派员到杭州，并于 26 日去温州。但由于种种原因，行程后延，国家体改委将此提案转给了国务院研究室主任袁木同志。从 8 月 26—31 日，国务院研究室武树帜局长一行 4 人受袁木指派，在温州考察了桥头、金乡、龙港、柳市等地的专业市场，与一些私营、股份合作企业主直接交谈。

今夜有暴风雪。从各级党报日趋严厉的字里行间,从来自北京的调查组官员愈加凝重的眼神中,温州人强烈地预感到这一点。他们不能不焦虑。

1989 年初夏,我来到温州老丁的皮鞋厂采访。所谓皮鞋厂其实小得可怜,底层加二楼不过 100 多平方米,雇了 8 名员工。三楼就是老丁一家的生活区了。在当地数以千计的皮鞋企业中,它属于谁都不会注意到的"小鱼小虾"。

老丁两眼放光地向我介绍他新生产的皮鞋款式如何新颖,市场上如何走俏。

"最近情况怎么样? 外面这么乱,有没有遇到什么难处?"我问。

老丁愣了好一会,眼神变得黯淡:"岂止是最近有难处。其实这些年,我们温州人内心很苦,有些牢骚憋了很久。可以这么说,温州人吃的是杂草,挤出的是牛奶,听的是骂声,挨的是鞭子。"

"此话怎讲? 吃杂草,主要是国家计划内的东西温州基本上轮不到,发展温州经济,得自己找米下锅。没有计划内的粮草,就到荒山野岭找杂草吃,或高价从外地进。"

"挤牛奶,这最明显了。温州对国家的贡献不小。前几天的《温州日报》上说,仅近几年就上缴 9.52 亿元,而新中国成立 30 年来国家给温州的固定资产总投资不过 6 亿元。温州交通这么不方便,铁路建设也要自己去找门路。想想看,几百万人靠这么点土地怎么生活,怎么富起来呢? 多可怜的温州!"

"听骂声、挨鞭子,这话说起来就多了。温州人在国家投入这么少的情况下,靠政策好,凭着自己的勤劳智慧艰苦创业。在温州像我这样今天有了几个钱的老百姓很多,又有几个不是靠自己干出来的? 可是这些年总有人谈'温'色变,把温州的一切与资本主义挂钩。似乎形成了一个无形的'定律':温州=资本主义,支持温州=支持资本主义;反之,批判温州=批判资本主义,表明革命立场坚定。在全国,有相当一部分人对温州误解太深,我们担心一有风浪,温州又难免要'挨鞭子'。"

"究竟谁能为温州说句公道话?"告别老丁时,他紧紧握住我的手,久久不放。

多少年了,老丁想不明白,温州人想不明白:一不偷、二不抢,靠每个人的双手和智慧,富了自己,富了国家,这究竟有什么错?

与 20 世纪 80 年代末的中国各地相比,温州最扎眼的现象之一就是一批人富起来了,而且富得令人嫉妒。历经几千年无休止的战乱、腐败和封闭,亿万中国百姓已经穷怕了,穷得麻木了。虽然他们心中致富的渴望从未真正泯灭,但是当一些人突然先富了起来——这个神话上演在自己生存的同一时代,甚至就发生在自己的身边时,他们顿时感到手足无措,上上下下出现了集体意识的狐疑和不信任:这些人是谁? 这些人凭什么富裕? 这些人想干什么?

温州先富起来的主体是个体、私营企业主,顺理成章地,他们也就成为中南海三次调查组关注的主要对象。应第一次调查组的要求,温州市体改委的负责人宋文光和马津龙专门撰写了一份参考材料《温州个体、私营企业主的经济状况和政治态度》,对此作了详细的描述:

为温州人大声辩护的温州"本土理论家"马津龙

一是这个改革中形成的既得利益阶层主要包括三类人。

第一类是私营企业中雇工较多的企业主。1988 年,温州共有个体工业企业 15 万户,私营工业企业 1 万家,个体、私营商业网点 75139 个。

第二类是购销员中的高收入者。温州的私人购销员是在市场上独立经营的经纪人。1985 年,温州就涌现出为家庭企业服务的 10 多万名购销员,他们的收入来自按一定比例提取的购销合同业务费。

第三类是建筑工程队的经营者,即包工头。温州小城镇建设突飞猛进,建制镇从1978年的18个,发展到1988年的111个。这些都为建筑包工头开辟了发财致富的门路。根据1985年对40户所谓“经营大户”的调查,其中建筑包工头的平均年收入为6万元。

二是温州个体、私营企业主阶层的素质相对较高。

农村实行包产到户后,从土地转移出来的农民首先进入的非农产业是家庭工业和购销业。家庭工业起步时技术含量很低,一般农民都容易经营,但购销业对人员素质的要求相对较高。因此,购销员往往是农民中文化水平较高、有经营头脑和见过世面的人。根据1985年对147名购销员的调查,年龄在20—40岁的人占70.75%。在147人中,共产党员有31人,占21.03%;共青团员11人,占7.48%;复退军人19人,占12.93%;村干部20人,占13.61%;民办教师3人,占2.04%;还有1人为全国新长征突击手。最初经营私营企业的,相当部分就来自购销员中积累了必要的原始资本的人。根据1985年对31家雇工大户的调查,除了购销员外,企业主还来自社队企业的技术、管理人员,原生产大队、生产队的队长、会计,以及上山下乡的知识青年、支边回乡青年。

因此,温州个体、私营企业主阶层并非由素质相对较低的某些特殊身份的社会成员——比如,被一些人嗤之以鼻的乡间混混、刑满释放人员——所组成,基本上没有出现所谓的“人力资本的扭曲导向”。特别是在农村,毋宁说改革首先是对高质量人力资本的开放。

三是温州个体、私营企业主阶层的政治态度在主流上是健康、积极的。

正是因为温州的个体、私营企业主阶层以其艰难的成功,在温州群众中确立了能够获得应有尊重的社会地位,多数人不再有低人一等的自卑感和自暴自弃的行为。温州的个体、私营企业主阶层具有较高的组织化程度。除了科技协会、信息协会和个体劳动者协会等组织遍布城乡外,有些地方还有比较健康的党、团和民兵组织。根据1989年对全市88家民营企业(私营、股份合作企业)的问卷调查,在回答“希望加入何种组织”时,36.4%的人表示希望加入共产党。在温州,不少个体、私营企业主还当选为各级人大、政协的代表,被评为县、市、省和全国劳动模范。1989年温州市获“全国劳动模范”称号的 8 人中，个体、私营企业主就有 4 人。

这篇长长的参考材料，其结束语就像一场“缺席审判”的辩护词，结论明确而且慷慨激昂：无论是经济状况还是政治地位，温州个体、私营企业主的处境都与改革息息相关。在经济上，他们没有其他某些阶层对改革中利益变动所产生的不满情绪；在政治上，改革正日益消除着人们对个体、私营企业主阶层的身份歧视心理，使他们逐步获得了事实上平等的社会地位。对他们来说，10 年改革的确是一次恩泽无量的解放，他们过去是将来也必定是中国改革最坚定的参与者和推动者。

事实也印证了这一结论。

1989 年，温州个体、私营企业主中，始终没有发现有人参加、支持游行之类的活动。温州高等院校不多，只有温州大学、温州师范学院等几所。当部分学生到市区环城东路小商品市场募捐时，122 个摊位竟然个个“一毛不拔”。而据统计，全市个体、私营企业主却向北京戒严部队指挥部与身亡战士家属汇款达五六万元。

一份来自温州市委的材料为这一至今在不少人看来匪夷所思的现象作出了注解：1989 年 6 月初，温州市民出现挤兑风潮，城市信用社首当其冲。6 月 6—8 日，温州市区 13 家股份制城市信用社共减少储蓄 1111.4 万元。由于全国各地的交通被阻断，许多个体、私营企业的原材料运不进，产品发不出，资金被拖欠，生产只好停止。

正是出于对个人财产的强烈关心，温州个体、私营企业主阶层从内心深处迫切希望社会政治秩序稳定，天下太平。

第一次调查组向中央提交了《浙江温州实行股份合作企业的情况》《温州市对挂着集体招牌致富的私营企业开始进行明晰产权的试点工作》等三份专题材料。认为温州试验区的改革试点工作要继续下去，该试验的项目还要试，但必须要逐步完善。

时任国务院总理李鹏说，国务院批准的改革试验应该继续下去。温州的经济发展有它的特点，温州经济叫不叫模式，我们可以不去管它。温州经济的发展，特别是个体、私营经济的发展，只要是符合十三大精神，因地制宜、有利生产、利国利民的,就要继续向前走。温州的10年改革,成绩是主要的,任何时候也否定不了。

第二次调查组

时间:1989年10—11月。

缘由:1989年9月21日,一位吴姓的“温州老百姓”致信中央政治局常委江泽民、宋平、李瑞环,信中称:“温州模式”实为资本主义模式,某些方面比资本主义还无法无天。温州“赌博到处有,妓女满街走,流氓打警察,共产党员信菩萨”。信的最后说:“温州市委领导是好的,多数同志廉洁奉公,工作辛苦,只因潮流如此,无力回天。请中央领导同志派得力要员,把温州重新引导到正常的轨道上来。”

过程:这封信由中央信访局转给李瑞环。10月12日李瑞环将信的原件摘要转送李鹏、姚依林。10月14日李鹏批示:请袁木同志组织调查。据此,国务院研究室派黄家全、李小明10月22日到杭州,与时任浙江省委书记李泽民交谈后,于10月24日—11月1日,共在温州考察8天。涉及13个部门、8个县(市、区)、36个厂矿企业事业单位,与74位领导、干部、民主党派人士和个体、私营、集体、国有企业负责人及居民代表交谈,广泛听取意见。

1989年10月26日晚,中南海派出的第二次调查组召集永嘉、苍南、平阳、乐清、洞头等6个县的县委书记或县长开座谈会。会议的话题是温州10年改革的路子对不对、是否符合社会主义方向、对温州存在的阴暗面怎么看。下面是部分发言的摘要:

屠锡清(乐清县长):

我是长期搞计划经济的(原为市经委副主任)。我非常希望温州也能像其他城市一样,搞一个宏大的国营和集体工业布局,国家能给予大力投资。然而,我们等啊等啊,等了几十年等不到什么。国家不给温州投资,怎么办?难道我们不可另想办法?有人说我们县是靠假冒骗、偷漏逃、制贩黄货富起来的，这从哪说起？对于这种说法，我是不能接受的。当然乐清的问题也是有的。在社会主义初级阶段，在商品经济发展的初始阶段，假冒骗的现象的确存在，因为某些人就是要钻空子。对于假冒骗行为，我们是一经发现，就予以打击。至于“温州的妓女满街走”，不确切，没那么严重，我也没看见过。当然，暗娼是有的，但我们是采取有力措施打击取缔的。

目前，乐清的个体户和私营企业主普遍存在“三忧”“三愁”和“三怕”：一忧党的政策变化，愁“枪打出头鸟”，怕被戴资本家的帽子；二忧税率加重，愁无利可图，怕被戴偷漏税的帽子；三忧私营企业受歧视，愁业务越来越少生意越来越难做，怕个体和私营经济得不到保护。这样下去，税源的大头被断，财政困难，我们书记、县长难当啊！

周方权（苍南县委书记）：

我认为温州的做法是没有办法的办法。一是改革改出来的、开放放出来的；二是“逼上梁山”逼出来的。温州人也希望温州能像苏南那样发展，但是温州人多地少，农业条件差，专靠农业没有办法；温州矿产资源匮乏，工业基础十分薄弱，靠国营、集体工业企业不能解决问题；靠国家，国家财力又有限。那怎么办？温州人坐等饿死？

包哲东（洞头县长）：

实践是检验真理的唯一标准。认真、冷静地分析10年来温州走过的路子和发生的变化，我认为温州别无他途，只能这样走，也应该这样走。

过去，有人概括说洞头是“八个书记、八万人口、八百万贷款”，下面一个乡共29名村党支部正副书记，其中9名讨不起老婆，女子只嫁出去没进来的。近几年，洞头的发展变化可谓大矣。现在洞头人吃的讲营养、穿的讲洋相、住的求气派。不论城镇还是渔村，到处是一栋栋漂亮的楼房，许多渔民房间里摆满高档的家具电器，布置得富丽堂皇。回顾洞头10年间的地覆天翻，能说我们的路子不对？

第三次调查组

时间：1991年7月。

缘由：1991年5月18日，人民日报社编发的《每月总汇》刊登了署名温州离休老干部的来信《当前温州老板和雇工的一些情况》。信中描绘温州老板"骑的本田王（日产高档摩托车）、穿的A底王（adidas系列鞋袜）、睡的弹簧床（香港雅兰床，价值4000元）、抱的花儿王（嫖玩高级暗娼）"。而来自各地的雇工工作、生活境遇很差，没有保障。

过程：一位原国家领导人看了这份材料后，作了如下批示：建议党中央、国务院派清查团，坚持四项基本原则，对温州市早有所闻的严重丧失革命政权乱无法纪等诸多问题进行查处，不然将大乱。遵照批示精神，7月4—15日，国务院研究室沈柏年局长一行4人赶赴温州，就改革开放以来温州各种经济成分的发展变化，以及每种经济成分内部的分配状况等问题，进行了广泛的调查。

第三次调查组所作的《对温州个体私营经济的考察报告》指出，"由于经济发展，初步解决和缓解了温州长期遗留下来的一些社会矛盾"，"作为社会主义经济的必要补充，个体私营经济的发展，对于促进经济发展、活跃城乡市场、解决社会就业问题，起到了积极作用"。但"在发展中带来的一些不容忽视的消极因素，如偷税漏税严重、雇工劳动条件差，假冒骗问题突出，部分个体、私营企业主追求高消费，社会各阶层收入差距拉大，分配不公，冲击了国营、集体企业职工队伍等"。由此，也就部分改变了"温州经济在总体上符合社会主义原则和发展方向"的第二次调查结论。

不戴"帽子"更凉快

1989年，作为中国改革开放军团最先锋的另类，温州被推到了严厉的聚光灯下。

此时此地，许多人把一个大大的问号挂到温州人的脖子上，恐怕是再自然不过的事了。

温州是有“前科”的。在史无前例的“文化大革命”中，这里的“乱”出了名。20 世纪 50 年代，蒋介石反攻大陆风声颇紧，挨着台湾海峡的温州严阵以待，洞头县的“海霞女子民兵连”由此名扬四方。1967 年，用来对付国民党反攻大陆的枪炮弹药被一支支红色造反派、一位位战斗队员从武器库中抢了出来。

枪声大作，硝烟弥漫，温州成了“火线”，连连爆出骇人听闻的武斗事件。瘫痪——党政机关，从地区、县(市)、乡……几乎无一幸免。温州是浙江省最后成立革委会的地方。

如今，一群比劳苦大众率先富得流油的家伙在这片不安分的土地上趾高气扬、招摇过市，一有政治上的风吹草动，他们还会有什么好嘴脸？

在温州人看来，当年一支支来自中南海的调查组接连开赴温州，是在认真考虑该给温州戴一顶什么帽子：社会主义的，还是资本主义的？

温州改革前 30 年间，中央高层前来考察最密集的有两个时间段。

第一个时间段为 1985 年 11 月至 1986 年 11 月。

1986 年 4 月，国务院副总理万里、中共中央书记处书记郝建秀途经与温州相邻的台州路桥机场转赴温州。万里的兴致特别高，5 天内跑了 10 多个专业市场和许多家庭工厂，召开了一次次专业大户、致富能手的座谈会。继安徽凤阳的联产承包责任制后，他似乎又发现了新天地。

在此前后，国务院副总理田纪云，中共中央书记处书记、国务委员谷牧，国务委员张劲夫，国务委员兼国家计委主任宋平，中共中央政治局委员胡乔木，国务院秘书长陈俊生等纷纷赶到温州。

第二个时间段为 1991 年。

在这段极为特殊的日子，中共中央政治局常委李瑞环前往温州考察。针对一直纠缠着温州人的“帽子问题”，他提出了妙趣横生的“光头论”。虽然李瑞环的原话很多年以后才慢慢见诸报端，但急切的温州人当时还是通过各种渠道探知了一二。

一位温州的朋友甚至颇为权威地向我发布：那一年的夏天，剃光头的温州人的确比往年增加了若干倍。

1991年5月14日11时10分，一架“挑战者”号专机徐徐降落在开通不久的温州机场跑道上。机舱门打开，中共中央政治局常委李瑞环笑呵呵地急步走下舷梯。随即改乘汽车，驶上简易公路，直接赶往中国第一座农民集资兴建的明星城镇——苍南县龙港镇及金乡镇。

当晚，温州市区与往日一样，灯火通明，喧嚣繁闹。李瑞环一行步行到环城东路、公园路视察夜市。在一个小商品摊位前，他环顾了一下摊位上的各类服装、装饰品，突然指着眼皮下的几串珍珠项链，明知故问：“这是真的还是假的？”

“假的。这些是仿制品，没真的，所以便宜。”摊主几乎不假思索。

众人大笑。李瑞环满意地对摊主竖起大拇指，含笑离去。

在乐清县柳市镇股份合作的求精开关厂，当李瑞环得知这位厂长5年多前入股3万元创办企业，现在已增值到40万元后，询问道：“去年你分了多少钱？”这位厂长报了个保守的数字。

李瑞环一听连连摆手：“那你比存银行还不合算，要不然就是你没讲实情。我想我们在一起研究问题，大家都把真情实况讲出来好不好？”

温州市委一位分管股份经济的副秘书长赶忙汇报，每位股东一年可以拿到三笔收入：一是股息，其利率允许比国家银行基准利率高30%，而且计入企业成本，属税前开支；二是税后利润有25%用来分红；三是税后利润的50%虽用于扩大再生产，但产权记在股东名下，可以由股东支配转让。

李瑞环听罢颔首，转身问厂长：“是这样吗？”厂长笑着点点头。

“好，好。”李瑞环这才放心地说。

既然来到温州，就绕不开温州姓什么、该戴顶什么“帽子”的老话题。

李瑞环没有回避，开门见山：

“在对待温州这个议题上怎么办，事实上不管你叫不叫‘模式’，已经成了我们国家对待个体私营经济的一种态度。对个体私营什么态度，人家就看你对温州怎么样；对乡镇企业什么态度，就看你对苏南一块怎么个态度；开放这件事究竟是卖国还是吃亏了，或占便宜了，就看你对珠江三角洲怎么看。这谁也没说，不是谁封的，文件上也没说，就是这么一回事。”

“温州这件事怎么看，将来怎么看都还可以再研究，不要急急忙忙地下结论。我看你怕别人给你戴‘白帽子’，你就给自己急着戴‘红帽子’。我说你们先不戴‘帽子’，光头不是更凉快吗？”

为此，他还作了个生动的比喻：这好比给小孩起名字，总不能没等生下来，还不知是男是女，就急急忙忙给起名字。叫什么名字并不是最紧要的。要是生个男孩，那就叫“铁柱”“石蛋”之类的名字。要是生个女孩，那就起个“招弟”之类的名字。还有的小孩生下来先起个小名，等长大了读书时再起个大名也不迟。

李瑞环：不要怕别人给你戴“白帽子”

第五章

先生娃，后起名，不用急着首先考虑戴一顶什么性质的“帽子”。事实上不仅温州如此，整个中国改革又何尝不是如此。几乎从一开始，改革就必然带有无法逾越的模糊性和不确定性：怎么往前走？代价最小的捷径在哪里？会遇到多少妖魔鬼怪？

我们不知道，我们无法知道。中国改革前无古人，没有先例可循，没有故事可讲，马恩列斯经典著作也不能给予超越时空的指点。摸着石头过险滩，这正是中国改革的艰难所在，这正是中国改革的意义所在。

发展才是硬道理。今天，这句名言开始被我们真正地接受。但是在一个把名分看得比生命更重要的国度，确认这一点，相当不容易。

在李瑞环之行前后，1991年4月23—25日，时任中共中央政治局常委、中央纪委书记乔石考察温州。

同年10月23日，时任中共中央总书记、中央军委主席江泽民考察温州，并充分肯定了温州人民在党的十一届三中全会路线、方针、政策指引下，在发展经济、稳定社会、脱贫致富、繁荣市场等方面所取得的成绩。

杭嘉湖“杀机”风波

1990年10月之后，一支支社会主义基本路线教育工作组走进了浙江省各地乡村。

这一大规模活动主要是利用冬闲季节，对当时全省农村被认为已经出现的各种偏离社会主义方向的思想苗头和行为进行普遍的教育、纠正。工作组成员由省、地市、县、乡镇各级干部构成，数以万计，从1990年起连续开展了多年。1991年10月至12月31日，我作为新闻出版系统的省级工作组成员，在台州玉环县的楚门镇亲历了3个月的“社教”生活。

1990年冬，在以湖州、嘉兴两市为主的浙北杭嘉湖平原，“社教”工作的重要抓手，就是严厉整治如潮水般大量出现的农民家庭经营的个体织机。所谓“杀机”风波由此而起。

杭嘉湖乡间以农户家庭为生产单位的种桑养蚕、缫丝织绸历史极为悠久。1958年，在湖州城东7公里处的钱山漾发掘出距今4700年的丝绸残片，由此被认为是“世界丝绸之源”。明清时期，皇帝及后妃均以湖州近郊南浔镇辑里村著名的“辑里湖丝”为龙袍凤衣指定原料。1844—1848年，经上海口岸出口的中国生丝中，辑里湖丝占比55.1%。

新中国成立后几经打击的杭嘉湖农村个体织造业，于1984年左右“死灰复燃”，并于1988年进入大发展阶段。这一时期的个体织造业采用化纤丝为加工原料，原材料及销售市场均在外地。不到3年时间，个体织机台数翻了两番，日产化纤织物达200万米以上，相当于20世纪80年代初浙江全省丝绸日产量的4倍。

个体织机的活跃给杭嘉湖平原农村带来的好处显而易见。

时任湖州长兴县乡镇企业局局长的凌菊仁感触颇深。他说，一是解决了农村大批劳动力的就业，增加了农民收入。每户年利润至少在4000元以上，日子开始大变样。如今凡是有织机的农户，几乎家家盖起了新楼房。二是小小一台织机和全国大市场紧密相连，农民切身体会到了什么是商品、什么是流通。在织机户家中，就连60岁的老太都知道她亲手织的这匹布卖到上海是多少价，销到江苏南通又可以值多少钱。

千好万好，个体织机的致命伤同样是显而易见的：当地大批同行业的乡村集体企业难敌其激烈竞争，其中不少败北关门。

这是一股实实在在的“祸水”，这是涉及“向左”或者“向右”的社会主义大方向的严峻挑战。

杭嘉湖平原自古乃富庶之地。在插根棒子就能长出面包的江南水乡，集体经济也曾茁壮生长，几乎每个乡镇都建有一两家集体绸厂或丝织厂。但有一天它们吃惊地发现，生命力更为旺盛的个体织机的“狼”来了。

威胁主要来自劳力、技术、人才的同业相争，集体企业大面积“跳槽”一夜之间如无可奈何花落去。

以嘉兴海宁市许村镇为例。1988年后个体织机以每年1000多台的幅度飞速递增，3年内总数膨胀到了4000余台，年产值1.5亿元，占全镇工业总产值的63.9%，超越集体企业。同行业乡镇集体企业许多经过多年培训的员工甚至管理者，禁不住巨大的诱惑纷纷弃“公”从“私”，即使勉强上班的，也是“脚踏两只船”。1990年，这个镇的53家村办轻纺厂已骤减至18家，393台织机被转卖给个人了事。村办企业的年利润从1986年盈利170万元跌到1989年的亏损61万元，还有近100万元银行贷款无力归还。拥有织机263台的5家镇办纺织企业结局更惨，全部关门倒闭，无一幸免。

在杭嘉湖平原，许村现象几成规律：家庭织造业兴旺得有多快，集体企业萎缩得就有多快。湖州市环渚乡的集体纺织厂仅1991年初不辞而别的职工即达100多人，环渚丝织厂20余名技术熟练的保全工和1名关键生产环节的车间主任离去后，厂里只得临时请回17名退休工人勉强维持生产。

发生在杭嘉湖的个体与集体织机之争，正是由来已久的温州模式与苏南模式之争的经典反映。

20世纪80年代初以来，以个体私营经济为所有制表现形态的温州模式在浙江南部的温州、台州一带迅速呈燎原之势，引起举国瞩目。而浙江北部、东部的湖州、嘉兴、杭州以及宁波、绍兴等地，则是以乡镇集体经济为所有制表现形态的本土化苏南模式唱绝对主角。处于浙江中部、西部的金华、衢州被两种模式拉锯争夺。无论是南风北渐还是北风南渐，早已超越了经济发展路径选择的单纯范畴，已成为关乎"姓资"还是"姓社"的大是大非问题。这一严峻的抗衡从20世纪80年代中期一直延续到90年代中期。

从个体与集体之争看政治动向，在杭嘉湖平原是有历史传统的。

1969年第9期《红旗》杂志就刊登过一篇长文《深入进行农村两条路线斗争的教育——浙江德清县下高大队的调查报告》，同年9月15日的《人民日报》以整个头版全文转载，这种规格和待遇在当年也是颇罕见的。这份来自湖州德清县一个普通生产大队的调查报告，其核心观点为：一斤粮食、一把竹笋、一个鸡蛋，由谁生产、怎么生产、卖给谁，"在农村，是无产阶级和资产阶级争夺领导权，社会主义和资本主义争夺思想阵地，社员头脑里'公'与'私'激烈斗争的三个重要关口"，"要牢牢把住这三个关口，击溃资产阶级思想的猖狂侵袭"。

事实上，杭嘉湖平原乡镇集体企业在80年代中期所遭受的困局，并非完全来自个体、私营经济的"猖狂侵袭"。1988年10月，由于放开管制、取消价格双轨制的"物价闯关"行动失败，中央开始调整政策，再次提出"宏观调控、治理整顿"的方针。由此，导致了全国性的银根紧缩、消费降温，工厂开工不足，乡镇企业大面积倒闭。

但无论如何，乡镇集体企业深陷困境与个体、私营经济这个"历史罪人"是脱不了干系的。一场坚决的大整治来临了。

1991 年初的一天，担任湖州市委农村“社教”织里区片工作组联络员的《湖州日报》总编室主任张柏兴接到通知，赶到市委第一招待所会议室参加“社教”精神通报会。

市委领导一字一句地传达了上级的指示：要以“社教”工作为牛鼻子，从讲政治的高度落实对个体织机的整顿，决不能让湖州成为“第二个温州”。张柏兴回忆说，当时只觉得脑子里嗡的一声，还以为是自己听错了：“成为温州又怎么啦？温州就是资本主义吗？哪份中央文件有这样的盖棺论定？”

前来参加会议的市工商、土管、税务等部门负责人跟着纷纷表态：靠个体、私营发财是建立在沙滩上的，不能持久的，迟早要垮的。大河有水小河满，只有集体经济才是光明的康庄大道。各部门的核心意见就是如何限制甚至卡死“泛滥成灾”的农民个体织机。

会议精神很快在全市贯彻了下去。有的乡镇规定，党员干部家庭或农户中只要有一人在乡村集体企业工作的，便不准在家里摆织机；更有甚者，干脆明令凡乡村有集体企业的，一律不准农户从事第三产业以外的个体生产经营活动。大部分开展整顿的乡镇通过大幅度提高个体织机的税费、电费及管理抵押金标准，使得农户无利可图，被迫主动放弃织机。

“杀机”行动受到了个体织机户的强烈抵制。他们认为，所谓整顿引导只是冠冕堂皇的借口，根本目的就是要把个体织机“赶尽杀绝”。嘉兴市郊区一个乡的 100 多台织机被查封后，当地农户表示要“联合上访，问个清楚”，市、区政府官员紧急“灭火”做了大量的解释安抚工作，此事才得以平息。

湖州近郊戴山乡是个体织机的“重灾区”。时任该乡党委书记沈应林告诉前来采访的新华社记者慎海雄，有一天，他带着乡干部和 10 多个基干民兵下村查封“不符合规定”的织机，却被 200 多个村民里外围了三层，整整 3 个小时无法脱身。当时正值电影《焦裕禄》上映，村民们指着沈应林的鼻尖大声质问：“焦书记为解决老百姓吃饭，甘愿冒破坏统购统销的罪名买粮食。你们也是共产党的干部，你们为什么不学学焦裕禄？”

“与老百姓利益对着干的事，都不会有好结果的。”沈应林说。1991 年春节前,他们费尽心思,好不容易把全乡的500多台个体织机作了统一处理,关停了一批。工作组离开不到半个月,竟然又新冒出了1500台。

"杀机"行动在抗争和争议声中一直持续到了1991年冬季。

1992年3月,邓小平南方谈话公开发表。4月,湖州市委、市政府发出了在全市开展"解放思想大讨论"的决定。《湖州日报》特约评论员文章说,"还有不少'左'的思想束缚我们,牵制太多。要敢于冲破束缚生产力发展的旧框框旧条条,如发现我们过去工作中的失误就应该及时纠正","这个问题不解决好,势必挫伤群众的创造精神"。

在反思中被列为"过去工作中的失误"的"杀机"行动,也随着这场大讨论的到来悄然终止。

20世纪90年代中期前后,浙江改革领域的一件大事就是各种所有制经济主体的产权制度变革逐步展开,民营化浪潮由南至北席卷全省。虽然,我们不能将这一趋势简单地理解为温州模式的胜利——温州模式本身也是在与苏南模式的碰撞、交融中不断提升完善,并于2000年后演变为所谓的"新温州模式"——但不应否认的是,这场最早花开浙江的全面民营化浪潮的内核,正是产权清晰、市场先导、民众广泛参与的"温州模式"的精髓。

我们还可以观察到一个有趣的现象,20世纪90年代中期以前,浙江北部、东部原本以乡村集体经济为主体的地区中,凡率先大面积孕育个体、私营企业被称作"小温州"的县市,当时颇受非议,此后却成为经济发展步伐明显领先于周边的耀眼新星,如宁波的慈溪市、嘉兴的海宁市、绍兴的诸暨市。在2006年度国家统计局公布的全国百强县排行榜上,以上三个并无天然优势的县市排名迅速蹿升至第14位、第23位、第24位。而当年个体织机最猖獗、"杀机"行动重拳打击的湖州市织里区,则早已成为富甲一方的"中国童装之乡"。

有必要留此存档的还有,大约在1992年后,江苏本土及全国各地的不少学者亦出现了对曾经被一边倒大加褒扬的苏南模式的谨慎争辩。一开始还仅仅是围绕如何"创新完善"、迈向"新阶段"等展开谨慎的探讨,到后来就有人大胆使用上了“质疑”“僵化”“危机”“扬弃”“告别”之类较为敏感的字眼。

1997 年 10 月，时任江苏省委书记的陈焕友在中共十五大刚刚闭幕后召开的省委九届七次全委(扩大)会议上指出，以乡村集体企业为主的集体经济，在苏南地区占有较大比重，它在产生和发展的历史过程中显示了强大的生命力，积累了许多成功的经验。但是，随着社会主义市场经济的深入，也遇到了一些新情况、新问题。突出表现在：所有制结构比较单一，政企权责不分，企业产权不明，原有的机制活力逐步减弱。

这番讲话被不少媒体解读为江苏官方首次公开反思苏南模式。1998 年后，苏南一批一批的官员开始南下浙江取经，试图从个体、私营经济的巨大活力中汲取新的养分。

陈云书赠李泽民

浙江省会杭州有两所著名的国宾馆，一所为地处杨公堤 18 号的西湖国宾馆，另一所为地处南屏山雷峰塔北麓的西子国宾馆。新中国成立后，这两所国宾馆成为中共中央领导人来到杭州的主要下榻地。

曾任中央顾问委员会主任的陈云十分偏爱杭州，每次前来几乎都住在西子国宾馆。西子国宾馆原名青白山庄，又称今蜷还琴。原系安徽茶商、汪裕泰茶庄庄主汪自新建于 1927 年的别业，故又被称为汪庄。汪庄北依西湖，与三潭印月遥遥相对。当年，汪自新在庄内设有自家茶庄的门市部，专卖西湖龙井名茶。20 世纪 50 年代初，汪庄新建主楼、配楼、连廊以及宽广草坪，始改称为西子国宾馆。

1990 年 1 月 24 日，距离农历春节还有两天，天气异常寒冷。当日上午，时任浙江省委书记的李泽民等省党政军主要领导，以及在杭州的中顾委委员铁瑛、李丰平，驱车来到西子国宾馆 2 号楼，向陈云拜年。2 号楼是位于西子国宾馆内侧的一栋单层小楼，门前苍松挺拔。

85 岁的陈云见到浙江的同志很高兴，与大家合影后，又做了长时间的交谈。

谈话刚开始,陈云拿出了事先写好的 15 字条幅“不唯上、不唯书、只唯实,交换、比较、反复”,赠送给李泽民:“这 15 个字,我是不轻易送人的。”

李泽民说:“陈云同志的这 15 个字,不光是送给我的,也是送给我们省委全体常委的。这是陈云同志对我们的期望。”

陈云进一步解释:“这 15 个字,前 9 个字是唯物论,后 6 个字是辩证法,合起来就是唯物辩证法。”

关于这次意味深长的谈话,《人民日报》记者曾专门采访李泽民,并对当时的谈话情景做了完整追录。

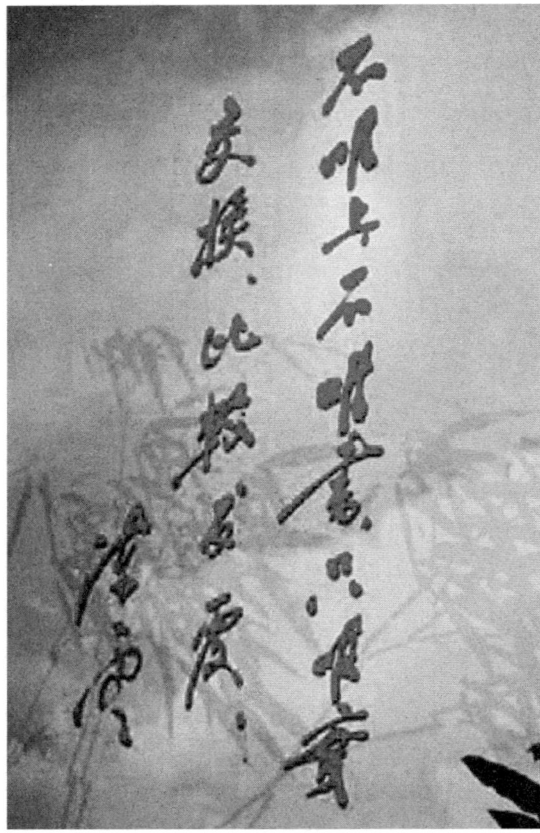

陈云手书“不唯上、不唯书、只唯实,交换、比较、反复”

陈云:不唯上,并不是上面的话不要听。不唯书,也不是说文件、书不要读。只唯实,就是只有从实际出发,实事求是地研究处理问题,才是最靠得住的。

交换,就是互相交换意见。比方说看这个茶杯,你看这边有把没有花,他看那边有花没有把,两人各看到一面,都是片面的。如果互相交换一下意见,那么,对茶杯这个事物我们就会得到一个全面的符合实际的了解。过去我们党犯过不少错误,究其原因,最重要的一点,就是看问题有片面性,把片面的实际当成了全面的实际。作为一个领导干部,经常注意同别人交换意见,尤其是多倾听反面的意见,只有好处,没有坏处。

比较，就是上下、左右进行比较。抗日战争时期，毛主席《论持久战》就是采用这种方法。他把敌我之间互相矛盾着的强弱、大小、进步退步、多助寡助等几个基本特点，作了比较研究，批驳了“抗战必亡”的亡国论和台儿庄一战胜利后滋长起来的速胜论。毛主席说，亡国论和速胜论看问题的方法都是主观的、片面的，抗日战争只能是持久战。历史的发展证明了这个结论是完全正确的。由此可见，所有正确的结论，都是经过比较而得出的。反复，就是决定问题不要太匆忙，要留一个反复考虑的时间。这也是毛主席的办法。他决定问题时，往往先放一放，比如放一个星期、两个星期，再反复考虑一下，听一听不同的意见。如果没有不同的意见，也要假设一个对立面。吸收正确的，驳倒错误的，使自己的意见更加完整。因为人们对事物的认识，往往不是一次就能完成的。这里所说的反复，不是反复无常、朝令夕改的意思。

陈云：你们开始学哲学没有？

李泽民：从1月份开始学。中顾委发的陈云同志的三个讲话，我们常委都学了。

陈云：我还有一个意见，请你们考虑，就是搞调查研究有两种办法：一种是亲自率工作组或派工作组下乡下厂，这当然是十分必要的；另一种是每个高中级干部都要有敢讲真话的知心朋友和身边工作人员，通过他们可以经常听到基层干部、群众的呼声。你李丰平同志是四川人，周围就有这种人。后一种调查研究，有“真、快、广”的特点。所谓真，就是他们敢于反映真实情况，敢讲心里话。因为他们信得过你，知道你不会整他们。我就有这样一些朋友。所谓快，就是当问题处于萌芽状态时，就能够及时发现。所谓广，就是全国各省市各行各业，都有许多高中级干部（包括离退休的）。从某种意义上讲，后一种调查研究比前一种调查研究更重要一些。两种调查研究都有必要，缺一不可。这是我第一次同地方的同志交换这个意见。

李丰平：要下去蹲点，交知心朋友。现在有些人下去搞调查，走马观花，一天走好几个县。

陈云：1961年六七月间我在青浦县小蒸公社搞调查，住了半个月。这里是我1927年搞过农民运动的地方，解放后也常有联系，当地的干部、群众能够同我讲真话。当时在养猪问题上已经确定实行“公私并举、私养为主”的方针，但对母猪是公养还是私养，并没有明确规定，而这是关系到养猪事业能否迅速恢复和发展的一个重要问题。小蒸公社当时有15个养猪场，我去看了10个，还看了农民私养的猪，并召开了几次座谈会之后，感到私养母猪比公养母猪养得好。私养母猪喂食喂得好，有的甚至喂泥鳅，猪圈也干净，产苗猪多，苗猪成活率高。公养母猪喂食不分大小、强弱，像开“大锅饭”，猪圈脏得很，母猪流产多，苗猪成活率低。通过这次调查，得出了一个结论，就是大部分母猪也应该下放给农民私养。

陈云：总之，后一种调查研究，你们浙江可以试一试。你们要在各行各业广交知心朋友。

1991年1月18日，李泽民在《人民日报》刊发了《改善工作方法　提高领导水平》的长文，详细阐述了对陈云“不唯上、不唯书、只唯实，交换、比较、反复”题词的学习体会。他认为，陈云这一题词的根本精髓，就是“实事求是”。

陈云夫人于若木在接受媒体采访时曾透露，陈云“不唯上、不唯书、只唯实”这一广为传诵的“实事求是”的思想结晶，源于延安时期的读书运动。1937年11月，陈云从莫斯科回到延安后，受命担任中组部部长。毛泽东同他先后谈过三次话，希望他学哲学。毛泽东谈了自己的学习体会，说哲学研究的是事物发展的总规律，学习它，掌握了立场、观点、方法，对领导工作很有用。中组部的“窑洞大学”就这样办起来了。当时参加学习的有40多人，从1938年到1942年，一直坚持了5年。陈云自己先学一步，还提出要坚持一本一本读马列原著和毛泽东的著作。

陈云的第一任秘书刘家栋在《陈云在延安》一书中说：“就我今天所能看到的中央领导同志抗日战争时期的全部文稿，陈云同志是第一个提出‘实事求是'的。"

根据刘家栋的回忆,1938 年 9 月,陈云在抗日军政大学讲授干部政策时,明确提出了自己的观点:"对干部不要抬轿子,要实事求是。做到这些才能算真正爱护人。"

1940 年 8 月,陈云亲笔起草了中央组织部关于审查干部的总结。这篇总结报告,被收入毛泽东主持编辑的整风文献《六大以来》。在该总结报告中,陈云十分鲜明地提出:"实事求是的审查才是真正的严格。"

刘家栋认为,陈云第一次明确阐述"不唯上、不唯书、只唯实",是在 1960 年中央七千人大会的一次小组会上。当时,陈云对"只唯实"的解释与他 30 年后向李泽民等浙江同志的解释是完全一样的,"只唯实就是只有从实际出发,实事求是地研究处理问题,才是最靠得住的"。

据党史文献,陈云 25 岁就任中央委员,29 岁成为政治局常委,在核心领导层前后工作了 57 年,这在中共历史上非常罕见。他只有高小学历,却被公认为新中国经济建设的奠基人之一和首席财经问题专家。

陈云有一张十分著名的"打算盘"的照片。赵朴初为这张照片还写过一首诗:"唯实是求,珠落还起。加减乘除,反复对比。运筹帷幄,决胜千里。老谋深算,国之所倚。"

浙江是中国改革开放探索最为活跃的前沿地带,对发生在这片土地上的经济变革的新鲜脉动,作为中共财经元老的陈云一直极为关注。而包括让许多人备觉刺眼的温州在内,浙江又是中国改革探索最富争议的敏感地带。1990 年暮冬,在浙江改革面临"向左"或者"向右"的最艰难的局面时,陈云将浸透"实事求是"理性光辉的条幅书赠浙江同志,意味可谓深远。从目前可查询到的公开资料看,这极可能是陈云书赠"15 字诀"的唯一个例。

在杭州,陈云最爱去的地方便是"云栖竹径"。这是位于西湖西南隅五云山脚的一处幽僻景点,高大挺拔、直指云天的毛竹漫山漫坡。陈云生平很少为人题字,但他却曾应云栖管理处之请,写下"云栖"两个大字,至今仍矗立在景区路口。陈云夫人于若木说,这是因为陈云爱竹子的刚直,不趋炎不附势。

1995年6月，著名报告文学家叶永烈采访于若木。告别时，于若木赠给他一枚陈云侧身浮雕铜像章以作纪念。这是为陈云90周年诞辰而制作的。在像章背面，镌刻着陈云亲题的九个字，亦为他一生的座右铭："不唯上、不唯书、只唯实"。

【浙江改革开放史档案】

一位温州老百姓对『温州模式』的质疑

中共中央，江、李、宋三位常委：

1989年，中央政治局进行改组，新的班子大得民心。目前狠抓治理整顿已初见成效。李瑞环同志在沿海地区召开四市扫黄会议行动迅速，博得全党全民的欢心。为了恢复党的优良传统，坚持四项基本原则，深入开放改革，中央领导要认真一抓到底。

10年开放改革成果是肯定的，但带来的问题确实不少。主要是有的人放弃党的领导，不抓思想政治工作，把马列主义毛泽东思想束之高阁。一些沿海开放城市弄得人妖颠倒，乌烟瘴气。浙江温州便是一例。这些地区首先是一些党政干部思想变质，他们的宗旨不是为人民服务，而是中饱私囊。有的趁改革之机大捞一把，大发横财。

温州有许多人都去过，他们认为温州是一种发展模式，叫"温州模式"。提倡温州模式，对全国的祸害很大。温州模式，实为资本主义模式，某些方面比资本主义还无法无天。温州这几年国营企业已基本倒闭，个体不法商人满天飞。他们在全国各地到处诈骗，任何人也管不了。温州有700万人口，大约有50万人在全国各地进行诈骗活动，以至于全国所有车站、码头也都有温州人的票贩子。他们各有生财之道，除了少数手工艺者、小商贩是合法经营外，其他大多是赚取不义之财，敲诈内地老百姓。

温州的乡镇企业及个体户商贩、个人企业，生产的大多是伪劣冒牌产品，他们用行贿手段，打入国营流通渠道。例如，平阳、苍南的尼龙编织袋，损失了大量的国家资财，用户包装事故不断出现。乐清县伪劣冒牌的低压电器产品，打入上海等各大城市，祸国殃民。人们的精神面貌，也弄得乱七八糟。官商勾结，互相利用。各地都出现了许多新恶霸，他们腰缠万贯，招娇纳妾，雇用打手保镖，挥金如土，政府官员是他们的后台。温州的皮包公司特别兴旺发达，一些干部坐地分赃。温州本来人多地少，这几年大力进行集镇建设，毁了大量良田，有权干部，一马当先，首先得益。群众讲："温州这几年收入靠走私，吃喝靠公司，挥钱靠自私，无恶不作，可以包打官司。"

温州市委领导是好的，多数同志廉洁奉公，工作辛劳，只因潮流如此，无力回天。请中央领导派得力要员，把温州重新引导到正常的轨道上来。

温州老百姓　　吴某某呈上

1989 年 9 月 21 日

（摘自温州试验区领导小组办公室 1994 年 2 月编《国务院三次来温调查纪实》，此信导致了中央调查组 1989 年第二次前往温州）

【浙江改革开放史档案】

当前温州老板和雇工的一些情况

提起温州来，不说省名，谁都知道是浙江南部的"富地"。3 年前，"温州模式"更是名噪一时，全国传诵。近两年虽然治理整顿，但我看温州经济格局基本未变，声销而迹不匿。

在温州市（管辖 1 市 8 县 2 区），站在雇工立场能被称得上"老板"或"主人家"的个体工商业户，一般来说，拥有钱财都在 10 万元以上。其人数在全市可以万计。六七年前手头有一两万元是很令人羡慕的，但在近年已是多见不怪了。据人估计，全年"净赚"（温州老板们的所谓"净赚"，是指除去一切经营开销连同吃喝玩乐开销之外的纯利）五六十万元，甚至上百万元的，大有人在。这部分人大多拥有五六百万元钱财。

温州老板以经营制作皮鞋、灯具、披衫、纽扣、金属或纺织标牌,仿冒日本防风打火机等为生,量大面广。温州老板们为了发家,敢于放手经营,且不择手段。以皮鞋为例,全市经营皮鞋的厂家约4000个(尚不包括无厂名、无证的),年总产量上亿双(不包括其他鞋类),可称得上是世界之最。而老板大多是独资,极少数为两三人临时合伙。其规模,大者雇工三四十人,小者仅六七人,一般雇用十多人。

温州老板(各行业)大多30岁左右,50岁以上的较少。文化程度普遍不高,一般是小学或是有名无实的初中,高中以上的极少数,有的甚至是“跌倒不识一个‘爬’字”的半文盲。而且一般思想素质低劣,其中小部分有盗窃流氓前科,甚至是“二进宫”过来的。皮鞋业老板除小部分原是国营集体鞋厂职工之外,绝大部分不是内行人,是“见利思变”干起这个行当的。至于他们的原始资本来源,早期起步的是以屋契抵押的低息贷款,或民间以3%—4%的高利贷,或民间“抬会”筹集的,有的则是骗款赖债的(我岳母就有3000元养老金被骗走)。当然也有少数是惨淡经营起家的。

自古有云“为富不仁”,温州老板们对雇工的刻薄也是令人惊叹的。任何劳动,何况是强劳动,都不免有皮肉损伤流血的工伤事故,但有些老板竟连一点点碘酒、药棉、胶布或“创口贴”之类应急的药物都不为雇工备置,更别提其他劳动防护用品。我18岁的长子,在个体灯具厂打杂,经营操作喷漆,接触甲苯、丙酮及有机铅之类毒性化学品。老板虽拥有几百万元钱财,却只为雇工提供两台破旧的排风机,既无防尘口罩又无工作服。类似情况,甚至比这些更为残酷对待雇工的现象比比皆是。

如今老板们通过种种手段大发其财后做“守财奴”的已极少见,大多成为享乐会花钱的“阔佬”。吃喝等挥霍钱财不算,还有句概括他们生活的顺口溜是:“骑的本田王,穿的A底王,睡的弹簧床,抱的花儿王。”更有甚者,常年金屋藏娇养外室。

至于老板们怕不怕“共产”呢?说怕也不怕,因为有相当部分的老板是“五毒俱全”的,触犯刑律尚且不怕罪,还怕什么!但另一方面,老板们拥有的大量钱财却都不大乐意存入国家银行,原因是怕一旦政策有变或管理严格,存款被冻结。因此老板们欢迎现金交易，这样，一来可以偷税，二来不转入银行。对于已转入银行账户的钱，则是尽可能通过种种渠道提取出来，放在自家里，或到黑市换外币。

……

温州市主治医师、离休干部　许某某

1991 年 5 月

（摘自温州试验区领导小组办公室 1994 年 2 月编《国务院三次来温调查纪实》，此信导致了中央调查组 1991 年 7 月第三次前往温州。以上为信件的摘要）

附：《当前温州老板和雇工的一些情况》作者许某某的情况

许某某，温州市人，1949 年 2 月参加地方武装，1951 年从部队复员，1990 年因病提前退休。

他写信用的是真名真姓。但他冠以"主任医师、离休干部"，这使他具有高级知识分子和革命老干部的双重身份，容易引起中央领导的重视。

时任中共浙江省委政策研究室主任方根雄于 1991 年 6 月下旬在温州调查时，曾亲临许某某的家专访，并与许进行直接的交谈，了解他写信的材料来源及其意图。据许本人讲，信中的材料都是他将平时在社会上流传的闲谈内容收集起来，经过自己的加工编写而成，没有进行调查核对，作为稿件投寄给《人民日报》发表，从中获取一定的稿酬。1987 年 12 月，他曾写一封长信《一位温州人士心中的温州忧》给《人民日报》，人民日报社于 1988 年在《每日总汇》第 45 期予以刊登。于是，这封信得稿酬 80 元。

（摘自温州试验区领导小组办公室 1994 年 2 月编《国务院三次来温调查纪实》）

大突破

第三部

1992—1999

致命的产权　集体经济“转身”

政府的角色

陈金义现象　“非驴非马”的股份合作制

北京“浙江村”大清理

“国有者”突围

浙江产业集群分布概览

集群为“王”

往何处去

浙江产业集群分布概览

“非驴非马”的股份合作制

陈金义现象

北京“浙江村”大清理　温州“下海”官员谱表

政府的角色

致命的产权

第六章

致命的产权

> 很久以来，“有产者”始终是被仇视的危险分子。
>
> ——1995 年采访笔记

对中国前 20 年改革，理论界一直有“三次思想解放”的说法。

第一次思想解放：以《光明日报》1978 年 5 月 11 日刊登文章《实践是检验真理的唯一标准》为标志，拨乱反正，改革艰难起航。

第二次思想解放：1992 年春，邓小平发表南方谈话，以“三个有利于”的著名论断，从根本上厘清了改革开放姓“资”还是姓“社”的大是大非。

第三次思想解放：1997 年 9 月召开的中共十五大明确宣告，“非公有制经济是社会主义市场经济的重要组成部分”。1999 年 3 月举行的九届全国人大二次会议又郑重地将这一重要论断载入了修改后的国家宪法。

从“拾遗补阙”到“有益补充”，最后到“重要组成部分”，民营经济和它们的所有者们终于迎来了“大红灯笼高高挂”的日子。中国改革方向“公”与“私”的世纪之辩就此画上句号。

以民营化为主脉的产权清晰运动,是第三次思想解放的重要体现。在浙江,这一运动的发生时间为1992—1999年,浙江无疑是产权变革起步最早也最为彻底的沿海省份。

这"关键的一跳",决定了浙江在2000年始的"改革2.0时代"迎来了稳健而顺畅的大发展时期。

陈金义现象

陈金义在浙商名人榜上是一个相当特殊的人物。

2000年,美国《福布斯》杂志第二次发布每年一度的"中国富豪榜",陈金义以8000万美元的个人身价,排列第35位。

2003年,陈金义旗下的金义食品饮料有限公司控股新加坡"电子体育世界"31.54%的股份,从而成为浙江第一家在新加坡上市的民营企业。

2006年7月,陈金义因长期拖欠他人60多万元债务,被杭州市江干区法院公开曝光,当时其所欠债务总额已达3000多万元。陈金义因这一"老赖门"事件跌落谷底,而两年后的2008年7月,更是传出了其为躲避巨额债务出家为僧的奇闻。辉煌与落寞冰火两重天。

一不小心触碰以"私"吃"公"高压线的陈金义

浙江人第一次听说陈金义这个名字是在1992年,缘由是他以一个私营老板的身份,一口气买下了上海黄浦区的6家国有和集体所有制的小型商店。他花费的代价不算大，一共 145.1 万元，但传递的讯息十分吓人：以“私”吃“公”！陈金义因此如同坐上火箭一般威震全国，万人瞩目。

在浙江 40 年改革开放史上，能与陈金义一夜暴名相比的农民企业家，大概只有“胆大包天”的温州人王均瑶。

陈金义是杭州近郊桐庐县毕浦镇方吴村的回乡知青。他当过代课老师，学过油漆工，后来为以生产“青春宝”而出名的杭州中药二厂厂长冯根生跑过蜂王浆等原材料采购。一次，为了让河北一家公司在没有预付款的情况下把蜂蜜先运到杭州，陈金义赶到河北，起早摸黑为这家公司扛货打杂，为老板家劈柴扫地、提水烧茶，当了一个多星期的短工兼保姆。他的谦恭和诚意终于感动了对方，货到了，他也赚到了生平第一笔钱，共 3 万多元。再以后，他还为当时刚刚蹿红的娃哈哈公司的宗庆后生产过儿童营养液。

但陈金义真正的第一桶金却完全称得上是意外之财。

1992 年 1 月，有了点积蓄的农民老板陈金义无意间来到大上海。在上海证券交易所门前，他又无意间看到了销售股票认购证的广告。

“我就买了。”陈金义对这一过程记得清清楚楚。他一共去了证交所两次，本来曾经想买 1 万张的，几个朋友劝他少买点，最后只买了 4000 张。当时估计中奖率是 6%，6%可以保本；如果 6%都不到，要亏；中奖率是 8%的话，肯定赢利；假如 10%以上，那就是暴利。事实是，1992 年那一年，认购证是 100%都中奖。“所以我在这个上面确实获得了暴利，总共赚了大概 4000 多万元。”

腰包突然鼓胀得让人发晕，豪气万丈的陈金义觉得自己得大干一番了。

1992 年 9 月 9 日，上海《文汇报》刊登了一则公告，上海市决定首次公开拍卖黄浦区 7 家长期亏损的小型国有、集体商店，而且明确规定，各种经济成分的经营者都可以参与竞拍。这一举动的背景是，当年 2 月邓小平南方谈话刚刚发表，浦东开发开放热浪滚滚，中共十四大即将召开，“步子再大一点、思想再解放一点、胆子再大一点”，改革的涌动带来了政策面的松动。

当年10月15日,即中共十四大在北京召开的第三天,陈金义出现在了上海波特曼大酒店的拍卖现场,领的是89号牌。在此后的两个多小时中,89号频频举牌,志在必得。最终,他以145.1万元的价格拿下了总经营面积112.8平方米的6家商店。另有1家商店则落入另一位浙江私人老板手中。

陈金义回忆说,虽然自己为这次拍卖准备了1000万元,其实当时也十分矛盾。十四大刚刚召开,改革气氛很浓,十四大的理论突破是宣布了"我国经济体制改革的目标是建立社会主义市场经济",但个体、私营经济在"社会主义市场经济"中究竟放在什么位置并不明朗。在中国,所有制问题可是比任何问题都要敏感。

竞拍的时候,陈金义不敢自己举牌。拍完了,现场的记者拥上来,问他是不是陈金义,他连声说"我不是陈金义,我是陈金义的代表"。从杭州跟来的"高参"也心事重重:"一个桐庐乡下的农民,把上海的国有企业买了去,陈金义啊,你是不是闯了大祸了?"

心里七上八下地来到下榻的上海远洋饭店,晚上,生意人陈金义越想越觉得有点亏:花这么多钱,拍下这么多店,就这么默默无闻地回去了?他掏出当时还很罕见的"大哥大"给杭州《钱江晚报》一位熟悉的记者朋友打了电话,得到的回复令人相当振奋:"这是一条'新闻大鱼'!"

10月18日,由10多辆清一色桑塔纳组成的出租车队从杭州出发,打着双跳灯浩浩荡荡连夜驶往上海。车是陈金义花钱租的,车里坐的是陈金义请的几乎杭州所有媒体的记者。他们去上海都是为陈金义引发的这一条"新闻大鱼"。

同年12月8日,上海《文汇报》免费提供文汇大厦,为陈金义的6家连锁店开张举办隆重庆典。

同年12月21日,"陈金义现象"研讨会在北京召开。于光远、吴敬琏、董辅礽、吴象等中国改革理论界权威悉数到场。根据《文汇报》记者的整理,专家们的发言主要有以下对"陈金义现象"给予高度评价的"论点":

——私营经济的发展,是社会主义市场经济必不可少的组成部分,发展私营经济不等于私有化。研究“陈金义现象”，有助于进一步探索私营经济在社会主义市场经济中的应有地位和作用。

——上海在“10·15”拍卖活动中，将7家国有、集体商业企业的经营权卖给私营企业，这在新中国成立以来是第一次。陈金义这种“私吃公”的行为将会产生怎样的社会效果？社会主义的性质会不会因私有经济的发展而受到冲击？在社会主义公有制前提下，能否更快地发展私有经济？研究“陈金义现象”，有助于从理论上对这些重大问题作出回答。

这次高层研讨会期间，路透社、合众国际社、美联社、英国BBC等对中国政治风向变革反应灵敏的境外媒体，在北京新世纪饭店联合采访了陈金义。

合众国际社记者：陈先生，你认为自己像荣毅仁还是像牟其中？

BBC记者：有没有人反对你发财？你兼并了国有企业，是否感到压力和危机？

已开始习惯于镁光灯的陈金义回答得越来越得体：政府部门没有卡我，中国近年来对私营企业是十分支持的。我现在担心的是，怎么样发更大的财。

直到此时，陈金义个人所有的桐庐县王家蜂业经营部的总资产不过6000万元左右，其财富积累又主要来自被视作“发横财”的股票认购，他在当时浙江个体、私营企业主中并非最出类拔萃。但陈金义却因为自己的“鲁莽之举”，成就了私营企业兼并国有企业的中国改革第一案，巨大的标杆性光环从天而降。

1993年9月，陈金义成立了全省第一个私营企业集团——浙江金义集团有限公司。之所以用自己的名字命名，是因为他十分清楚自己私营所有制身份的新闻含金量。很快，全国优秀青年企业家、浙江省十大杰出青年、浙江省政协委员、民建中央企业委员会委员等金闪闪的头衔滚滚而至。

有了第一次的巨大成功，陈金义对自己的政治判断力信心十足。他此后的数度商业投资几乎都与政治大背景有关。

西部大开发：1997年，陈金义投资1500多万元，前往三峡库区接收兼并

了重庆涪陵区5家集体企业,浙江金义集团涪陵有限公司开业,主产"金义果奶";

振兴东北:2001年5月,陈金义北上黑龙江,在五大连池扔下3亿元生产矿泉水,宣布要做"中国水王";

国家新能源战略:2003年,陈金义砸下全部身家,开始了所谓"生物乳化燃油"项目的研发生产。

然而,等待陈金义的却是一次次无情的失败,直到2006年"老赖门"突然爆发。

陈金义在1998年接受杭州电视台采访时承认,到上海买下6家国有和集体商店,"事先没有预计到会有这么大的轰动效应"。他的超常规行动带有一定的偶然色彩,并非事后许多媒体热情洋溢所评价的出自"深思熟虑战略眼光"的结果。

在浙江40年改革开放史上,清晰呈现出有趣的"领先一步"的普遍现象,即浙江在许多改革领域比全国的进程"领先一步"。以企业产权变革为例,就全国范围而言,是在1997年中共十五大确立"非公有制经济是社会主义市场经济的重要组成部分"后才真正渐次推开的。但在以温州为改革尖兵的浙江,个体、私营经济的所有制变革早已怀胎十月,当1992年来自南方的"春天的故事"开始唱响,这个新生儿便应声坠地。这是必然的。

"陈金义现象",恰恰是早产婴儿的第一声清亮的啼哭。

"非驴非马"的股份合作制

1992年7月,农业部在邓小平南方谈话发表之后,在山东青岛召开了以大力推进股份合作制为议题的"乡镇企业改革研讨会"。会后,农业部向全国下发《关于推行和完善乡镇企业股份合作制的通知》。这份重要文件的执笔人,是时任温州苍南县乡镇企业局副局长的黄正瑞。

说这份文件十分重要，在于“股份合作制”是 20 世纪 90 年代中国乡镇企业产权变革——当时的用语为“乡镇企业转换经营机制”——的主要实现形式，并在全国各地引发过广泛争议，而黄正瑞则是“股份合作制”制度规范的关键催生者之一。

记忆中，我曾经数十次南下温州采访。每次去，除了挖掘新闻，就是必定要拜访老朋友。黄正瑞应该算是其中的一位。

黄正瑞担任过苍南县委办公室调研室副主任、乡镇企业局副局长、外贸局长、总工会主席，在县里是很受仰慕的大官了。但更多的人喜欢叫他“秀才”，他本人也常常以“秀才”自居。

说黄正瑞“秀才”，是因为他很会写文章。在“首届中青年中国企业发展研讨会”上，他的电大毕业论文《对中国国营大型企业试行董事会领导体制的探讨》，以“满纸新思想”的评价一举摘得最高荣誉——优秀论文奖。他甚至还写过一篇洋洋洒洒近万言的研究航空母舰的论文，经一份权威的军事刊物全文登载，据说引起了国防部的高度重视。因为“会写文章”，1987 年，黄正瑞从当地桥墩中学的一名代课老师一步擢升为苍南县委办公室调研室副主任。

也就是在同一年，黄正瑞开始有机会把思想的触角探入了关于“股份合作制”这一重大的理论创新领域。

大约在 20 世纪 80 年代中期，温州以家庭工业为主体的经济格局悄悄发生了分化。1986 年，除数量可观的个体、私营企业外，冒出了农民联户、合股、合作、集资等形式的企业 10413 家，年产值 13.61 亿元，占当年全市 14603 个乡村工业企业总产值的 71.5%，占全市工业总产值的 27.8%。显然，这是一块分量很沉的砝码。

一道极敏感的必须作答的加减题摆在了每一个人的面前：这类企业究竟算什么？如果划入私有性质，那么温州农村经济成分的问题就大了。“资产阶级”成了主力军，超过了经济总量的半壁江山，改革改到了社会主义的对立面去了。反之，结论也反之。

很显然，这类企业的性质将直接决定温州改革“好得很”还是“糟得很”的争论。但要回答这个问题，光靠口头说说是不行的，必须有充分的理论依据，要能够把话说圆，才能服人。

1987年7月，黄正瑞跟随县委书记周方权进行了详尽的企业调查，并执笔起草了长达7500字的调查报告《在“引”字上下功夫，大力发展股份合作经济》，在全国第一个把这类企业明确定名为“股份合作企业”。

这篇调查报告对股份合作企业作出了如下定义：“以户与户自愿结合为基础，以资金、技术、设备、资源、劳力、知识等生产要素联合为内容，所有权归股东，实行按劳分配与按股分红相结合的经济组织。这类企业既吸收了股份制的合理因素，又吸收了合作制的合理因素，是介于两者之间的一种生命力很强的混合经济。”

10多年后，黄正瑞在接受我采访时对当年“股份合作制”定义的种种微妙之处做了这样的点评：那时候，温州老板们的普遍心态是既怕太公又怕太私。“太公”就等于回到大锅饭，不如不干；“太私”无异于火中取栗，谁都不敢干。而股份合作制按劳分配和按资分配共存，社会主义色彩浓厚的劳动者的劳动合作与所有权明确归属股东的劳动者的资本合作有机结合，是“既公又私”的混合经济。既然混合了，也就不必分你我了，天下也就太平了。

温州的以及全国各地的一些“左”派人士想想还是觉得不对劲，他们把股份合作制斥为“非驴非马”的骡子理论。

1988年，苍南县委召开股份合作制企业试点会议现场

“是骡子又怎么样？我们要找的正是能拉会跑的牲口。”黄正瑞一脸狡黠。

1987年11月7日，中共十三大闭幕7天后，汲取苍南等地的实践探索，温州市政府颁发了全国第一个关于股份合作制的地方法规——《关于农村股份合作企业若干问题的暂行规定》。

股份合作企业的准生证有了，法律地位确立了，但这显然还不够。仅仅承认其存在，还是给予大力支持？支持发展的扎实依据又在哪里？

只要有利于生产力发展，缺什么就补什么。随后出炉的温州市《关于股份合作企业规范化若干政策问题的通知》中添上了意味深长的一笔："股份合作企业税后利润，应有50%以上用于企业扩大再生产；股金分红不得超过25%；必须提取15%作为公共积累基金。"

这份通知还着重做了补充说明：股份合作企业财产中，15%的公共积累属于企业全体劳动者集体所有，这部分财产是不可分割的。它的独立存在，正是股份合作企业区别于合伙私营企业而作为集体经济组成部分的重要标志之一。据此，工商行政管理部门对股份合作企业核准登记注册时，在"经济性质"一栏应明确核定为集体所有制(合作企业)。

用心良苦的包装打扮就此完工。事实上，"15%公共积累"再次陷入了过去国有和集体企业资产归属不清的泥潭，心照不宣的温州老板们也从来没有认真执行过。但有了这条金光闪闪的"社会主义尾巴"，"不公不私"的股份合作经济走出了尴尬的处境。"骡子"还是"骡子"，但实实在在成了社会主义的"骡子"。

股份合作制这只什么都可以往里装的改革"大筐"，为大批惶惶然的温州新生经济力量，开出了名正言顺的发展通道。

要成为系统、完整的理论，还有许多事情要做。1988年9月，黄正瑞来到苍南桥墩门啤酒厂。经过一番调研、商讨、鼓动后，10月5日，该厂股东大会全票通过了由黄正瑞设计起草的全国第一部股份合作企业章程。

黄正瑞(右)与苍南桥墩门啤酒厂厂长吴祖宗

第六章

在温州等地改革实践和理论创新的基础上，1990 年 2 月，农业部发出第 14 号令，颁布《农民股份合作企业暂行规定》，并附《农民股份合作企业示范章程》。这个示范章程正是以桥墩门啤酒厂章程为蓝本。

农业部《暂行规定》的颁发，使股份合作经济在全国各地逐渐推广，但同时招致的抵触和争议也是异常激烈的。一些地方疑虑重重，一些地方干脆拒不执行。北京一家国家权威部门的杂志前一期已经全文登载了农业部的《暂行规定》，第二期突然又登出了编辑部声明，说编辑部内部工作出了差错，已登载的《暂行规定》不作数云云。

对农业部《暂行规定》法律效力的质疑，说到底还是对股份合作这种经济组织形式是否属于社会主义大家庭新生儿的怀疑。于是，在这场沸沸扬扬的辩论中，不少省市出台的农民股份合作企业试行办法纷纷在温州和农业部定义的基础上，把公共积累的比例进一步提到了 50%甚至 50%以上。“社会主义的尾巴”越长越粗。

正是在这样一片激辩声的转折关口，1992 年 7 月，农业部在青岛召开的“乡镇企业改革研讨会”，试图通过所谓“修正与完善”，为股份合作经济找到生存发展的空间。

以股份合作经济元老级人物身份受邀参加此次研讨会的黄正瑞，临行前去探望了时任温州市委副秘书长、温州试验区领导小组副组长宋文光。他问道：“我们温州对即将召开的党的十四大有什么要求，可不可以通过农业部转达？”

宋文光沉吟良久：“把‘股份合作经济’6 个字写进十四大报告，温州人民就心满意足了。”

1993 年 11 月 14 日，中共十四届三中全会通过的《中共中央关于社会主义市场经济体制若干问题的决定》，第一次对以温州为发祥地的股份合作制给予了权威的肯定。

1997 年 9 月，中共十五大报告更是明确地指出：“目前城乡大量出现的多种多样的股份合作经济，是改革中的新事物。要支持和引导，不断总结经验，使之逐步完善。”

股份合作制终于修成正果。

至此，关于股份合作制的故事并未完结。在浙江，股份合作经济究竟是何时何地最早诞生，谁又是这一创新模式的真正催生者，这至今仍是一桩说法不一的公案。

挑起这桩公案的是温州北部的近邻台州市。根据台州官方的翔实考证，中国股份合作经济的第一例应该属温岭县牧屿镇牧南工艺美术厂。

这家厂的创办人是牧屿镇牧南村的农民陈华根和王华森。他们最初合伙贩卖鞋子。1981 年底，有了点积蓄就想着合伙办工厂了。他们走进县社队企业局的大门，负责接待的是分管企业审批的干部陈心鹤。陈华根小心翼翼地告诉陈心鹤，他们新办的厂子打算挂上集体的牌子，戴顶“红帽子”夜里睡觉也踏实。

陈心鹤是一位有主见的基层官员。他一听就明白了陈华根要办的是一家名副其实的产权私有的企业。于是，他劝说道，如果挂上集体的牌子，以后企业大起来了加上人员变动，很容易引起产权和利润分配方面的纠纷。“为什么不直接批私营联户企业呢?”实际上，陈心鹤说这句话时心里也发慌，因为当时国家的企业性质类别中，根本没有“私营联户”这一条目。

但陈心鹤还是想试一试。经过局里的集体讨论，又征求了牧屿镇党委书记的意见，大

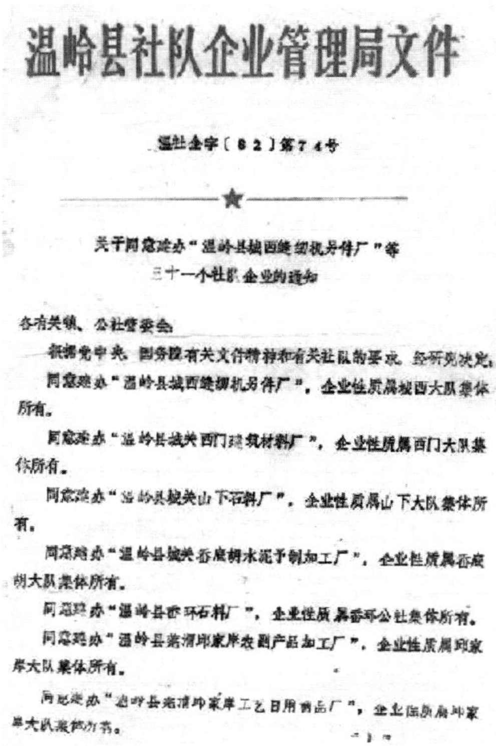

温岭县社队企业管理局文件

温社企字〔82〕第74号

关于同意建办“温岭县城西缝纫机另件厂”等三十一个社队企业的通知

各有关镇、公社管委会：

根据党中央、国务院有关文件精神和有关社队的要求，经研究决定：

同意建办“温岭县城西缝纫机另件厂”，企业性质属城西大队集体所有。

同意建办“温岭县城关西门建筑材料厂”，企业性质属西门大队集体所有。

同意建办“温岭县城关山下石料厂”，企业性质属山下大队集体所有。

同意建办“温岭县城关[illegible]水泥预制加工厂”，企业性质属[illegible]大队集体所有。

同意建办“温岭县[illegible]石料厂”，企业性质属[illegible]公社集体所有。

同意建办“温岭县箬横邱家岸农副产品加工厂”，企业性质属邱家岸大队集体所有。

同意建办“温岭县箬横邱家岸工艺日用商品厂”，企业性质属邱家岸大队集体所有。

— 1 —

牧南工艺美术厂戴“红帽子”的准生批文

家都觉得可以试一试。1982 年 6 月，陈华根终于拿到了社队企业管理局的正式批文，同意开办牧南工艺美术厂，在企业性质一栏，标注的是“社员联营集体”。1983 年 1 月，温岭县工商局为包括牧南工艺美术厂在内的 4 家联户合作经营企业核发了工商执照。而据温岭社队企业局的统计，1984 年以这类性质获得审批的企业全县已迅速增加到 1068 家。但当时及至此后数年，这一“改革创举”一直未引起关注。

到 20 世纪 90 年代上半期，当股份合作经济的概念开始逐步得到各方认同的时候，台州官方开始以牧南工艺美术厂为有力证据，高调出手，欲证明本地才是股份合作制度创新的真正摇篮，与温州力争这一“伟大理论”的发明权。

一场争夺大战硝烟四起。事实上，台州尤其是其南部的温岭、玉环、黄岩、路桥、椒江等县市与温州山水相依，地理及人文环境相似，改革发展路径十分类同，许多研究人士还因此将“温州模式”别称为“温台模式”。在改革最初十余年，两地均走过了从家庭工厂—个体私营—集资联户—股份合作的合理进化历程。可以说，在基本相同的经济及政治背景下，温州与台州提供了股份合作制的共生性土壤。以内涵并不十分清晰的企业例证来争夺“股份合作”概念的发明权，肯定不是有说服力与有价值的事。同时，正如我们在前面所描述的，从制度性理论的完整探索、规范性地方政策的创新出台以及全局性工作实践的推广等方面看，温州毫无疑问拔得了中国股份合作经济的头筹。

争夺尚存悬疑，我们颇为吃惊地观察到，当股份合作制开始在全国得到政治层面的认同时，在其发祥地温州，却迅速出现了退潮。

根据温州市工商部门统计，1993 年，温州股份合作经济发展高潮时，企业家数达 36845 户，占全市企业总家数的 54.2%。到人人争说股份合作的 1997 年，反而降至 31748 户，占全市企业总数的 45.66%。以后几年，股份合作企业数量及所占比例下滑速度更为明显。许多当年极为著名的股份合作企业纷纷摇身一变，亮出了股份公司或私营企业的招牌。有一位性急的老板为尽快将股份合作身份变更成私营性质，甚至主动跑到财税部门归还了因穿了几年准集体企业的黄袍而减免的50万元税款。

与此相呼应的是，1994年12月，温州市政府颁发的《股份合作企业管理规定》中一再强调，股份合作企业资产(包括新增资产)属投资者按股份所有，取消对企业税后利润分配的统一规定。15%公共积累这一“社会主义的尾巴”已悄然无踪。

黄正瑞把这一耐人寻味的现象概括为：理论得到肯定之时，其使命也就走到了终点。

他分析说，温州所谓的股份合作企业，实际上类似于国外特别是美国曾经普遍存在的“职工股份所有制”(ESOP)。严格意义上的股份合作企业应该界定为人人持股或基本上人人持股。而事实上温州从一开始，这类人人有份的股权平均主义的企业就为数很少，在以后又因缺乏竞争力，几乎全部被淘汰。大量的少数人持股甚至是老婆、孩子“窝里斗”的所谓股份合作企业，说它们是在特定的政治压力下假汝之名“借船出海”也不为过。

“以温州为代表的股份合作经济在产生演变过程中的确是‘非驴非马’，颇有点说不清道不明。但它如同一叶诺亚方舟，驮着浙南地区民营经济蹚过了最艰难的改革沼泽地。”黄正瑞说。

集体经济“转身”

浙江是中国特色股份合作经济的首倡之地。这一新型产权制度安排的诞生，最初是为了顺应浙江南部个体家庭工业欲逐步做大而必须走向联合，同时又敬畏于意识形态层面的压力，最终“杂交”形成的特定产物。由于其兼容了产权清晰与集体主义色彩的双重优势，便顺理成章地成为急于实现改革突围的浙江北部、东部乡镇集体企业的主要制度选择之一。这一幕，在1993年后大戏开场，并不断展开。

社队经济原有基础的丰厚，以及相对靠近计划体系的中心城市，决定了浙江北部及东部绝大部分地区农村改革开放启动后，走上了类似“苏南模式”

的以乡镇集体企业为主体的发展路径。由此带来的乡村经济的迅速复苏与繁荣是显而易见的。到1990年,浙江乡镇企业产值占全省农村社会总产值的比重已上升至70.5%,其中乡镇集体企业产值又占据了全部乡镇企业产值的78.8%。

但乡镇集体企业先天产权不清晰,地方政府凭借行政权威肆意干预,造成其在很大程度上无法真正成为独立自主的市场经济主体。在日趋激烈的竞争中,乡镇集体企业的制度缺陷开始显露,活力衰减,出现了令人忧虑的效益下降。1985—1990年,浙江乡镇集体企业的固定资产利润率由39.8%降至26%,减少了13.8个百分点;每百元资金实现利税也由20.67元减至13.6元,下降了34.2%。

浙江乡镇集体企业为此开出的第一帖药方是推行"承包制",即以协议约定的方式,从乡镇政府手中争得有限的经营权。

鲁冠球可能是在"承包制"问题上看得最清也走得最远的乡镇集体企业经营者。1987年10月8日,他参加北京召开的全国经济体制改革理论研讨会时坚定地表示:"承包应该是全权承包,应该将自主权充分地交给企业。如果没有人事权、投资权,企业就无法到市场上去竞争,无法打入国际市场。"

此时的鲁冠球已经当选为中共十三大代表,并被评选为"全国十大新闻人物"。他领导的万向节厂也已成长为能与同行业国际巨头相抗衡的中国乡镇企业榜样。鲁冠球以自己卓越的经营才华和强势的行事作风牢牢地掌控了企业。但从产权关系上说,他一手造就的万向节厂仍完全归属乡镇政府所有,谁也不能保证,乡镇政府不会在某一天用一纸公文让他卷铺盖走人。

1988年,心中一直隐隐难安的鲁冠球和万向节厂所在的宁围乡政府官员面对面坐下来谈判。他把万向节厂多年积累的净资产评估为1500万元,提出将其中的750万元明确划归乡政府所有,其余归"厂集体"所有。乡政府的利益继续用基数定额、逐年递增上缴利润的"承包制"方式予以保证,而乡政府的角色则已经从过去可以为所欲为的企业产权完全代表者,转变成只能与"厂集体"平起平坐的股东。鲁冠球以这一后来被称作"花钱买不管"的和平赎买，获得了对企业的绝对控制权。

鲁冠球“花钱买不管”的经典手笔既是超前改革意识下的狡黠，也是温和无奈的妥协。他的某种程度的成功带有其强势身份所造就的个例色彩，难以大面积复制。

在左右尴尬的“承包制”之后，浙江乡镇集体企业的确需要一次普遍的制度性突破，以激发全新的发展活力源。借着邓小平南方谈话“胆子再大一点”的东风，以产权关系重构为核心的又一轮改革 1993 年在浙江乡镇集体企业中审慎启动。

因乡村工业星火燎原而崛起为浙江“第一强县”的绍兴，这一年将乡镇集体企业产权改革的最早试点选在了杨汛桥镇。时任县农经委主任的陈楚卿回忆说，对改制问题，用当时省长沈祖伦的话讲就是建立“捆绑机制”，即要把企业的命运与经营者的命运紧紧捆在一起。改制的具体方式上，或“租”、或“卖”、或“并”、或“包”，但大多数还是选择了股份合作制。

浙江乡镇集体企业在产权革命中重生

杨汛桥的厂长们对改制颇为兴奋，也颇为迟疑。因为那个时候谈论产权“仍然很敏感”，通过改制成为私人富翁“仍然很危险”。

第六章

经过多次整夜的开会磋商、激烈争吵，杨汛桥镇政府与镇上的大小企业反复“讨价还价”，双方终于达成了妥协性的折中改制方案：评估资产后，切出总资产的60%—80%留作“政府股”，剩余的20%—40%量化到个人，其中企业经营高层、中层、一般员工各占1/3；以现金购买股份，并按1∶1的现金进行配股，但所有个人只是享有股份分红权，没有所有权。

显然，这一方案不得逾越的几条高压线是：政府仍掌控企业绝大部分股权；企业内部实行全员持股摊大饼；所谓个人股份并非彻底产权。从表面看，方案完全符合股份合作制的主要特征，但其结果是，政企不分的痼疾“死不了”，厂长们渴求已久的独立人格“活不了”。

作为一次“失败”的试点，杨汛桥改革并没有在绍兴全县进一步推广。

一方面是改革推进如履薄冰、摇摆徘徊，另一方面是借锐意改革之名大肆捞取产权红利的现象日益尖锐。其中，最为瞩目的当属被称作万民状告镇政府的“壶镇事件”。这一事件时间跨度之长、案例之典型、利益纠葛之复杂，颇为罕见。

壶镇地处浙江中部丽水地区缙云县，传统工商业小有名气，号称浙南四大集镇之一。1994年，镇上出了个被当地官员们视为“疯子”加“钉子”的“刁民”卢周喜，从这年起，他作为该镇团结村等18个村万余农民推选的代表，怀揣摁满血红手印的控诉信和16万元的告状集资款，100多次到县城、80多次到地区、40多次到杭州、3次到北京，不停地奔走、不停地诉说，唯一的目的就是讨一个说法：我们农民集体所有的企业，乡镇政府到底有没有权力擅自转让、拍卖？

此事要从1970年说起。那年9月，缙云县原白六公社农民卢德善、卢茂根、项连生、卢云进等人创办了白六农机厂。

“说是个厂，其实也就一间修理农机具的小铺子。”据首任厂长卢德善回忆。20世纪60年代末，为了方便游走外乡时开介绍信有个合法身份，白六公社以泥水、木工、打铁为生的手艺人自行成立了手工业联合社，每个参加者每月上缴联社管理费3元。创办农机厂就是靠这笔管理费的378元节结资金起家的，这笔钱不归公社革委会。

刚开张时，厂里的职工都是自带铺盖、蓑衣、铜锅、蔬菜和大米等生产和生活用品。大家不领工资，而是实行工分制，年终回各大队参加分红。白六公社 18 个大队都曾经对厂子的发展伸出援手，南田大队送来过毛竹，前山大队提供过粮票，还有来自各队的诸如硫酸罐、梯子、磨具等大量实物投入。

情况似乎再清楚不过了：白六公社以及后来的白六乡政府从来没有投入过一分钱物，农机厂就是 18 个村的农民亲生亲养的儿子。但后来，随着时间一长，厂子规模一再扩建，产权归属关系就越搅越模糊了。

1977 年，白六农机厂升级换代，改产微型拷边机。1982 年，迁址团结村新厂房，并更名为缙云县缝纫机厂。到 1992 年，缙云缝纫机厂已经堪称当地的乡村工业小巨人：拥有职工 445 人，固定资产原值 444.6 万元，年创产值 1543 万元，利润 216.4 万元。其产品还获得了全国科技星火博览会金奖，并被评为省级明星企业。

这一年，浙江全省统一推行撤区、扩镇、并乡工作，原白六乡连同相邻的三联乡、浣溪乡、括苍乡和壶镇镇四乡一镇，扩并为新壶镇镇。缙云缝纫机厂这只会下金蛋的“老母鸡”一夜间被划转为壶镇镇办集体企业。将“老母鸡”辛苦养大的农民可不糊涂。原白六乡人民代表当即联名向壶镇镇人代会提交议案，要求明确缝纫机厂的产权归属，未果。

对原白六乡 18 村百姓执拗的质问，壶镇官员认为是“无理取闹”。1993 年，浙江在全省范围开始乡镇集体企业转换经营机制的改革，镇领导觉得“彻底解决”麻烦的时机来了。当年底，壶镇镇人民政府以产权所有者的身份签下一纸协议，将缙云缝纫机厂以 568 万元的价格一脚踢卖给了原厂长卢唐寿。半年后，卖价又不明不白地被陡降至 72.8 万元。

农民们愤怒了。1994 年 1 月 18 日，原白六乡所辖 18 个村万余农民联合签订“18 个村协议”，推选出 18 位代表，由见过世面、懂点法律的“刁民”卢周喜领头，成立“维护企业资产权益小组”，人均集资 11 元，从此走上不知何时是尽头的告状路。

卢周喜四处碰壁后承认，原以为人多力量大，出了门才发现农民再多也只是一把草！不记得有多少次的哭诉、冷面、呵斥和望眼欲穿的等待，等到的却是曾经红红火火的缙云缝纫机厂濒临倒闭。被卖掉的当年，缙云缝纫机厂原因不详地从原本年赢利数百万元一下子变成亏损 46.5 万元，1995 年亏损 85.7 万元，1996 年更是巨亏了 145 万元。

急红了眼的 18 个村的农民们想到了通过法律途径解决缝纫机厂的产权纷争，缙云县法院却压根不予受理。

但农民们还是找到了一线机会。作为积累资金，原白六农机厂每年的利润均全部或部分上交给乡企业办公室，母鸡下蛋，蛋孵小鸡，当地先后又办起了缙云仪表元件厂、缙云饲料厂等。其中，缙云仪表元件厂跻身当时丽水地区人均创利税最高的先进乡镇集体企业行列。但其最终命运和生养它的“老母鸡”一样。1993 年 12 月，壶镇镇政府以“明确产权，理顺关系，提高经济效益”为由，将缙云仪表元件厂的机器设备以 43.08 万元的低价卖给了原厂长徐福忠；3 间厂房以 50 万元卖给中国银行壶镇镇支行；另 6 间厂房 76 万元卖给壶镇镇信用合作中心社。至于一辆让人眼馋的八成新蓝鸟小轿车，“经镇政府研究决定，归镇企业办公室所有”。

1996 年 1 月，迫于巨大压力，缙云县法院受理了原白六乡团结村等 18 个村的农民诉壶镇镇政府拍卖仪表元件厂厂房一案。当年 6 月 20 日，此案在县人民大会堂公开审理，18 个村的农民像过节一样兴奋，敲锣打鼓，潮水般涌进县城要求旁听。因大会堂太大，县法院因此花费千余元专门临时制作了一枚超大型国徽，悬挂于会堂主席台正中。隆重的场面并没有换来农民们所期待的圆满结局。半天庭审完毕，县法院以“本案影响重大，审判委员会经数次认真慎重讨论，决定向上级请示处理意见”为由，宣布休庭。这一休庭就休了 3 年多。

新的疑点又浮出水面。

据《中国青年报》的追踪调查，在 1993 年底至 1994 年初短短几个月间，以乡镇集体企业改制为同一理由，壶镇镇政府“为全镇人民作主”，卖光了全镇辖区内所有的集体企业 18 家，共获列账收入 1747 万元。实际到手的 900 多万元有近一半流入了成立不久的“浙南唐人实业有限公司”。该公司工商注册为私人合伙股份企业，但令人匪夷所思的是，其董事会成员就是壶镇镇党委会成员，镇委书记陶建华任董事长，镇长、副书记、副镇长、公安分局局长、企业办主任及其他镇干部共计20多人分别任董事、经理或股东。那段时间，壶镇镇党委开会不仅要研究全镇的“公事”，还要堂而皇之地磋商振兴唐人公司的“私事”。

按唐人公司成立时入股的股权计，账面股金应有82.4万元，而实际只有40.4万元。其中，仅镇委书记、唐人公司董事长一肩挑的陶建华一人就吃“空股”10万元。尽管入的是空股，分红时却按账面股金高息发放。唐人公司累计发放过3次股息，均按年息18%计算，3年合计发放27.5万多元。到1996年10月有关部门审计时，发现该公司还恶意拖欠银行贷款达724.5万元。

由于“壶镇事件”所涉及的乡镇集体企业产权变革深层问题的敏感性和典型性，引起了高层的密切关注和干预。时任中央政治局委员、国家体制改革委员会主任李铁映，浙江省委书记李泽民、省长万学远、副省长刘锡荣均作出专门批示，中共中央办公厅派员前来浙江调查，新华社也采写了长篇内参，央视“焦点访谈”专题报道。

1996年5月31日，原镇委书记、唐人公司董事长陶建华因受贿3.78万元而被判处有期徒刑3年。2000年4月25日，丽水地区中级法院作出终审判决，“被上诉人壶镇镇人民政府拍卖转让缙云仪表元件厂厂房行为违法。但转让款仍在包括团结村等18个村委会在内的壶镇镇集体资产管理委员会账户内，并没有造成集体资产流失，也未给上诉人的合法权益造成损害”。因此，驳回上诉人返还厂房转让款的请求。

历时7年、牵动万人的“壶镇事件”的关键核心在于，乡镇集体企业的所谓“集体所有”究竟如何体现？谁又是“集体所有产权”的真正拥有者与支配者？

依据《中华人民共和国乡村集体所有制企业条例》第18条的解释，乡村集体所有制“企业财产属于举办该企业的乡或者村范围内的全体农民集体所有，由乡或村的农民大会（农民代表会议）或者代表全体农民的集体经济组织行使企业财产的所有权”。字面上文通理顺、清清楚楚，实际操作却是雾里看花、可望而不可即。以上述缙云仪表元件厂厂房转让案为例，转让款的确划入了镇集体资产管理委员会账户，这也成为“驳回上诉人返还厂房转让款请求”的主要理由，但这笔款项原本产权拥有者团结村等 18 个村的农民的支配权并无清晰透明的制度机制保障。而作为壶镇镇至高无上领导者的镇政府官员，肆意地将黑手伸进集体资产管理委员会这只钱袋子，同样没有清晰透明的制约机制禁止。

从产权制度模糊不清这一核心症结出发，无论是维护作为理论产权拥有者乡镇农民利益的“公平”，还是确保激发乡镇企业经营者活力的“效率”，都将不可避免地沦为一句空话。这般困扰让乡镇集体企业深受其苦。

同样由于长期的纷乱的模糊不清，致使 20 世纪 90 年代浙江乡镇集体企业产权变革在一开始启动时就陷入了进退两难的尴尬。大胆改革与防止集体资产流失甚至被侵吞的政策力度边界点成了烫手的山芋。

曾经的浙江乡镇集体企业叱咤风云的人物陈银儿，便是这样的一例。

1981 年，时任生产队长的陈银儿毛遂自荐，当上了宁波鄞县邱二村五金厂的厂长。他用 5 年时间让一个当地著名的穷村工业产值超过 5 亿元，还将公司开到了国外。那时，北方的禹作敏也刚刚带领他的冷轧带钢厂起步。两个村庄后来一度被并称为“北有大邱庄，南有邱二村”。

1994 年，陈银儿已经领导着一个巨大的村办企业——引发集团，下属 42 家企业，年销售额达 12 亿元。是年底，作为宁波乡镇集体企业改制的试点，在有关部门的安排下，引发集团开始产权重组。

头脑灵光的陈银儿为自己设计了这样一种“空降式”的低成本改制捷径：他与另外 6 位公司高管新成立了一家银大公司，陈本人占 51%股份，再由银大公司向银行贷款 2000 万元，购买引发集团 51%的股份，最终控股引发集团。整个过程从开始操作到干净利落地完成只花了 15 天时间。陈银儿认为自己的大胆之举是安全的，因为引发模式在宁波市并非首例。此前，相距不远的当地一家著名服装企业已经通过此种方式完成了改制。

心存侥幸的陈银儿还是“出事”了。正是因为此次改制，他被检察机关提起公诉，最终以挪用改制公款和行贿罪双罪并罚，于 1997 年被判有期徒刑

6 年。

1999 年 7 月，曾经力主查办陈银儿的宁波市主要官员因贪污罪落马。陈银儿也随之提前获释出狱。很久以后，回想当年的改制往事，这个开始变得沉默的男人终于深刻理解了这样一句话："第一个吃螃蟹的人，要么死去，要么免费。"

"壶镇事件"带来了持久的震动。1996 年，针对"壶镇事件"以及面上显现出的各类问题，浙江省委、省政府下发文件，决定对全省乡镇集体企业改制"不走回头路，但必须回头看"。

时任绍兴县乡镇企业局副局长的高鑫泉回忆，县里针对实行股份合作改制企业的"回头看"主要是"五查五看"：一查股份意识，看高管、员工的股份意识强不强；二查股份产权，看资产权属明不玥晰；三查组织机构，看股东会、董事会、监事会"三会"组织健不健全；四查内部管理，看内部机制活不活；五查年度分配，看股金分红路子对不对。

"这实际上成了对企业改制变相'刹车'。"高鑫泉认为，以"完善规范"为指向的改制"回头看"在当时是必要的，但在贯彻落实中被层层压制，结果走了一段本来没有必要走的弯路。

1997 年 9 月，中共十五大明确宣告"非公有制经济是社会主义市场经济的重要组成部分"后，这段"改制弯路"终于等到了光明的拐点。

1998 年，绍兴县杨汛桥镇乡镇集体企业"二次改制"试点时隔 5 年再度启动。这一年，有着经济学硕士学位、思路前瞻且行事果敢的徐纪平刚刚调任绍兴县长，他提出一定要咬紧牙关解决"改制的彻底性"。在杨汛桥试点中，"改制的彻底性"体现为不再搞"人人持股"，而是强调"经营者持大股，经营层控股"。镇集体的"政府股"从一次试点时的 60%—80%缩减至 20%，企业经营者个人股份上升到 50%左右甚至更高，现金股则必须实资到位。

杨汛桥"二次改制"试点工作组负责人陈楚卿回忆，改制签字仪式结束后，光宇集团董事长冯光成请县工作组的同志吃饭。握手时，他发现冯的双手冰冰凉的。冯解释说，光宇集团总负债 5 亿多元，一改制自己的股份占了

第六章

47%。“摊到我个人头上的负债有两亿多,搞不好真得倾家荡产跳楼啊。”

“跳楼机制”创造的生机与活力却是巨大的。历经1998年、1999年两年“彻底改制”的攻坚,绍兴县完成改制的乡镇集体企业1851家,占应改制企业的99%。其中,选择了意识形态色彩浓厚、曾作为最初改制主要形式的股份合作制的企业仅49家,占改制企业总数的2.7%;选择公司制的174家,占9.4%;拍卖630家,占34%;租赁998家,占53.9%。

截至2001年底,浙江6万多家乡镇集体企业产权改制比例达97%。

截至2002年底,绍兴全县共有734家原乡镇集体企业的营业执照明明白白地变更为民营企业。

截至2007年底,杨汛桥镇已拥有产权彻底清晰、治理结构科学现代的上市公司7家,成长为年社会总产值超过300亿元的“浙江第一镇”。

“国有者”突围

冯根生喜欢把自己比喻成“幸存者”。

他的确是万里挑一的“幸存者”:

1949年1月19日,杭州解放前大约100天,14岁的冯根生走进位于吴山脚下河坊街胡庆余堂的黑漆大门,成为“红顶商人”胡雪岩一手创建的百年药铺的最后一个关门学徒。

浙江国企“教父”冯根生

从1972年担任中国青春宝集团前身——只有26万元固定资产的杭州中药二厂的厂长开始,他的

“厂长”头衔一戴就是38年，是新中国成立后浙江乃至中国企业史上活得最久的经营者之一。

1988年，他被评选为首届“全国优秀企业家”。15年后的2003年11月，这些优秀企业家的“幸存者”在杭州第一次聚会。人们发现，20位当选者此时已是“病的病，死的死，逃的逃，抓的抓，退的退”，冯根生成为仍在企业家岗位上工作的仅有的3位之一。

作为“幸存者”，冯根生特殊的标本价值还在于，他是国有企业经营者的“幸存者”。

极为丰富的传奇故事，决定了冯根生在浙江40年改革历史中一次次地成为新闻人物。传播最为广泛、意义最为深刻的一次，恰恰与“产权”有关。

1997年10月，中共十五大刚刚闭幕，浙江乡镇集体企业产权变革再掀高潮，相对滞后的国有企业改革也暗流涌动。

10月6日夜晚，由国有中国青春宝集团与泰国正大集团合资的正大青春宝药业有限公司董事会正在召开。总裁冯根生抛出了一个深思熟虑的产权改制方案。这个被称作“工者有其股”的改制方案具体是这样的：正大青春宝的合资比例为6∶4，泰方占60%股份，中方占40%。董事会一致决定拿出中方国有股份的一半，即合资公司总资产的20%卖给员工。经过4个多月的数次评估，当时公司总资产为1.8亿元，按优惠20%价值计，为1.5亿元。可转让给员工20%就是3000万元，董事会认为管理者应持员工股份中的大股。

“我们常讲工人是国家的主人，员工是企业的主人，但他们的主人身份靠什么来体现?”冯根生说，只有让员工真正在企业拥有资本，真正成为企业的主人，利益和风险共担，国有企业才有希望。

泰国正大集团在中国各地有100多家合资企业，董事长谢炳参加了当晚的董事会。他说自己很关注中国改革的动向，也学习了中共十五大报告，对于冯根生提出的“工者有其股”方案十分赞同。

董事会全票通过了决议：冯根生作为合资公司中方的主要管理者，又是“青春宝”品牌的第一创办人，应该购买总股本的2%，也就是300万元。

方案定下来了，账算出来了，波及全国、铺天盖地的争论也来了。“冯根生究竟还是不是国有企业的当家人？他还是不是共产党员?”上纲上线的质疑相当猛烈。复旦大学还专门成立了“冯根生难题”课题组，并就此撰写了一部几十万字的书。

压力可想而知。当年 10 月 27 日，《解放日报》突然刊发了一篇《“青春宝”转制走到十字路口》的报道称，冯根生及中方董事由于各方面准备工作尚不充分，不再购买股份了，并向员工们表示歉意。

“其实此前就有国外的大财团三顾茅庐来请我，仅安家费就是 100 万美元，但我没走。”11 年后，回首那段无法忘却的往事，冯根生在接受《钱江晚报》“纪念浙江改革开放 30 周年”特别报道小组记者采访时感慨而言，那年自己已经 62 岁了，说实在的，再多的钱也花不了多少了。“改革就需要有人站出来大声吆喝。在中国改革太难了，枪打出头鸟，我愿意做那只挨枪的出头鸟。”

1998 年 6 月 6 日，杭州市政府终于批准了几近难产的“正大青春宝国有股权转让方案”，近 8 个月的悬疑总算画上了句号。

但麻烦还是很大。

问题在于股权转让的方式。青春宝公司是冯根生一手带大的孩子，不夸张地说“冯根生”就等于“青春宝”。2000 年 3 月，冯根生成为中国企业家个人价值量化评价第一人。经过浙经资产评估事务所专题项目组测评：1972—1999 年期间，企业家冯根生的管理要素对企业效益的综合贡献率在 15%—20%区间，其利税贡献价值总额为 2.8 亿元。

优秀企业家的管理智慧如何衡量？价值 2.8 亿元的“国宝级”冯根生，其个人无形资产是否能以干股的形式抵 300 万元的国有股权？

冯根生的分量有口皆碑，事实无可否认，但社会公众对改革心理承受力才是决定性因素。左右权衡的结论是，股权实行百分百有偿转让。冯根生持公司总资产 2%即相当于 300 万元的人民币，必须掏出真金白银。

冯根生回忆说，那是他记忆中最严肃、最凝重的家庭会议，唯一的主题是：到底买不买这 300 万元的股权？事实是明摆着的，合资前，他的月工资是

480 元;合资后虽增加到几千元,但 300 万元对自己来说依然是天文数字。

"如果我不搭上身家性命,公司的其他员工就没人相信这次改制,没人敢认购股份。"家庭会议集体讨论的结果是,在二儿子冯羚的"赞助"支持下,冯根生凑足 30 万元,再以股权作抵押向杭州商业银行贷款 270 万元,300 万元的真金白银终于有了着落。

持股的风险,冯根生再清楚不过了。他算了一笔账:假定"正大青春宝"每年的税后利润达到 5000 万元,扣除所得税及各种提留,实际可分红利润为 3100 万元,自己按比例可得 62 万元。这 62 万元中,他必须缴纳 20%的个人调节税,还需支付银行利息约 25 万元。这样算下来,冯根生仅还清银行贷款 270 万元的本息就需要将近 12 年。再乐观一点,假定公司年利润持续保持在 1 亿元左右,冯根生也得花 5 年以上时间才能还清本息。然而市场竞争瞬息万变,谁又能确保一家企业坚守 12 年的持续增长,或年年拿下上亿元的利润?

回头路肯定是没有的。在全公司职工代表大会上,冯根生一诺千金:"我借钱认股,人决不会走,准备再干 5 年把大家的本钱都赚回来。"

3000 万元股金一个星期全部认购到位。其中,包括冯根生在内的经营层认购 30%,普通员工认购 70%。300 余位一时拿不出认购本钱的员工,共向银行贷款 1000 万元。"正大青春宝"由此成为浙江乃至全国第一个员工持股的国有参股企业。

"拼死吃河豚",冯根生和上千位"主人翁"们激发出的是"拼",品尝到的是"鲜"。产权改制当年,分红就达 30%,之后不到 3 年所有本金就全部返还。企业利税 10 年增了 5 倍,总资产增长 10 倍以上,产值增长近 10 倍。

罕见的老资格以及堪称辉煌的业绩,为冯根生赢取了浙江国企"教父"的美誉,与万向集团的鲁冠球比肩而立。

冯根生的故事,在浙江国有企业产权改革领域的标杆性影响是不言而喻的。媒体连续的广泛报道,使这种影响一再扩张。

"冯根生该不该持股 300 万"的大讨论过后,所谓"冯根生难题"已不再成

为难题。我们可以迅速看到:

国有企业杭州民生药业有限公司董事长竺福江持股300万元。

国有企业绍兴丝绸印花厂董事长樊式洲持股500多万元。

国有企业嘉兴丝绸股份有限公司董事长周国建持股960万元,配股后,持股量更增至1380万元。

……

不仅企业主要经营者的持股量不断攀升,其持股方式亦大胆突入了以往根本不敢想的"禁区"。以国有企业湖州喜盈盈纺织有限公司为例,改制后董事长宋世樞共持股1125万元。其中,计有才能股100万元,技术股150万元,职务配送股250万元。余下需要由个人出现金购买的期权及股份为625万元,只占其个人拥有全部股份的55%。

由于国有资本一直投资较少的历史因素,浙江从来就不是国有经济大省。据官方统计,1978年,浙江全省国有及国有控股工业企业总资产仅58.5亿元,与各省市区相比处中下水平。在温州等地乡村民营企业异军突起的背景下,1992年,在浙江全省工业总产值中,国有经济占比仅26.4%,远低于全国平均水平。

尽管总量与比重并不算大,但由于浙江是公认的中国改革史上个体、私营经济的摇篮,而后者至少在1997年中共十五大召开之前,后者始终是一个从意识形态层面来看争议不断的命题,作为特定的平衡器,浙江国有企业的生长状况就变得十分微妙。

与个体、私营等非公有制经济屡屡创新、领跑全国不同,浙江官方对国有企业改革一直持审慎而稳健的姿态,推出的举措与中央的改革部署大体步调一致。20世纪80年代,主要围绕实行"厂长经营负责制"等企业内部微观搞活做文章。20世纪90年代,开始涉及产权制度变革领域。1994年,浙江启动了包括产权清晰在内的国有企业建立现代企业制度的改革探索,先后确定了138家试点企业。针对全省多数国有企业产业层次低、经营规模小的现状,1996年后,浙江小型国有企业从产权关系调整入手,"外科手术"式的改革力度明显加大。具体方式有股份合作、兼并、破产、租赁、拍卖等多种形式，大部分被改组成国有控股或参股、职工集体持股、经营者持股、民资与外资参与的混合所有制经济。1997—1998 年，全省 500 多家国有企业的国有资本以各种形式悉数退出。

相对于民营企业神速崛起的精彩纷呈，浙江国有经济的角色不算十分抢眼，其产权改革的"关键的一跳"也没有在 20 世纪 90 年代完美谢幕。2007—2008 年，因与法国达能公司的一场世纪大战而备受关注的杭州娃哈哈集团公司，又演绎了浙江在即将走完 30 年改革历程之前有关国有企业产权嬗变的最后一个经典故事。

没有人做过准确的调查，但如果从消费者层面而言，"娃哈哈"很可能是当年知名度最高的浙江公司：中国最强大的饮料企业，年经营额超过 200 亿元，每年销售的各类饮料达 200 亿瓶以上，全国人民不分男女老幼人均至少喝了 15 瓶。

娃哈哈掌门人宗庆后

知道"娃哈哈"，也就很可能知道了宗庆后——"娃哈哈"商业帝国的缔造者兼当然领袖，全国劳动模范、全国五一劳动奖章获得者、全国优秀企业家、全国人大代表，荣誉无数。

你却很可能不知道"娃哈哈"是一家什么性质的企业。通常情况下，娃哈哈公司喜欢称自己是"民族企业"。实际上，从诞生开始直到很长时间，"娃哈哈"一直是货真价实的国有企业。

1987 年 4 月，杭州市上城区教育局组建了一个经营部。当年

第六章

7月8日,该校办企业经营部正式确立"杭州保灵儿童营养食品厂"的法人名称,并向工商部门申请了营业执照。已经42岁的宗庆后是第一任法人代表、总经理。

这个在杭州清泰街160号开业的全民所有制企业,就是日后无人不知的娃哈哈公司的前身。

由于宗庆后极好的市场直觉和灵性,娃哈哈公司以儿童营养液一炮走红,企业发展可谓突飞猛进。创办第3年,销售收入直逼亿元大关,利税2639万元,在全国500家最佳经济效益工业企业中排名跃升至第85位。

我几乎零距离追踪观察娃哈哈公司多年,与宗庆后亦相识相交多年。我一直认为,如果就坚忍的企业家精神与罕见的营销天赋而言,他应该是浙商群体中最为优秀者及最值得敬佩者。

而被誉为"营销大师"的宗庆后在很多场合都声称自己深受毛泽东的影响,他认为一个卓越的企业领导者,必须是"开明的独裁者"。多年来,娃哈哈形成了一套超级扁平而又绝对集权的管理构架:不设置副总经理,宗庆后之下直接就是"中层干部"。事无巨细,大权独揽,使得宗庆后对公司运营拥有绝对强势的地位和至高无上的权威。但全民所有制的身份,又决定了他不得不面对自己始终只是国企"打工仔"的命运,宗庆后及其团队的激励冲动仍阴云重重。

1992—1999年,宗庆后几度突围,"动刀"娃哈哈公司的产权结构,并大体完成了他预想中的产权布局。刘华、左志坚在《出轨》一书中,对此做了准确的记录。

第一轮:1992年5月,娃哈哈向内部员工募得2.36亿元,并由本集团出面联合杭州工商信托投资公司、桐庐县王家蜂业经营部(浙江金义集团前身)筹建杭州娃哈哈美食城股份有限公司。稍后,经浙江省体改委、人民银行浙江省分行批准,"娃哈哈美食城"以"定向募集记名式普通股"设立,成为浙江最早的9家股份制企业之一。宗庆后一直对"娃哈哈美食城"上市寄予厚望,但因种种原因未果。

第二轮:1996年2月,娃哈哈集团携娃哈哈美食城与全球第五大食品跨国巨头法国达能公司控制的新加坡金加投资有限责任公司签署《合资经营合同》。由后者向新合资公司一次性注资 4500 万美元，占总股本的 51%。至 2007 年，达能累计追加注资达 1.2 亿美元。

在这两轮产权布局中，宗庆后主要着眼于为急速膨胀的娃哈哈公司筹措宝贵的"起飞"资金，从国有企业的"打工仔"向"资本家"的角色转换并非考虑重点。产权布局的效果也是显而易见的。与达能合资的 1996—1999 年，娃哈哈利用巨额引进资金和新技术，购置世界先进设备，发展如虎添翼。其销售额分别增长为 11.1 亿元、21.1 亿元、28.7 亿元、45.1 亿元，创利分别为 1.55 亿元、3.34 亿元、5.01 亿元、8.75 亿元，彻底奠定了中国饮料业不可撼动的霸主地位。

关键的第三轮：借中共十五大的东风，1999 年 8 月，杭州市政府出台了《杭州市国有企业经营者期权激励试行办法》；10 月，又进一步出台《关于我市国有中小企业改制若干问题处理意见的通知》。宗庆后抓住时机，在此后 6 个星期内，闪电完成公司改制。原本 100%属国有资产的娃哈哈集团改制落定的产权结构变更为：公司的注册资本金 51460 万元，其中杭州市上城区国资局出资 26245 万元，占股 51%；宗庆后出资 15129 万元，占股 29.4%；1900 余位职工出资 10086 万元，占股 19.6%。同时，宗庆后及其团队还从政府手里享受了获赠价值 5800 多万元的股份和购股价打折 19%等"半买半送"的优惠。

仅仅过了一年多的 2001 年 5 月，上城区国资局再次与娃哈哈"职工持股会"签订股权转让协议，后者出资 2631.9 万元增持 5%的股权。娃哈哈公司的产权结构变更为：上城区国资局相对控股 46%，宗庆后占股 29.4%，职工持股会及其他高管合计占股 24.6%。由于宗庆后人所共知的铁腕管理，下属员工对其言听计从，他至此已成为娃哈哈公司事实上绝对控股的第一大股东，将资本话语权牢牢握在了自己手心。

宗庆后终于不再是随时可能会被上级调离，并在 60 岁时被无奈地宣布退休的"棋子"了。他是能够掌握自己命运的真正的老板了。

但宗庆后并未就此停下脚步。

2007年4月,宗庆后通过新华社所属的《经济参考报》突然主动爆料:“由于当时对商标、品牌的意义认识不清,使得娃哈哈的发展陷入了达能精心设下的圈套。”他表示,对早年与法国达能的合资“后悔不已”。

达能亦立即反击,称近些年娃哈哈擅自组建了40多家与“达能—娃哈哈”合资公司无关的同行业竞争性企业。截至2006年,这些公司总资产已达56亿元,利润10.4亿元,严重损害合资方的利益。

借助媒体广泛传播的巨大力量,双方的口水战急速升温。宗庆后再次坚决地祭出“民族企业”的大旗,他在接受媒体采访时慷慨而言:“我郑重宣布,中国人现在已经站起来了,已经不是八国联军侵略中国的时代了……如果你(达能)再用这种态度跟我们说话,我就和你终止合作。”

“达能—娃哈哈”大战的战火跨年延烧到了2008年。其间的高潮是2007年11月26日,首次访华的时任法国新任总统萨科奇在北京人民大会堂与中国领导人就此事进行了沟通。

全国各地的精锐媒体紧追不放,步步深挖,“达能—娃哈哈”大战背后隐秘的真相渐渐浮出水面。

一直追踪调查这一事件的《21世纪经济报道》资深记者刘华、左志坚,在2008年2月出版的《出轨》一书中告诉我们的“真相”是:“达能—娃哈哈”合资公司销售额及利润疯涨,宗庆后慢慢觉得“吃亏了”。随后数年,他在加勒比海岛国英属维尔京群岛等地注册成立了一批其本人为实际控制人的海外离岸公司。以这批行踪难测的离岸公司为主脉,宗庆后先后投资了共享娃哈哈品牌与营销通道,却与达能无关的61家分布全国的非合资公司(含生产型企业35家)。在这35家被达能指控为非法“私生子”的非合资公司中,离岸公司参股的占了26家;由宗庆后及妻子施幼珍、女儿宗馥莉等家族成员控股的有29家。

通过离岸公司的系列操作,达能的身影一步步淡去,投资利益被挤压并边缘化。这是因双方的激烈争吵而沸沸扬扬的“明线”。事实上,还有一条与所谓“民族大义”毫无关联的耐人寻味的“暗线”:在61家非合资公司甚至是在39家“达能—娃哈哈”合资公司中,作为曾经的投资主体,国有资本仍占名义上第一大股东的娃哈哈集团有限公司同样一步步淡去，进而干脆悄然无踪。

《出轨》一书的结论是，相比于同处杭州、为了区区2%的股权饱受煎熬的冯根生，宗庆后太幸运了，甚至幸运得有些过分了。

12年产权布局的精心运筹，最后的“国有者”宗庆后笑到了最后。

【浙江改革开放史档案】

浙江改革的『所有制效应』

活跃的商品生产、发达的市场体系、广泛的民营经济，被称作拉动浙江改革前行的“三驾马车”。其中，以民营经济为核心的所有制变革是前两驾马车的先决前提，在某种意义上可以被视作左右浙江改革兴衰沉浮的命门。

改革开放40年间，浙江的“所有制效应”大体可用两句话概括：起步时有“先天优势”；推进中有“先发优势”。

在此前章节我们曾经描述到，浙江是新中国成立后最初30年的“国有投资小省”。国家投资少、国有企业少，面对从计划体制向市场经济转轨的历史新机遇，劣势就变为了优势。据官方权威统计，1978年，全国工业总产值中，国有工业及集体工业产值分别占77.63%、22.37%。而同期浙江工业总产值中，国有工业产值只占61.34%，集体工业产值为38.66%。相比之下，浙江的国有工业占比低于全国水平16.29个百分点，集体工业高于全国水平恰巧也是16.29个百分点。这样的“一低一高”，奠定了改革之初浙江的“所有制正效应”。

此后，以民营经济的快速崛起为突破口，浙江改革的“所有制正效应”持续发酵放大。可资参照的是，截至1996年，全国工业总产值中，国有经济仍占28.5%。浙江国有经济在全省工业总产值中的比重则仅为10.7%，只有全国水平的37.54%；而浙江的集体经济占比达45.3%，比全国水平的39.4%高出近6个百分点；城乡个体及私营经济占比为32.4%，比全国

15.5%的占有率高出109%。

再来看看所有制概念的相对模糊地带“集体经济”。20世纪90年代中期,乡镇集体企业无疑是浙江集体经济的主体。下表源自浙江官方1996年对全省乡镇集体企业的年度抽样调查。调查数据显示,由于大规模的产权改制,当年浙江乡镇集体企业持股资本金比重最大的已是个人股,占资本金总额的59.42%,集体股占18.34%,法人股占16.1%,外商外资股占5.56%,国有股占0.58%。民营化色彩亦十分浓厚。

20世纪90年代是浙江经济产权变革戏剧化演进的高峰期。到20世纪90年代末,作为浙江改革的攻坚战,所有制结构优化调整已基本完成。与全国各省市区相比,浙江在这一领域的改革起步最早也最为彻底,实现了浙江40年改革开放历程中最为关键的一跳。

1996年浙江乡镇集体企业股权结构

项　目	总　计	乡镇办企业	村办企业	股份合作企业
资本金(万元)	2234173	1041277	331215	861681
乡镇集体资本金(万元)	409726	261871	139162	8729
个人资本金(万元)	1327567	436544	107093	783930
法人资本金(万元)	359850	237810	63159	58881
国有资本金(万元)	12909	9865	2300	744
外商资本金(万元)	124085	95187	19501	9397
企业数(家)	25995	4156	2348	19491
职工数(人)	989253	452851	144881	39152

(资料来源:《浙江乡镇企业统计年鉴》1996年)

第七章

集群为“王”

> 一个国家或地区的产业竞争力，与这个国家或地区以集聚形态呈现的产业的强弱成正比。
>
> ——[美]迈克尔·波特:《国家竞争优势》

“第三意大利”寓言

意大利就像一只巨大的“靴子”，静静地躺在蔚蓝色的地中海北岸。

在这只“靴子”的西北部，镶嵌着米兰、都灵、热那亚等璀璨都市。这一带被称作“第一意大利”，历来是意大利人的骄傲，囊括了汽车大王“菲亚特”等众多现代工业。首都罗马以南相对落后的南部农耕地区则被称作“第二意大利”。

20 世纪 50 年代至 70 年代，“靴子”的中部与东北部经济快速崛起，甚至引起了全球关注的目光。这片包括了艾米利亚—罗马涅在内 7 个意大利大区的区域，其经济的神奇增长显现出如下普遍特征：以中小型家族企业为主；

自发性、小规模、灵活的专业化生产；积极开拓销售市场；高度的产业集聚，产品集中于纺织、陶瓷、服装等传统行业。

1977年，意大利社会学家巴格那斯科在深入考察了发展路径明显区别于“第一意大利”和“第二意大利”的这个区域后，将之正式命名为“第三意大利”。

联合国工业发展署总结了“第三意大利”经济奇迹的7条经验：企业在地理上的靠近性；部门专业化；中小企业为主；在创新基础上的企业间密切合作和激烈竞争；社会文化的同一性；企业间信任和积极的自治组织；支持性的区域和地方政府。同时，该权威机构称赞“第三意大利”充分展露出了“全球范围相对落后区域经济振兴的曙光”。

经济学界由此将这种农业社会向初级工业化社会转型时期，民间的、区域产业集聚的发展模型，形象地概括为“第三意大利寓言”。

差不多20年后，在一千年前他们的意大利同乡马可·波罗游历过的中国沿海，“第三意大利寓言”落地生根，再度精彩上演。浙江和广东，被普遍视作“第三意大利寓言”中国版的“双子星座”。尤其在浙江，同一产业的中小企业块状高度集聚的格局发育得最为完整也最为极致，勾画出浙江40年改革开放史上艳丽迷人的风景。

让我们一起来走读堪称经典的“大唐”样本。

1999年10月7—9日，第一届中国袜业博览会在地处浙江中部美女西施故里诸暨市的大唐镇隆重举办。作为袜业产业集群，大唐借此第一次向世界盛装亮相。

这可能是中国乃至全球唯一以“薄薄的一双袜子”为展示交易主体的博览会。据统计，这届袜博会共设展位840个，参展单位646家，来自全国以及10多个国家的1万多位客商蜂拥而至，总成交额突破10亿元。

在许多人的印象中，拥有“浪莎”和“梦娜”两只中国袜业驰名商标的义乌市，才应该是“袜子天堂”。但千真万确的是，“世界袜都”并不在义乌，而是在其以北不到50公里的大唐镇。

这个小镇面积仅53.8平方公里,本地人口只有区区2.9万,但其涉及袜子的数据俨然就是一个泱泱“王国”:

全镇最多时拥有超过1万家的袜厂。以2007年为例,大唐共生产袜子140多亿双,60亿地球人每人摊到2双,销售收入260亿元,自营出口突破3亿美元,占据了中国市场七成的份额、全球的半壁江山。全镇农户平均每家拥有8台织袜机,年工业产值90%来自袜业,农民人均收入90%来自袜业,劳动力就业90%依托袜业。

1992—1999年,大唐袜业产业集群进入了成熟定型期。但其春意朦胧的第一粒种子,很久以前就已在这里的乡间农舍自然生发。对此,《袜子战争》的作者刘华,对这粒种子是如何萌动并一步步顽强成林,做了迄今有关大唐的报道中最细致的发掘。

距诸暨城关18公里的大唐原本是夹在几个乡镇接壤处“三不管”的边界小村落,一两百户人家,七八百口人。1988年10月,包括大唐在内的原柱山乡、城山乡合并,自始定名为大唐镇。

大唐古称大唐庵,一说大塘庵。据民间人士称,当年这个小村落附近曾有一口水塘,塘边有个尼姑庵,叫作“大唐庵”。

在浙江袜业公司董事长洪冬英的儿时记忆里,大唐庵一带荒无人烟,周围长满了密密麻麻的黄荆,四面环山,丘陵荒山几近一半。当地有这样一首民谣:“上有山坞靠天田,下有筏畈受涝田。一夜大雨水成灾,三个太阳田裂开。”千百年间,洪涝、干旱与饥馑始终与大唐人如影随形,民生异常艰难。

田地不养人,好在作为浣纱女西施后裔的大唐百姓善织。以手摇袜机生产各种棉纱袜,在当地部分农户中早有渊源。

1969年,钟家村从上海织袜厂以每台160元的价格购得16台手摇袜机,创办了诸暨第一家袜厂——钟家袜厂。1974年6月,原城山乡大松村从毗邻的东阳县买来3台旧袜机,创办了大松袜厂。大唐袜业由此复苏,因贫困而对财富极度饥渴的农户相继争购袜机,家庭作坊如野草般无声地疯长起来。

“那时候可没敢想着搞成世界最大,但织袜子可以填饱肚子却是摆在眼前的事实。”当年在乡办袜厂做机修工的张金灿算了一笔账,手摇袜机每天可生产 50—60 双袜子,每双袜子可以产生 1 元钱利润,而生产队 1 天的工资是 0.40 元。这岂止是填饱肚子,简直是天天吃肉!

懂技术的张金灿在乡亲眼里是大大的“财神”。1978 年秋天,他将从外地收来的 500 多台废旧线袜机改装成尼龙袜机,提供给大松、箭路等自然村农户使用。“改装过的旧机器很便宜,几十块一台。操作上也很容易学,只要不是瞎子都会干的。”

农民的天性未必善于创新,但模仿能力的强大令人吃惊。尤其是当他们亲眼看到曾经和自己一样穷困不堪的乡亲邻居就因为家里有了几台袜机而数起了成叠的钞票。怎么上机?到哪里去弄原料?什么款式最好卖?这一切先是在整个村子里相传,然后从这个村子快速传播到相邻的另一个村子。

但直到 20 世纪 80 年代初期,“弃农从袜”还属于非法的“地下斗争”。在寂静的乡间夜晚,农户家生产袜子是一件危险的事情,因为老旧的袜机一开动就会发出唧唧哑哑的响动,警惕性极高的乡干部随时可能推门而入。迫不得已,农户们在机器梢头钉上橡皮,在墙上敷上厚厚的草席,并且用棉被将门窗遮挡得严严实实。为了赚钱,他们豁出去了。

袜子毕竟不是稻米,在方圆 30 公里传统交易半径内的消费量肯定是十分有限的。要想卖出更多的袜子,就必须找到辐射力强大的流通渠道。虽然没有闯荡过多远的世界,但大唐人凭直觉也明白这个道理。

他们最先拥到离诸暨城关 10 多里的外陈火车站,后来逐渐集中在杭(州)金(华)公路与绍(兴)大(唐)公路交会的“金三角”一带路边销售。将自家织出的一打打尼龙袜装在菜篮子里,南来北往车辆上的乘客和司机成了他们源源不断的客户。隔着窗玻璃,高高举起竹篮,用土音浓重的蹩脚的诸暨普通话高声叫卖,生意还出奇好。第一个“自由”袜子市场诞生了。

到 1988 年大唐建镇时,全镇已有 948 台袜机,150 台加捻机,18 个袜摊,15 家袜机配件摊。除夫唱妇随自家摆弄外,雇人开办的小型袜厂也成批出现了。规模最小的是 4 台袜机,因为 1 名工人正好管 4 台袜机,再少就不划算了。

马路市场已经越来越不能满足日益扩张的产能需要。1991 年 8 月,占地 35 亩、交易摊位 728 个的大唐轻纺袜业市场竣工。二期工程又增加摊位 1000 余个。

1992 年 10 月 10 日,靠一双袜子让自己觉得腰板有点挺起来了的大唐人实在忍不住而召开了第一次新闻发布会,面对全国数十家新闻媒体,他们骄傲地亮出成绩单:开业仅 1 年的轻纺袜业市场日成交额已增至 250 万元,最高达 400 万元。全镇各类袜机猛增到 1.4 万台,平均每天有 47 万双袜子发往全国各地。13 个省市区 167 家企业的产品在大唐经销。1992 年全镇工业总产值达 2.5 亿元,比 1988 年建镇时膨胀了 4 倍;集镇建成面积扩大了 12 倍;银行存款余额比建镇初增长了 15 倍,农民人均收入翻了 4 倍。

至此,大唐袜业产业集群的轮廓线已清晰可见。剩下的事情,就是如何高歌猛进了。

生意火爆的大唐袜业市场

大唐样本,几乎蕴含了浙江绝大部分区域产业集群共同的成长基因:萌生于乡间,为了在土地之外找一条活路,往往不得不从低投入、低技术的传统小型加工业杀入;完全没有政府选择性安排的预谋,属于人数庞大的农民集体无意识的发展冲动;一开始就被无情地挤压在计划经济的边缘地带,没有爹娘,没有奶水,与市场经济天然地水乳交融。

杜润生曾入木三分地评点,以温州为代表的浙江经济本质上是一种"老百姓经济"。既然是"老百姓经济",出身注定不高贵,命有时候很贱,就像农家的孩子取名叫"小毛""二狗子"。不过它很随缘,自立性强,生命力空前旺盛,见土就长,有缝就钻。同样,既然是"老百姓经济",诞生时其单体必然很弱小,小就得抱团取暖、相依为命,以扩张共同的生存空间。聚沙成塔、滴水成河,在"老百姓经济"的肥沃土地之上,五光十色的产业集群顺势而生、乘势而强。

浙江产业集群的竞争优势从何而来,其背后究竟有些什么耐人寻味的秘密?在稍后的描述中,会给出更详细的答案。

我们首先将读到的事实是,集群化的浙江特色产业历经10年磨剑,早已成长为一支彪悍的军团。它们施展身手的舞台是整个世界。

以下是美国《洛杉矶时报》记者多恩·李亲眼所见的发生在两个"世界袜都"之间一场激烈暗战以及最后的战果清单。它们大约相距1.1万公里,横跨浩瀚的太平洋。

位于美国南部亚拉巴马州阿巴拉契亚山区的小镇佩恩堡自诩为"世界袜都"是颇有理由的。

这座约有1.3万人口的小镇从1907年就开始生产袜子,一度以地球上每8双袜子中就有一双产自佩恩堡而自夸。20世纪90年代,佩恩堡镇每3个就业机会中就有1个与袜业有关。当地拥有的数十家袜业公司堪称美国制造业的典范:努力工作,共享资源,节约成本,投资于技术。

小戴尔·杰克逊生在佩恩堡,长在佩恩堡。他从阿拉巴马大学获得心理学学位后,认为自己能在罗宾—林恩纺织公司大展宏图。他1988年开始为这家公司工作,当时每小时挣4.15美元。几年后他进入管理层,薪水也大涨到年薪约为10万美元。他说:"当时,任何选择在袜业工作的人都感觉自己发达了,碰到了好机遇。"

1999年,罗宾—林恩公司向全球市场卖出了3000万双袜子,销售额超过2400万美元,这使已晋升至公司总经理的杰克逊感到十分兴奋。但他肯定没有想到,这竟是公司最鼎盛的幸运的一年,随之而来的是连年的下滑。到2004年,罗宾—林恩公司的袜子销量已跌至1200万双。

杰克逊职业生涯中最大的竞争压力,正是来自于他从未去过的另一个

"世界袜都"——中国的小镇大唐。就在他的公司业绩每况愈下的5年时间里，以大唐为主产地的中国袜子潮水般涌进美国，从每年600万双猛增为6.7亿双。同期，罗宾—林恩公司和其他美国同行们占据美国袜业市场的份额也从69%下降为44%。

2004年，大唐共生产了90亿双袜子，而佩恩堡的产量还不到10亿双。

罗宾—林恩公司不得不裁掉了将近1/3的员工，而且从董事长到最低级别的员工都减薪10%。杰克逊说："目前，我们只求能够及时付清账单。"

行走在大唐永远人声鼎沸的轻纺袜业市场的摊位间，不远万里赶来的《洛杉矶时报》记者多恩·李对杰克逊的沮丧有了深切的理解。他知道，佩恩堡无疑已经输掉了这场"袜子战争"，百年辉煌已在两座中西小镇间完成了世纪交替。

让人瞠目结舌的大唐袜业肯定不是浙江产业集群唯一的骄傲。在这片火热的大地上，用灿若繁星来形容区域性高度集聚的浙江特色经济无疑是十分恰当的。我们不妨以1999年的数据为例：

嵊州市年产领带2.8亿条，占全国市场的80%、全球总销量的1/3。

绍兴县柯桥镇方圆8公里范围内，拥有各类纺织企业4517家，产值占全国同行业的15%。年产面料36.6亿米，中国人均能做1件衣服。

海宁市年产皮衣1600万件，产量在全国四分天下有其一。仅在俄罗斯莫斯科市以"海宁楼"命名的专业市场，年销售皮衣就达200万件。

嘉善县胶合板企业达600多家，产量占全国市场的1/3。一个只有30多万本地人口的江南小县，其生产能力超过了世界胶合板传统强国马来西亚整个国家。

湖州织里镇童装生产企业超过6000家，还拥有配套印花企业466家、绣花企业1021家、面料辅料企业872家、缝纫机配件企业39家、联托运站37个。年产童装1.5亿件，国内市场占有率两成以上。

……

据官方统计，到2000年，浙江88个县（市、区）中，共有85个县（市、区)形成了519个特色鲜明的产业集群,涉及175个工业行业、23.7万家企业。其中,52个产业集群生产的产品在国内市场占有率达30%以上。这519个产业集群平均每个集群的年度产业规模为11.5亿元。其中,年产值10亿—50亿元的集群118个;50亿—100亿元的集群26个;100亿元以上的集群3个。全省有1/3县(市、区)产业集群经济产出占当地工业总产值的50%以上。

和大唐样本相类似,浙江绝大多数产业集群胎动于20世纪80年代甚至20世纪70年代末期——南部、中部的温州、台州、金华等地相对早于浙江北部,20世纪90年代普遍显山露水,爆发出拉动区域经济的强大活力。这一时期,地方政府亦开始对自发形态的产业集群另眼相看,并纷纷以行政力量加以自觉行为的扶持与推进。同时,浙江产业集群超常发育的现象引起了国内理论界的浓厚兴趣,有学者将产业集群与以民营经济为特征的产权清晰、以专业市场为主要载体的市场体系,并称为创造浙江奇迹的"三宝"。

理论界对浙江产业集群提出过许多有趣的形象概括,比如"小狗经济""群狼经济""企业簇群"等。但使用最为普遍且为官方高度认同的说法,则是"块状经济"。

"块状经济"这一词汇,由法国地理学家简·戈特曼于1957年最早提出,主要是指"在地域上集中分布的若干大城市和特大城市集聚而成的庞大的、多核心、多层次的城市群,是大都市区的联合体。其实质是由一组不同等级城市所形成的相互串联、高度集中的经济中心地带"。大都市带的产生是由于经济发展、科技进步、集聚效应等因素,导致产业、资源与人口在空间上的集聚与扩散运动的结果,交通运输和信息化的高度发达是大都市带得以产生和发展的重要推动力量。

很显然,戈特曼所概括的"块状经济"是以大都市为要素基础的,比如位于美国东北部由纽约、费城、华盛顿等城市构筑的大纽约区的经济份额,占美国经济总量的30%。这与浙江因乡村产业集群的发育而形成的"块状经济"截然不同,后者的基点是小城镇。

在以加工业为核心的浙江产业集群的生长过程中,资金、人群、物流、信息不断优化积聚，各种配套的服务性产业与设施随之衍生，规模适度而运转灵活的小型城镇大批诞生。

据官方公布，截至 2005 年，浙江城市化率上升至 56%，比全国平均水平高出近 13 个百分点。同年，浙江小城镇总数达 760 个，比 1985 年增加了两倍。其中，至少有 2/3 正是由于产业集群的支撑而兴旺。义乌稠城镇、乐清柳市镇、湖州织里镇、桐乡濮院镇、诸暨大唐镇、临海杜桥镇等，闪亮全国的活力强镇堪称车载斗量。1000 多万名浙江农民伴随着产业集群的勃兴而融入小城镇，在自己的土地上紧握自己的命运，完成了从农民到“城里人”的身份蜕变。而没有像西方工业化时期那样，因丧失土地背井离乡，沦为大都市被边缘化的弱势的一群。

这，也许是浙江产业集群强力崛起所带来的意外而必然的巨大收获。

“小的”很美好

解剖浙江各类产业集群，首先给人留下强烈印象的是“小”。

企业单体规模“小”。比如大唐，全镇 1 万家袜厂平均每家拥有袜机 8 台，平均雇用工人仅 2 人。

生产的产品往往也很“小”，比如说拉链、笔芯、袜子、头饰、徽标、纽扣，甚至是牙签！

但我们看到，“小的”创造出的却是“大大的”世界。

温州是浙江产业集群的重要发祥地。据资料显示，在温州 143 个小城镇中，“一镇一品”的单个产业集群产值超 10 亿元的就有 30 余个，其经济总量占全市的 60%以上。以产业集群为依托，温州人收获了“中国鞋都”“中国低压电器城”“中国金属外壳打火机生产基地”“中国剃须刀生产基地”“中国合成革之都”“中国塑料薄膜生产基地”“中国制笔之都”等让人眼花缭乱的一大批“国字号”金字招牌。

眼镜、皮鞋、打火机，一直是最为人所知的温州产业集群的三大当家“花

旦”。仍然以1999年为例,开列出来的数据令人难以置信:

每小时,温州生产皮鞋12万双。

每天,温州有100万副太阳镜销往世界各地。

每年,1亿只打火机走下装配线,70%出口,占据全球70%的份额。温州的生产厂家打个喷嚏,世界打火机市场就得感冒。

今天,如果谁还因为腰别“大哥大”而自命不凡,等待他的肯定是耻笑和白眼。但是30年前,倘若能从口袋里掏出1只嗤嗤作响的防风打火机,那你就是“爷”。这种打火机的面壳上一般都印有亮晃晃的洋文“JAPAN”,售价百元算是差的。

没料想,仅仅几年后,防风打火机便被贬为平民。原因是售价去掉一个“零”的同类产品如潮水般迅速蚕食了市场份额。尽管这批后起之秀所标明的产地五花八门,实际上几乎百分之百来自温州。

1998年,日本一家世界著名打火机企业组成小型经贸考察团造访温州,其目的只是想揭开一个谜:中国人凭什么少了一个“零”。

在温州最负盛名的大虎打火机厂,老板周大虎的介绍令他们倒吸一口冷气:同样一个电子点火的小部件,日本公司生产1只为人民币1元,周大虎的进价是0.1元,为大虎厂跑龙套的家庭企业生产成本仅0.01元。一般每只打火机需要5至8个密封圈,日本公司成本0.2元/个,温州企业仿制品0.05元/个,半年后又迅速降到0.005元/个。

温州打火机“第一人”周大虎

据说，日本考察团离去时，每一个人均脸色阴郁，心情沉重。

成本低廉，无疑是浙江产业集群的产品公认的竞争“撒手锏”。关键是，为什么？

劳动力便宜，这是最容易被想到的。曾有学者对浙江某个特色产业集群进行抽样调查。数据显示，1999年，在该产业集群企业工作的外来工每月工资平均为680元，似乎并不算太低，但这笔月薪是以每月连续工作240小时为代价的。按国家《劳动法》的要求，企业中工人周工作时间为40小时，换算成月大约为180小时，超过部分则以加班计。因此，外来工的240工作小时应换算为180小时＋60小时×1.5＝270小时，也即外来工一个月的工作量，相当于用工规范企业的工人一个半月的工作量。以此计算，外来工月工资仅为453元，每小时工资仅为2.83元，并且这已包含了应支付而实际未支付的养老、医疗保险金等。

如此低廉的劳动力价格，的确算得上极为便宜。问题在于，这是工业化起飞前期人口大国中国的普遍现象，与产业集群并无必然的直接关联。

其中肯定还另有奥妙。

我们已经反复描述，浙江农民是由于土地稀少、生存艰难，才被迫挤上乡村工业化的泥泞小道。他们几乎没有多余的货币资本储备，首先选择低技术、低投资门槛的“小”商品生产领域，并普遍以家庭作坊式“小”生产单位为启动点，与其说是浙江农民创业者的谨小慎微，不如说是一种苦涩的无奈。

但从一开始，生产“小”商品的“小的”市场主体，遭遇的却是处处险滩的巨大的竞争风浪。于是，“扎堆”便有了充分的理由，唇齿相依般的集聚油然而生。

这种集聚并不是杂乱无章的量的简单堆积。在逐利导向“无形之手”的调度下，彼此间逐渐走向有序分工、紧密协作。随着专业化分工协作的不断精细，成本被一点一滴地“抠”了下来，甚至是“抠”到了骨头缝。在这一精耕细作的过程中，宝贵的利润水到渠成。

美国《洛杉矶时报》记者多恩·李在大唐镇采访时，对此感触尤深。他在事后刊发的报道《中国的战略使它在袜都之战中占据上风》中得出结论："大唐袜子老板真正的优势——这种优势甚至连巴基斯坦、越南等其他低工资国家也并不具备——来自产业集群带来的好处。尽管产业集群不是什么新生事物，而且意大利还尤以此闻名，但中国人已把它推广到一个前所未有的规模。"

在大唐，多恩·李"十分震惊"地得知，除超过1万家的袜厂外，当地还有为袜业配套的1000家原材料加工厂、400家纱线经编厂、300家缝头厂、100家定型厂、300家包装厂、200家机械配件厂和100家托运服务公司、600家营销商。

相比之下，佩恩堡的袜业集群虽然也有数十家制袜厂、定型厂、经销商和批发商，但其专业化分工协作的程度和深度从未达到大唐的水平。

多恩·李在报道中描绘说："如果佩恩堡罗宾—林恩公司的某台意大利产织袜机坏了，他有时可能得等上两个月才能拿到新部件。而如果大唐袜子生产商的某台机器出了故障，他只要给半英里外经销二手设备和部件的60多位商人中的某一位打个电话，问题马上就解决了。再比如，大唐袜子生产商需要将一双袜子别在一起的别针时，他可以去大唐的袜子市场，在那里有多家店铺专门经营金属别针，每包内装1万枚，售价还不到2美元。"

北京学者钟朋荣可能是对浙江产业集群研究最为深透的观察者，正是他提出了浙江产业集群＝"小狗经济"——体型娇小的若干主体身手敏捷、高度灵活，围绕共同的市场目标，在无缝化的分工协作中凝聚而成强悍的攻击力量——这一有趣的概括，这种提法也得到了广泛流传。

钟朋荣认为，20世纪后半叶，世界范围的产业组织形式出现了一种流行趋势，即通过多重横向及纵向的兼并和收购，将相关的企业变成自己的控股公司、独立子公司甚至内部工厂，企业规模愈来愈庞大。在获得产业强势的同时，这类组织形式往往不可避免地滋生管理层次过多，委托—代理链条过长，导致管理成本和代理成本上升等弊病。而且，组织内部"计划经济"色彩浓郁，"恐龙化"危机浮现。

在浙江区域性产业集群，你看到的则是另一番景象：发生协作关系的无数“小的”企业彼此并不互为依附或从属，它们不是被动接受对方计划指令的“车间”，而是以市场为纽带独立竞争。由于同行业近距离集聚，彼此之间的竞争十分充分。这种竞争推动着它们除了千方百计为协作方提供最便捷的配套服务外，还必须努力使配套服务成本最小化，以赢得生存机会及利润空间。

浙江各具特色的产业集群，其分布半径往往不大，有的集中于一个县市，更多的是以一个或若干乡镇甚至村为集聚中心。产业集群在地理空间上的相对狭小与乡村原本固有的宗族、血缘关系胶合在了一起，由此带来的一个明显益处是，与这一产业有关的技术、工艺、知识甚至致富冲动的扩散速度大大加快。

传统乡村社会中，社区范围内部人与人之间的自然粘连度远远紧密于工业化城市社会。这样一种几乎原生态的社会网络，十分容易演化成为另一种形态的经济网络——台湾理论界称之为“人脉网络”和“产业网络”。地理上相近、血缘上相亲，使得特定区域的人们不一定必须通过费用较高的正式渠道——学校或岗位培训——学习技能，而完全可以在日常面对面的交往中迅速地模仿与复制。

乡村化产业集群与生俱来的学习成本及推广成本十分低廉的好处，在英国近代最伟大的经济学家阿尔弗雷德·马歇尔所著的《经济学原理》一书中有清晰的阐述：工业往往集群(Clusters)在不同的地区，围绕一组关联产品进行专业化生产。在这些地区，有着一种交流合作的氛围与极大的便利，“行业的秘密不再成为秘密，而似乎是公开了，孩子们不知不觉地也学到许多秘密。优良的工作受到正确的赏识，机械上、制造方面乃至企业的一般组织上的发明和改良之成绩，得到迅速的研究。如果一个人有了一种新思想，就为别人所采纳，并与别人的意见结合起来。因此，它就成为更新的思想之源泉”。

信用成本的低廉，亦是浙江乡村化产业集群的一大好处。这一点，往往容易被研究者忽视,但在现实运行中却是真真切切的。

平阳县麻步镇在温州并不出名,然而这个地处南雁荡穷山沟的小镇却崛起为全国最大的编织袋生产基地之一。每年,从这里销往各地化肥厂、水泥厂的尼龙编织袋达3亿米。

编织袋购销大户陈秋生告诉慕名前来采访的新华社记者陈坚发,麻步以及周边几个乡镇一共有3.5万个生产编织袋的家庭小工厂,它们的原料由当地大约50家拉丝厂负责供应。这一产业集群生物链上的关键人物,是像他自己这样的1000多位编织袋购销员。

陈秋生简单描绘了麻步编织袋产供销并不复杂的全流程:购销员整年在全国跑;根据接到手的业务单的多少,向拉丝厂要来原料;再将原料发放给自己相对固定生产编织袋的家庭工厂。他一再解释,这期间“要来原料”和“发放原料”两个环节都是凭信誉暂时赊账,最后结算。

针对“赊账是否可靠”的疑问,陈秋生说,自己手里相对固定的编织袋生产家庭工厂涉及好几个村子,总得有数百户吧。人家一多,脸孔就未必都记得熟。但丝领去了,不如约来交编织袋的情况很少发生。在自己记忆中好像仅有一次。

那天,有一位50来岁的妇人领走了150斤丝,价值四五百元。陈秋生只问了问她是哪村人。1个月过去了,也不见妇人交来相应数量的编织袋。一打听,原来她报了个死人的名字,织好的编织袋早被其挑到外地的市场上卖了。最后,陈秋生把事情都弄清楚了,钱虽然没能追回,但这事大家都晓得了。

“乡里乡亲的,能骗得了谁?一旦坏了名声,你在麻步就别想再领到尼龙丝了。干其他行当也没人信了。”陈秋生感慨而言,后来听说这位断了收入来源的妇人懊悔不已。

20世纪90年代,在浙江各地调查时的所见所闻使我深信,陈秋生的麻步故事其实是该省产业集群的普遍现象。产业分布与乡村人际网的高度叠加,导致了千百年积淀而成的宗亲邻里关系在经济活动中放射状发酵。其结果是,表面上缺乏先进的现代企业监管机制,但产业集群内部企业之间的“三角债”等恶性拖欠、欺诈情况明显好于集群外部,彼此资金流动顺畅高效,周转频率大大提高。

研究浙江产业集群“小”与“大”的有趣关系，还有一个不能不说的秘密——神奇的专业市场。

我们可以发现，几乎每一个浙江产业集群的成功崛起，都有一个成功的专业市场如影随形。对产业集群而言，专业市场所提供的，决非仅仅是“供”与“销”的共享平台那么简单。毫无疑问，专业市场首先为产业集群沟通、汲取广泛的外部资源要素构建了血脉丰富的“脐带”。更为重要的是，专业市场就如同一只“无形的大手”，将集群内部数量众多且散乱的“小的”企业主体有序整合。正是在这一有序整合的积极助推之下，单体规模看似小得可怜的企业，却集聚成强大的群体力量。浙江产业集群惊人的竞争力由此爆发。

在活力四射的浙江产业集群的肥沃土壤之上，“小的”并不意味着总是“弱小”，“小型巨人”或赫尔曼·西蒙所说的“隐型冠军”油然而生。

地处义乌市北苑工业区的双童日用品有限公司门面很不起眼，2005 年我前往采访时年产值也只有几千万元，肯定算不上是什么大企业。但厂区内停放着的一辆辆运货车车身上喷涂的广告会吓你一大跳：双童吸管——全球最大供货商。

所谓吸管，就是每个人都会用到的喝饮料的塑料管，是双童公司的当家产品。“全球最大”可不是他们自吹的。请看数据：

公司当年 90％的吸管外销，每天有两个集装箱约 8 吨重的产品运往世界各地。8 吨的产量相当于多少吸管？大约是 1500 万支。全年就是 50 多亿支，占了全球吸管市场总份额的 1/4 以上。

吸管这种产品小到什么程度？——平均每支销售价 0.008 元至 0.0085 元。其中，原料成本 50％，劳动力成本 15％至 20％，设备折旧等费用不超过 15％，纯利润约 10％。也就是说，一支吸管的利润仅有微不足道的 0.0008 元至 0.00085 元。

“勿以利小而不为，点点滴滴照样能汇成大河。”双童董事长楼仲平信心满满:小小吸管给公司带来的赢利每月达40万元。最重要的是,产品市场非常稳定,全球霸主的地位几乎无人可以撼动!

楼仲平的信心,无疑来源于义乌周边数以千计的塑料加工配套企业群,以及全球"NO.1"的义乌中国小商品市场。这一切,是双童公司的任何竞争对手都垂涎欲滴而又可望不可即的。

2000年,根据国家统计局对全国532种主要工业产品产量的统计,浙江有336种产品的产量居全国前10位,占被统计产品的63%。其中,56种产品产量居全国第1位;53种产品产量居全国第2位;13种产品的产量超过全国总产量的一半。

这一赫赫战果的背后,产业集群的支撑居功至伟。

"小"与"大","弱"与"强"——发生在浙江大地的奇妙转化,足以使我们对"集群为王"的含义有了深刻的理解。

往何处去

1993年,日后工业缝纫机行业龙头飞跃集团的前身——椒江市第二工业缝纫机厂的厂长,31岁的台州老板,决定出国"去看看世界"。

这是他第一次出国,目的地距离自己的老家大约1.8万公里,这19天里,他去了南美洲的巴西、哥伦比亚、厄瓜多尔、委内瑞拉、秘鲁、智利、阿根廷等9个国家。

这家工厂地处台州椒江市的大陈镇,主打产品是工业及家用缝纫机。创始人早年是个补鞋匠,1982年买回两台仪表机床,和姐夫一起生产喷雾器零件。1986年转产缝纫机后,生意迅速红火起来。

但盯上缝纫机的远不止他们。到1990年,仅这家工厂所在的下陈镇就已经拥有8家缝纫机整机生产厂,100多家缝纫机零部件厂,年产缝纫机5万多台,销售额2300万元。这在当年是很惊人的数字了。而80公里范围内,缝纫机的生产集聚地还有相邻的三甲镇、黄岩县的路桥镇、玉环县的陈屿镇等。台州正成长为中国大陆最大的以缝纫机为主的服装机械产业集群,下陈镇则是集群中的核心集群。

从一开始，下陈镇的同行们基本上都依靠向上海的国营或街道集体缝纫机厂借技术、借品牌起步。由于当时国内尚处短缺经济时期，加上产业集群学习、复制的超强能力，下陈缝纫机行业短短几年内便快速膨胀，产业规模甚至赶超上海“老大哥”。

形势大好，一片风光，但他们却高兴不起来：按照产业集群如此强劲的产品制造发展势头，产能过剩势所必然，国内市场很快就会拥挤不堪。怎么办？产业集群将往何处去？

一连串沉重的问号，逼出了椒江市第二工业缝纫机厂的农民老板 1993 年的南美洲万里之行。

之所以第一次出国就选择了遥远且陌生的南美洲，缘于此前一次偶然的电话。

当年，香港可以说是通向外部世界最透亮的窗口。第二工业缝纫机厂有一本香港黄页电话号码簿，上面有当地所有缝纫机经销商的资讯。他们就把自己生产的缝纫机拍成照片，按号码簿的地址寄了出去。等了半个月，这位心焦的台州老板决定打听一下消息。可台州没有国际直拨电话，他只好跑到北面 100 公里外大一点的城市宁波。那时候邮局拨打国际电话都有一个小房间，先交 10 块钱押金，排队，叫到号了，这个小房间就归你了。

“你是卖缝纫机的吗？我是大陆浙江造缝纫机的，前些天我专门寄给你一批产品照片，有没有收到？”

也记不清拨了多少次电话，小房间外的下一个等待者开始愤怒地骂娘了，话筒里终于传来了香港新利标公司老板天使般的声音：“收到过照片了。”

“能不能帮我一把，帮我出口缝纫机？”

“你的产品这么落后，没有人要的。南美还可以试试看。”

台州老板高兴死了。一句“试试看”，试出了他事业中最重大的转折。

为了寻找“产业集群将往何处去”的答案，台州老板决定上路了。可南美洲讲的是西班牙语和葡萄牙语，没几个人会。于是，他用自己厂的红头文件向椒江市政府外事办公室打报告，椒江市外办向台州市外办打报告，台州市外办向浙江省外办打报告，总算从省外办借到了一个懂多国语言的小伙子朱政。

第一站飞到巴西。行李还没放下，台州老板就问朱政缝纫机几个字西班牙语怎么写。朱政写在了一张小纸片上递给他。他故技重演，翻出宾馆房间里的黄页电话号码簿，按照小纸片上像蝌蚪一样歪歪扭扭的西班牙字逐一对照，居然找出了一大堆缝纫机经销商的地址。

拉上朱政，将地址交给出租车司机，一家家登门“王婆卖瓜”。刚进巴西人的商店，还没等朱政翻译，台州老板就急忙比划着指指店堂里摆放的缝纫机，又指指自己，意思是我是做缝纫机的。有几次，趁店主不注意，干脆从柜台上摸几张对方的名片装进自己口袋。

一路白眼，一路撞得“鼻青脸肿”。

最重要的是结果：1993 年当年，飞跃集团的缝纫机在南美市场的销售额竟突破了 200 万美元。再过了几年，他们的产品在巴西、智利、秘鲁等地已可以用“横扫”来形容。有一年，秘鲁总统访华，他向中方指名要见飞跃的老板。原因是，他们的缝纫机为秘鲁的服装行业发展“做出了积极贡献”。

产业集群内部快速学习、复制、推广的特殊机能再次被发酵了。

在已被擢升为标杆企业的飞跃集团的刺激下，周边同行企业纷纷模仿跟进，以出口为导向，整个产业集群豁然打开了通往世界的大门。南美洲—非洲—中东—北美，最后是缝纫机老牌强国日本、德国，下陈大批企业的产品就像一面面小红旗，呼啦啦插遍了 100 多个国家。

到 2002 年，中国大陆年产缝纫机 850 万台，产量居全球首位，比居第 2 位的中国台湾地区产量高出约 600 万台。作为第一集团军的下陈产业集群年产缝纫机 200 万台，占全国总产量的 1/4。年销售额 40.4 亿元，1/3 外销。中国服装机械行业十大公司中，下陈企业独占半壁江山。

历经 1992 年至 1999 年前后的膨胀式发展、自我挤压与再突破的强烈渴望，“突围——走出去”，成为 21 世纪初浙江各地许多产业集群的集体性选择，而下陈产业集群可谓率先花开一朵。

以下陈缝纫机产业集群为典型案例，全球销售市场的漂亮突围的确使浙江产业集群产能扩张的巨大压力得到了有效缓解，但“外科手术”式的突围显然无法解决问题的全部。

就像一枚硬币必然有正反双面，在 20 世纪 90 年代浙江产业集群趋于成熟的同时，与集群内部结构性优势密切关联的不少弊端也日渐显现出来。主要有如下几方面：

——正因为众多规模相当的同行业小企业扎堆，十分容易出现低水平重复和严重的近距离过度竞争；

——正因为众多规模相当的同行业小企业扎堆，十分容易将自身发展的希望寄托于尾随跟风、借梯上楼，企业独立研发、追求技术进步的冲动不足；

——正因为众多规模相当的同行业小企业扎堆，企业自创品牌的欲望不强，十分容易深陷于仅仅依赖贴牌加工的产业链末端，利润微薄，艰难度日。

药方，必须从产业集群内部结构特征中寻找。

曾经以假冒伪劣产品泛滥恶名远扬的乐清县柳市镇早在 20 世纪 80 年代就已形成中国最大的低压电器产业集群。到 2007 年，这个总面积不足 50 平方公里的江南小镇工业总产值突破了 300 亿元，85%的企业从事低压电器生产，占全国 60%以上的市场份额。在产业集群的强大支撑下，柳市连续多年稳居温州第一经济强镇，综合实力跻身浙江强镇前三甲。

耐人寻味的是，作为温州 30 多个著名产业集群之一，高速发展 20 多年后的柳市已经呈现出卓然不群的运行特质：

全镇企业囊括了中国工业电器行业全部 15 枚驰名商标，超过有些内地省份一个省的总量，8 个产品获得“中国名牌”，60 多家企业的商标、产品被评为浙江省、温州市著(知)名商标或名牌产品，成为名副其实的“中国品牌第一镇”。

设立了全国同行业最早的国家级企业技术中心、博士后科研工作站，年度科研投入 5 亿元以上,企业自有的研发中心延伸至上海、北京甚至美国硅谷,质量一流的产品伴随神舟六号飞船遨游太空。

一个小镇拥有两位“福布斯富豪”,12 家企业杀入“中国民企 500 强”,其中 4 家高居前 20 位,美国 GE、法国施耐德、德国 ABB 等全球电气巨鳄纷纷与柳市企业进行战略结盟。

柳市产业集群异乎寻常的深刻变化缘于 1990 年的一场异乎寻常猛烈的“打假风暴”。

20 世纪 80 年代,温州假冒伪劣行为全国出名,柳市的低压电器则是温州假冒伪劣的代名词。县市政府脸上挂不住了,省委领导坐不住了,中南海被震怒了。1990 年,国务院办公厅史无前例地为柳市一个镇“单独发文”——《关于温州乐清县生产和销售无证伪劣产品的调查情况及处理建议的通知》。国家七部委、省市县三级政府联合组织了近 200 人的工作组、督察队开进柳市,进行了长达 5 个月的治理整顿。

公开的报道披露说,在这次温州历史上最著名、最严厉的对假冒伪劣的“围剿”中,全镇 1267 家低压电器门市部全部关闭,1544 家家庭生产工业户歇业,359 个旧货经营执照被吊销。公安部门立案 17 起,涉及 18 人,检察院立案 26 起,涉及 34 人,工商部门立案 144 起。

遭受严厉打击的柳市人,悲哀发自灵魂深处。当时柳市低压电器企业达 3000 家,夫妻作坊更突破 1 万家,而规模相当的小生产者多如牛毛,低端化恶性发展在所难免。

不换种活法肯定是不行了。

1994 年,柳市产业集群的“大地震”终于开始。当年 2 月 2 日,柳市乃至温州第一个企业集团——正泰集团挂牌成立,通过参股、控股、投资等方式,正泰集团迅速兼并整合了 48 家低压电器企业。

以此为发端,柳市低压电器产业集群进入了以 20 世纪 90 年代为高潮下持续 10 余年的痛并快乐着的产业结构“洗牌运动”。2008 年前后已大抵尘埃落定的柳市低压电器产业集群的清晰“牌局”如下:

企业总数 2000 多家,其中,年销售额达 200 亿元、居中国民营企业前 10

强的正泰集团和德力西集团，构成遥遥领先的第一梯队；年销售额亿元级的天正、人民、长城等几十家企业集团构成兵强马壮的第二梯队；年销售额500万元以上的规模企业100多家，构成坚实的第三梯队；其他小型企业近2000家，构成充满活力的第四梯队。

据统计，前三个梯队的销售额占了柳市整个低压电器产业集群销售总额的80%以上。原先数量庞大的小型企业除自然淘汰外，有的以类正泰模式被优化整合成为各个集团的成员企业，另有近2000家则与前三个梯队的企业形成了配套、协作、分包的紧密合作关系。它们之间的协作并非完全封闭、固定，而呈开放、多向，小型企业因此没有沦为上一层次寡头企业的"车间"，仍是高度灵活的市场主体。

同行业企业数量依旧庞大，集聚色彩依旧浓厚，但很显然，浙江产业集群的传统结构特征在柳市已发生质的革命——大量企业规模接近的水平式簇群，演变成了以大企业为中心、卫星层层次分明的"金字塔"式立体格局。

新柳市集群别具风情的一大亮点，是位于"金字塔"顶端的两颗耀眼明星，它们之间的关系颇具戏剧性。

正泰集团董事长南存辉与德力西集团董事局主席胡成中是小学时的同桌，前者任班长，后者任体育委员。1984年，两人各筹资1.5万元合办乐清县求精开关厂。1991年心气都很高的两人各奔东西，前者分得求精开关一厂，后者分得求精开关二厂。

若干年后，正泰集团、德力西集团竟分别坐上了中国乃至亚洲低压电器第一和第二把龙椅。而在奇迹背后，是难分难舍的激烈暗战。

有一年，正泰集团在低压电器企业最集中的104国道柳市段街北建起了集团总部大厦。楼不高，蓝、白相间，庄重典雅，气度不俗。一时间，正泰大厦俨然风帆高悬的旗舰，成为柳市低压电器产业的标志性建筑。

没料想，不久之后，德力西大厦竟在正泰的"卧榻"旁轰然崛起。楼高二十余层，不偏不倚坐落于正泰总部街对面的东南角，相去不足百米。

每天，太阳升起。阳光透过德力西的庞大身躯投下的长长阴影，肆无忌惮地横在正泰的门楼前。

刀光剑影、明枪暗炮，但谁心里都清楚“斗风水”只能算小把戏。关键是斗实力、斗技术、斗品牌、斗视野。

正如一个像“麦当劳”，一个像“肯德基”，南存辉与胡成中这两只骁勇“头狼”的“斗争效应”绝非血流成河，而是极大地激发了整个“狼群”始终充满方向明晰、永不枯竭的向上的力量。于是，在柳市低压电器产业集群，管理登高、技术升级、品牌创优都成了顺理成章的事。

我们在此前的描绘中已经观察到，浙江产业集群的萌生与壮大顺应的是市场经济的自然法则。数十年一路走来，活力、辉煌、困境与危机并存。由于不一定会遭遇柳市当年几乎被带入绝境后的凤凰涅槃，缺乏南存辉、胡成中这般卓越的领袖级人物以及自身产业运行特征不尽相同等原因，令人惊喜的新柳市集群的成功演进历程并未成为浙江各地产业集群的普遍现象。

至今，对低廉成本的依赖仍是浙江许多产业集群的生存基点。当这一生存基点发生摇摆，又没有找到其他杀出困局的良性通道时，产业集群地理空间上的转移，大约在 21 世纪初期开始，便成为一种现实的选择。

这种转移的方向可能是，劳动力等生产要素相对低廉的境外欠发达国家，以及具有同样优势的中国中西部洼地。

王振滔脚穿“奥康”鞋踏进了中西部市场

2003 年 9 月 28 日，浙江西去 1000 多公里的重庆市近郊璧山县，“中国西部鞋都工业园区”开工典礼隆重举行。媒体云集，全国瞩目。

这场大戏的主角，是来自“中国鞋都”温州永嘉县的皮鞋佬王振滔。他的奥康集团彼时年产皮鞋1000多万双，年产值超过20亿元，规模居温州鞋业产业集群之首，拥有30余家省级分公司和约3000家连锁专卖店及店中店。据估算，全世界每10人中就有1人穿温州鞋；在中国，每120人中就有1人穿奥康鞋。

王振滔此次西行胃口很大：由奥康集团投资10亿元开发的"中国西部鞋都工业园区"占地2600亩，将建成奥康出口生产基地、鞋业孵化区、鞋业产业园区、鞋材交易中心、物流配送中心、培训教育中心、质量检测中心等。规划到2010年共吸纳100家制鞋企业和1000家鞋材配套企业，年产皮鞋1亿双，产值100亿元。安排就业劳动力5万人。

仅仅两年之后，"中国西部鞋都工业园区"一期工程落成，近百家鞋类企业先后落户，其中数十家来自温州。已经启用的拥有300多间商铺的鞋材交易中心也吸引了100多位温州商人。

北京学者钟朋荣对此举的评价是：10个书记县长招商抵不过1个奥康投资的西部鞋都项目。因为王振滔把温州鞋业上中下游的产业链都搬来了，他带来的将是整个产业集群！

奥康转移西部的直接效用十分明显：土地价格几乎只有温州的1/10；税收及电力等要素资源的优惠倾斜；辐射西部市场物流成本的降低；劳动力价格的下探空间。

这一切，都意味着浙江产业集群成本低廉生命线的再度延续。

我们在此前的描述中已看到，浙江产业集群本身并不是外来转移的产物，草根性极强，与当地的商业传统、地缘人文等原生态本土基因唇齿相依。但同时，在市场化环境中生长起来的浙江产业集群具有十分优秀的自我调整、演化完善的机能。种种困境难以化解时，出现较大规模的外迁转移当属理性驱使的选项之一。

王振滔已经上路。可以相信的是，他是第一个，肯定不会是最后一个。

【浙江改革开放史档案】

浙江产业集群分布概览

地区		主要产业	典型专业化产业区
浙东环杭州湾	杭州	大型机械及成套设备、电子通讯、家用电器、医药等	萧山衙前化纤业;新塘羽绒业;南阳制伞业
	宁波	服装、机械、石化等	鄞州服装产业、横街水表及配件、姜山燃气灶具;余姚玩具业、塑料制品、水暖设备、电动工具;慈溪小家电
	绍兴	纺织、印染、机械、医药、化工(如纺织印染助剂)、化纤等	绍兴轻纺;诸暨衬衫、五金、袜业;嵊州领带;新昌轴承、胶丸业;上虞劳保用品、伞件业;越城家具业
	嘉兴	纺织、皮革、机械仪表等	海宁皮革、经编;平湖服装、箱包;秀洲丝织品;海盐紧固件、玩具;桐乡羊毛衫业
	湖州	纺织(丝绸、毛纺、印染)、服装(童装)、建材等	织里童装业;城区纺织业;南浔建材;安吉竹制品加工
	舟山	水产品加工、海洋药物、机械等	舟山水产品精深加工、海洋药物、船舶修造、机械制造、电器电子、玩具
东南沿海	温州	机械、塑料、包装印刷、仪表仪器、日用电子等	平阳萧江塑编;苍南标牌制作;瑞安塘下汽摩配;乐清柳市低压电器、虹桥电子元件、芙蓉钻头、磐石服装
	台州	汽摩配件、工艺制品、鞋业、塑料制品等	椒江下陈缝纫机械、兆桥塑料制品;临海屈家村彩灯业;三门高枧铆钉
浙中及西南内陆	金华	机械、五金工具、农产品加工、纺织、服装等	东阳磁性材料、西服;义乌服装、针织、饰品、袜业等八大行业;浦江针织服装;永康五金业
	衢州	建材、机械电气(矿山设备、变压器)、竹木制品等	常山狮子口轴承业;衢县上方石灰钙加工;龙游梧村、庙下竹制品业;江山清湖弹簧加工;开化张湾木制品
	丽水	木材加工、工艺制品、农产品加工等	龙泉太阳伞业;青田鞋革业;云和木制玩具

2000年浙江总产值前20位产业集群列表

位次	行业	区位	产值（亿元）	企业数（家）	从业人数（千人）	区内产值500万元以上企业数（家）	国内市场占有率（%）	出口额占集群总产值的比重（%）
1	织造	萧山	200.0	2500	60.0	2000	5.0	10.00
2	低压电器	乐清	130.0	900	48.0	130	66.0	18.00
3	贡缎	诸暨	106.0	20595	84.0	39	28.0	48.00
4	五金	诸暨	92.4	3746	32.6	66	60.0	7.00
5	皮革制品	海宁	89.8	5655	54.7	56		31.00
6	服装	平湖	88.0	900	65.0	75		95.00
	汽配	萧山	88.0	60	21.6	40		18.90
7	汽摩配	瑞安	87.6	8439	83.8	85		7.10
8	纺织	长兴	87.5	18223	50.9	85	36.8	
9	医药化工	新昌	83.6	328	4.9	40		9.50
10	针织	象山	80.0	400	45.0	70		100.00
	厨具	嵊州	80.0	600	18.0	23	20.0	
11	袜业	诸暨	75.0	8521	45.2	50	35.0	11.00
12	印刷	苍南	73.9			72		57.00
13	化纤纺	萧山	72.0	10	5.0	10	8.5	
14	丝织	秀洲	66.0	79	48.9	17		
15	印染	绍兴	65.9	64	24.8	62		36.43
16	机械汽配	鄞州	64.0	340	24.0	88		
17	皮革皮鞋	瓯海	62.7	3290	33.8	43	6.0	
18	不锈钢制品	永康	62.0	68		17		50.00
19	机械	新昌	61.3	238	12.9	40	80.0	44.00

续表

位次	行　业	区位	产值(亿元)	企业数(家)	从业人数(千人)	区内产值500万元以上企业数(家)	国内市场占有率(%)	出口额占集群总产值的比重(%)
20	领带	嵊州	60.0	1000	3.0	27	80.0	30.00
	家纺装饰品	海宁	60.0	11000	33.0	42	35.0	10.00
	服装	鄞州	60.0	400	40.0	79		
	印染	萧山	60.0	60	25.0	40	5.0	10.00

(数据来源:浙江省委政策研究室课题组《提高浙江区域块状经济竞争力研究》)

第八章

政府的角色

> 国家及其政府机器这一强制性力量与过去的部落方式最大的不同是，它没有必要再为整个共同体制定统一的具体目标并集中财富去实现这一目标。而只需要把自己的功能定位在提供公共安全、保障产权与公共规则的实施上。
>
> ——[美]弗·哈耶克:《致命的自负》

史载南宋年间，一名落魄贵族被贬浙江某地任太守。当时这里的百姓日子虽过得艰难，但皆勤勉，各忙各的生路，很少有人找至衙门。这位太守百无聊赖，便令一小吏在方志上胡乱画了一笔:“某年，天下太平，半年无讼事。”

改革开放40年间，浙江的官员显然不敢奢望这位太守桃花源般的闲暇与惬意。新鲜而呛人的市场经济气息迎面扑来，无所不管的计划体制逐渐溃塌。他们一次次遭受来自民众甚至是来自自己的考问:政府的角色究竟是什么？怎样去做才是正确的？

这样的疑问的确令人尴尬，但即使再尴尬也必须面对。

北京"浙江村"大清理

1995 年 11 月底的一天。晚上 8 时多,下着阴冷的雨。

当时的新华社记者慎海雄和张奇志应约赶到时任浙江省副省长的刘锡荣位于省政府一号楼的办公室。约谈的话题是:关于北京市政府对 11 万温州人聚居的"浙江村"的大规模清理问题。

刘锡荣是 1942 年牺牲的中共浙江省委首任书记刘英的遗腹子,曾历任温州市长、市委书记。张奇志回忆说,那天晚上,平时印象中处事果断、声音洪亮的刘锡荣显得焦虑而疲惫。办公室里的气氛凝重得让人不安。

"大体情况就是这样。"刘锡荣对两位新华社记者说,"在外陷入困境的浙江群众眼巴巴等着我们帮一把。省委、省政府对此事十分关切,稍后我也会带队省政府协调组去一趟北京。非常希望新华社能通过内参渠道,向中央如实反映,推动问题妥善解决。"

作为长期任职温州的父母官,刘锡荣留下了亲民、清廉的口碑。对温州百姓异乡求生的血泪与艰辛,他心里再明白不过了。但棘手的是,此次温州人被严厉清洗的罪名很吓人:治安混乱、黑社会横行,严重破坏正常的管理秩序。而且实施清理的是堂堂的北京市政府。

一方是从温州出发坚韧追逐市场利润、看似杂乱无序的"捣乱分子";一方是准备以铁腕手段维护既有秩序和规则尊严的权威政府,而浙江官方则成为欲罢不能的尴尬的第三方。这可能是改革转型期有关"政府的角色"的激辩中最难做出的一道选择题。

几天后,受命北上的慎海雄和张奇志来到了北京天安门以南仅仅 5 公里左右的"浙江村"。

呈现在他们眼前的,已是断墙残垣一片,人去楼空。

"浙江村"地处北京南部丰台区,核心为南苑乡的大红门一带。所谓"浙江村",实际聚居的主要是温州人,其中来自乐清县的占 70%,来自永嘉的约占25%。据南苑乡政府1994年10月的统计显示，当地农民仅有1.4万人，外来常住及流动人口却多达11万人。

谁是“浙江村”第一人？版本很多，已无法准确查考。相对被普遍认可的版本是乐清人刘泽波。长期追踪研究“浙江村”的社会学博士项飚，在其《跨越边界的社区》一书中记载了刘泽波的如下故事。

皇城根下顽强生长的“浙江村”

刘泽波生于1943年，初中毕业后跟着别人学裁缝，后来自己开立门户。1980年，有一个支边内蒙古乌海市的温州人回家乡过年时捎来消息：在乌海做一件衣服能比这里多赚3元钱，不妨出去试一试。

心动的刘泽波带上老婆、孩子，还有一个妹妹，到了乌海。做了一年，真的赚了1万多元。后来，他们又转至包头。

1983年，刘泽波从包头去北京进布料。这是他第一回来到京城，北京之大、街上之人多让他很吃惊。

“在这里肯定能赚更多的钱。”当年，刘泽波再一次带上老婆、孩子、妹妹以及全部的积蓄，摸到北京木樨园附近的南苑乡马村，从当地人手里租了几间房子，又在长椿街租了一个服装摊位。

说起来一切都有些偶然。“我们分不清南北，就随便上了17路车，乘了几站在木樨园跳下来。也是随便下的，觉得差不多了，边走边打听。”刘泽波对项飚回忆称。

干的是老行当，上手很快。刘泽波前店后厂，夫妻俩生产的价格低、款式新的服装果然在“穿衣难”的北京大受欢迎。这一次，北京钱好赚的消息是通过刘泽波以及随后来到北京的另一些温州人传回了温州。

这个好消息不断从1500公里外的老家“带”来更多的表亲、乡邻，就连许多已落脚甘肃、山西、东北等地的“表亲、乡邻”也闻风而至。马村—时村—果园村—石榴庄—大红门—东罗园—海户屯,人滚雪球般越聚越多,范围越来越大。原本懂裁缝的继续做服装,没干过的就跟着扎堆学。没有任何准生证的“浙江村”呱呱坠地了,一个规模可观的服装产业集群也逐渐成形了。

驱使10万温州人齐聚北京“浙江村”的,完全是一股市场的力量。同时,还有改革带来的某些管制的松动。

20世纪80年代中期,个人身份证制度开始实行。而前推30年,任何一个中国人出门都需要持有原籍政府或就职单位盖上大红公章的介绍信,否则连住旅店也不行,更不用说长期四处游走谋生了。

其次,20世纪90年代初废除了同样已经通行了30多年的粮票。过去,粮票针对城市居民在户籍地定人定量发放,且只能在指定的地域使用。农民没有粮票,也根本没有流动的权利。废除粮票,意味着无论什么人远走他乡,只要有钱就会有饭吃。

但在中国改革的很长时期,市场的力量并没有得到政府运行严密的固有制度的认可,甚至极可能遭遇异类般的排斥。即使是改革本身率先带来的某些管制松动的区域,也往往被视作潜藏危险的灰色地带。

因此,从诞生直至消亡,“浙江村”都仅仅是一个社会学意义上“存在过”的名词。它既不是一个行政村,也不明确归属于某个社区。尽管“村民”们几乎个个都是腰缠数十万元甚至数百万元的富人,但至少在“浙江村”所在地,他们仍然被归入“身份不明”且“不安定”的非正常人群。

“浙江村”的地域范围包括南苑乡及周围的8个街道办事处,管理部门共涉及5个工商所、10个公安派出所、3个房管所和2个税务所,多头管理、多头收费,却无人愿意负责。正如项飚所观察到的:这一带当时仍属北京的城郊接合部,城市的“单位—街道—居委会”的管理体系与农村的“乡镇—行政村—自然村”的管理体系在这里互相交错和推诿,往往使之成为“行政管理的真空地带”。

长期以来计划经济体制下公民可能享有的有限权利,是与其接受管制的程度严格挂钩的。对于擅自流动、“身份不明”的“浙江村”村民来说，享受城市的各种配套服务几乎是非分之想。但密如蛛网的行政管制至少在理论上仍是有效的。

北京市规定，外来经营者一律要有身份证，且必须办理暂住证、婚育证、学历证、进京证、外出务工证明、场地使用证等。其最后的监管管道被设定为工商部门，即如果没有前面这一大堆花花绿绿的证件，就不准办工商执照。

看似法网恢恢，其实既疏且漏。“浙江村”村民反正无法从计划经济体制得到什么好处，许多人干脆打定主意不去办工商执照，选择做“三无”人员，和管理部门玩起了“猫捉老鼠的游戏”。这样一来，那些前提性证件的约束作用也消之于无形。

一种微妙而脆弱的三角关系就此形成：“浙江村”村民与浙江各级政府仅仅以户籍纽带相维系；其庞杂的经济活动又游离于北京各级政府现有制度之外，或勉强游走于现有制度边缘。在这种情况下彼此相安无事只是暂时的侥幸，危险的平衡总有一天会被打破。

悄悄进逼皇城根下的“浙江村”依照自己的生长规律快速地壮大。

首先，在僻静的胡同里摆摊逐渐不能让村民们满足了。他们用钱开路，通过大量包租柜台的方式，渗透进城市中心的国有商场。他们兴奋地发现，舞台原来是如此地开阔。

再然后，他们又幸运地找到了一个让自己跑步致富的产品：皮夹克。皮夹克的生产工艺并不复杂，其利润之丰厚着实令人垂涎。有人算过账，当时“浙江村”1 个劳动力 1 年可做皮夹克 1500—2000 件，对外批发价格在 800—2000 元之间，一件最多就能赚到 800 元左右。全北京的皮夹克有 70%—80%出自“浙江村”，原始积累火箭式地飞速增长。

据统计，到 1995 年，“浙江村”的年服装交易额超过 30 亿元，年上缴税收 1 亿元，已是“丰台区重要的经济支柱力量之一”。

经济利益上的共享性，导致行政管制权力的直接行使者——北京丰台区各级政府，在很长时间内对“浙江村”的存在与繁荣给予了默许。这种利益互惠一直延伸到当地的普通百姓。大量“浙江村”村民为北京的房东带来了可观的房租收入,每户每年少则5000元,一般都达上万元,以致当地北京人见缝插针,纷纷加盖房子出租,连海慧寺路上仅有的两个厕所都被填了盖房。

“浙江村”的生态链,活生生勾画出了中国改革进程中普遍存在过的景象:改革带来了受益者广泛的新财富与发展机会,虽然对原有体制造成了某种程度的侵蚀,但管理层基于联系日益紧密的共同利益的考量,有意或无意地呈现出了温和妥协的姿态,避免冲撞的缓冲带由此四处滋生。终于有一天,当体制外的力量生长到足够强大的时候,围墙被推倒也就找到了充足的理由,甚至已经结成社会共识,改革所伴生的破坏力量因此降到了最低点。从一定意义上说,这种改革景象不妨被看作是利益双方“合谋”的结果。

但妥协并不等于一切问题都迎刃而解了。

随着“浙江村”集聚规模的扩大,村民们发现,生活上的需求要得到满足依然困难重重。对它的存在和发展,北京各级政府给予默许就算相当不错了,所以,“浙江村”只能自谋生路。

1988年初,“浙江村”出现了村民们自己办的第一个幼儿园;1989年,形成第一个集中的菜市场;1990年后,诊所、理发店、修理铺纷纷挂出招牌;1995年,“浙江村”里又冒出了自己改建的公共浴池。

这种“自治”源自被当时体制内管理者抛弃的无奈,也与温州人所特有的群居个性有关。

生活难题可以通过“自治”办法来解决,但因“浙江村”积累的巨大财富而引发的治安麻烦就很有些不好办了。

根据北京市公安局提供的资料,20世纪90年代初以后,“浙江村”的恶性刑事案件连年上升。仅1995年1—9月,就发生刑事案件1543起,比上年同期近乎翻番。这年6月高峰时,每天发生的案件达7.76起。

1992年底,一群小痞子甚至把住在附近的一个警察给捅死了。有位不敢留下姓名的制衣老板向公安部门陈述说:“过去蒙面抢劫已经算不得了了,可现在就大摇大摆进来,居然还报上名字。装备也是一年比一年厉害,最早是棍棒，后来拿刀，再后来扛上了猎枪、火药枪，俄罗斯产的半自动真枪都有啊！"

以同乡和姻亲关系为纽带、黑社会性质的帮派也明目张胆地形成了。有以老家的地名相称的"清江帮""虹桥帮"，也有以凶器相称的"斧头帮"等，整天在村里游荡，明抢暗偷、讨债逼债、收取保护费和群殴火拼。一些帮派在每年过年回家之前甚至定下抢劫指标，不到 400 万元不歇手，令人闻之心惊。

北京当地派出所认为"浙江村"的治安都是温州人闹温州人，因而基本不理不睬。村民们只得奋起自卫，实行较广的是民间联防队，即划出一定的保护范围，由一人牵头，保护范围内每户按月缴费，通常每月每户 300—500 元不等，以此雇用村里的青年小伙子组成"联防队"。皮衣、皮帽、皮靴，五六人一组，每天在保护区内巡逻，武器以 1 米半见长的铁棍为主，故亦称"铁棍队"。"浙江村"里的这种自卫队，最多时达 21 队，每队 20—40 人不等。

自治与自卫显然无法填补因强大的体制内行政力量的缺位而造成的真空。日积月累，"浙江村"的问题滑向危险的边缘。

北京市人大代表的一项提案称，"浙江村"脏乱差、黄赌毒俱全，已经成为给京城抹黑的"毒瘤"，必须全面整治，将温州人"驱逐出境"。南苑乡一位女工作人员向媒体记者痛诉说，为了前往"浙江村"调研拍照片，领导特意为她配了一双雨靴。因为那里到处都流着齐脚脖的脏水，没有雨靴进都进不去。

1986 年后，当地政府曾多次组织力量进行"清理"，采取的手段"以轰为主"，抓人、罚款，直至遣送回乡。用"浙江村"人的话来说，几乎年年要刮"政治台风"，但每次都不了了之。

但 1995 年，天真的变了。

当年 9 月底，北京某大报记者写了一份内参，将"浙江村"出现的问题放大并定性为是一个"针插不进、水泼不进的具有黑社会势力性质的'独立于北京之外'的群体"，治安等情况"骇人听闻"，属于"严重失控"，甚至称浙江村"藏有一个团的武器"。

内参呈送国务院，马上引起中央领导的高度重视。

大清理开始了。清理整顿领导小组及指挥部迅速成立，文件下达的工作目标是把"浙江村"的外来人口与本地人口的比例降到1：1。也就是说,至少70%的温州人将被赶出北京。

11月5日,"浙江村"阴云密布、人心惶惶。加工户普遍不再进皮料,生产经营几乎全部停止。

11月8日,清理整顿工作组进村。包括武警、公安、工商、街道办以及区、乡、村干部,共2000多人。宣传队的高音喇叭在街头巷尾一遍遍回响。

11月11日,清理工作誓师大会召开。随后,自卫联防组织被宣布为非法,通往"浙江村"的各条道路上设起警察岗哨,来往车辆一律进行拦停检查。

11月21日,进入"强行拆除"阶段。至28日,"浙江村"内的909间违章房屋被大型推土机尽数铲倒,22个聚居的大院被腾空,占应拆除总数的89%。当天,北京新闻单位宣布:"对大红门地区的清理整顿工作初战告捷。"

张奇志回忆说,当他和慎海雄赶到"浙江村"现场时,最强烈的第一印象是,"这里简直就像刚刚发生过一场大地震"。

在一片狼藉的一个院落门口,孤零零站着一位红衣姑娘,还有一些尚未来得及搬走的货物。她是留守者。问她"明天可能会去向哪里",红衣姑娘双眼茫然。

张奇志在随后的采访中了解到,仓皇之间,"浙江村"村民的皮料、房产等遭受惨重的损失,有的被债主四处追打。而且,那段时间北京的宾馆甚至近郊的一些县区都收到市政府的通告,一概不得收留浙江户籍的外来人口。

"浙江村"村民四处奔逃,其中很多人逃到了河北三河市的燕郊镇。避难于此,一方面是那儿离北京近,距大红门不过几十公里,经营了10年的北京市场仍在眼皮底下。更重要的是,经济落后又不在北京市辖区的燕郊镇把"浙江村"村民的到来看成了振兴当地发展的天赐良机。从北京至燕郊的马路沿途,镇政府甚至张挂了上百条"燕郊人民欢迎温州朋友"的巨幅标语。

但上万人初来乍到,仍感到拥挤不堪,最初的日子条件异常艰苦。张奇志在燕郊追踪采访时亲眼所见的是许多温州人晚上就蜷缩在当地居民的露天院子里,有的甚至是在有马路边过夜,地上仅仅铺着稻草。虽然点起了篝火，但北方 12 月的寒风刺骨难当，不少人因惊吓、劳累加上受冻，纷纷病倒。

最让人不可思议的事情还在后头。

1996 年春节刚过，少数心有不甘的温州人又摸回大红门探风，再接着就是悄悄找老房东租房开工重操旧业。慢慢地，消息飞一般地传遍燕郊："北京又松了！"

离轰轰烈烈的大清理不足 4 个月，大红门"浙江村"又是一番热闹景象，该回来的都回来了。更让人惊奇的是，当地的管理部门好像什么都不曾发生过似的，办暂住证反倒比以前还要容易了。

出乎所有人的预料，投入巨大财力、人力的极其严肃的政府行为竟然成了"一阵风"。

1996 年 5 月，由南苑乡果园村投资兴建的"大红门服装商贸城"破土动工，北京市主要领导到场祝贺。"浙江村"里的温州经营户转身又成了被寄予厚望的红人了。

其后，在大红门周边，天海、新世纪、龙湫等 20 个得到地方政府支持的大型服装批发市场陆续开业。这些商贸城、批发市场分别建有商业区、库房和居住区，卫生、治安、消防基础设施一应俱全，工商税务提供一条龙服务。

再其后的 2003 年起，由丰台区政府主办的大红门服装文化节成为京城一年一度的盛事。"浙江村"村民显然是这一盛事的第一主角。

1000 多公里之外，浙江省各级政府悬了许久的一颗心终于安然落地。

整个 20 世纪 90 年代，与北京"浙江村"类似的由热烈追逐商业利润的浙江人聚居而成的"社区"，在全国各地至少有上百个。北京"浙江村"因其临近当时对计划经济行政管制最为严厉的首都而格外惹眼，遭受的挤压和冲撞也就最为猛烈。

1995 年急风暴雨般的北京"浙江村"大清理事件，很快就"意外"归于平静的关键原因，仍然在于行政管理者与市场经济主体在"利益"上的交集与互相需求。事实上，40 年中国改革开放从起点开始，其根本目的正是为了创造更大的"利益"。只要这种"利益"能够被全社会所共有与共享，我们就有充分的理由为之鼓掌。

著名财经作家吴晓波在其《温州悬念》一书中认为，北京“浙江村”在旧体制的边缘发芽，遭打压、再重生，并逐渐趋于合法化，这表明在改革过程中萌动壮大的新生经济力量与政权或现体制不是绝对的矛盾体，而互为冲撞、互为依存的辩证关系。“浙江村”的沉浮表明，“在过去乃至未来的改革时期，任何新生经济力量对现体制都不希望发生剧烈对抗，也无力对抗。而是期待能够获得被吸纳和融入的机会”。

新生经济力量这样一种“期待能够获得被吸纳和融入的机会”的改革姿态，决定了中国改革十分庆幸地始终显现出了东方式平稳演进的鲜明特征。一个重要的命题也由此同样摆在了各地政府的面前：如何努力调整政府思维、确立政府角色，为新生经济力量打开“被吸纳与融入”的有效通道？

最后值得记录的是，据北京媒体报道，2006 年 5 月 11 日上午，南苑乡政府、公安、城管、工商等多部门 300 人联动，将这片土地上的最后一块“浙江村”残留地——地处时村二队、占地 60 亩的聚居村落全部拆除。至此，京城自 20 世纪 80 年代中后期形成的“浙江村”彻底烟消云散。

这次的拆除行动并没有引起太多人的关注。

其实，当年“浙江村”的村民以及他们的后代仍在北京。就在大红门一带，珠江骏景小区 80％的房子被乐清人买走了，共有 630 户；望桃园业主中温州人的数量占到了 70％；木樨园一带 80％的商铺和住宅由温州人拥有。

“浙江村”如同一粒糖，已经合法消融于广阔的水体。无形，却仍有淡淡的甜味。

温州官员怎么办

曾有媒体评价称，在 1978 年至今的改革年代，温州政府行为中最具里程碑意义的转折性重大事件，是“质量立市”战略的提出。

1994 年 5 月 10 日，温州市委、市政府在市体育馆大张旗鼓地召开了“质量立市”万人誓师大会。会场上令人触目惊心的巨幅标语是:“质量是温州的生命。质量上,则温州上;质量下,则温州衰。”

同年,温州市政府颁发了全国第一部有关质量立市的地方法规——《温州质量立市实施办法》。这一质量行动纲领明确划定了若干刚性指标:3 年时间,温州主要产品的质量必须达到省内平均水平;5 年时间,达到国内先进水平;8 年时间,达到或接近国际水平。

特别引人注目的是,为保证上述目标的如期实现,该《实施办法》还开列了多道见血封喉的“撒手锏”:今后若再出现区域性、量大面广的质量问题,追究该区域主要党政官员、有关部门领导及企业法人代表的责任,实行一票否决;对制售假冒伪劣商品者,视其情节,实行停业整顿、吊销营业执照,并知照全国各地工商部门,5 年内其主要负责人不准在本市担任企业法定代表人;造成严重后果的,将依法追究刑事责任。

温州地方政府之所以高调主动出击,完全是因为整个 20 世纪 80 年代,劣质温州产品在全国范围如过街老鼠般被动挨打,政府深感切肤之痛。

那段时光,温州市市长经常哭笑不得。他三天两头会收到一些莫名其妙的邮包。到邮局取回一打开,是愤怒的消费者寄来的一双双温州产的破皮鞋。

有一位南昌消费者在邮包中还附上了一张小纸条,宣称“放纵伪劣皮鞋生产的温州市市长应当即刻切腹自尽,以谢国人”。

假冒伪劣产品的泛滥,被当年的各界舆论普遍视作温州地方政府的“严重失职”。

这当然颇为难堪。但对温州官员来说,改革开放前期不知所措的最大麻烦,在于面对温州“姓资”还是“姓社”的意识形态质问,自己究竟应该表现出怎样的政治姿态?那可就不仅仅是面子难堪的问题了。

1981 年 8 月,当时浙江省最年轻的副省长袁芳烈被调任温州市委书记。他的使命是“治乱”。省委给他的指令很明确:迅速解决温州的所有问题,从所有制问题到班子问题和治安问题。

就在那年初，邓小平、李先念有过批示，督促浙江省委彻底解决以乱著称的温州问题。

许多年后，袁芳烈回忆说，刚到温州感觉好像跑进了一个不是由共产党领导、非社会主义的“敌占区”。这里几乎没有他熟悉的国营企业和人民公社，没有政治觉悟很高的人民群众。到处尘土飞扬，乱哄哄的。更糟糕的是，自己一句温州话也听不懂。

1984 年 3 月，袁芳烈(左)迎接来温州考察的原国家经委主任张劲夫(右)

袁芳烈自称曾是“割资本主尾巴的高手”，他承认自己是带着对个体、私营经济的偏见到温州履新的。到温州后，他最早着力扶持的也是国有经济。温州当时至少有 1/3 的国营厂彻底垮掉了。开始几个月，袁芳烈为帮这些工厂跑贷款、讨项目，动足脑筋算尽机关，可结果还是无济于事。

温州很穷、群众很苦，这一切是躲不开的现实。光是唱意识形态的高调填不饱肚子，“温州问题”的根子在于经济。1982 年上半年，为老百姓吃饭难题愁眉不展的袁芳烈下乡调研，所见所闻令其大受刺激。

《南方周末》资深记者杨海鹏、翟明磊在报道中记录下了其间的若干片段。

在瑞安市塘下镇，袁芳烈钻进一个灯光昏暗的地下工场。半间房子，5 台破旧的机器，工场主兼工人是带着孙子的一位老太太。她每天早晨领料，守住机器，晚上将成品——做衣服用的松紧带交给小贩。老太太的收入让副省级的袁芳烈自叹弗如：年净收入达 6000 元，而 5 台机器总投资不过

500 元。

这使得正为温州工业化搔破头皮的袁芳烈十分兴奋。他算了一笔账：如果有 100 个这样的老太太，年利润就有 60 万元；1000 个就有 600 万元。当时的温州，年纯利 60 万元的国营企业不超过 3 家！

类似让人十分兴奋的情景，袁芳烈一路调研可谓遍地都是。温州就以这种不动声色的方式刺激并教育着市委袁书记。

“吃饭问题”压倒了高高在上的意识形态，鲜活的现实彻底地转变了袁芳烈对温州经济的原本判断。1982 年底，他决定召开规模盛大的由农村商品生产专业户和重点户代表参加的温州市“两户”大会。

在会场上，一直饱受非议、怀疑甚至莫名遭逮捕的“两户”代表们被戴上“大红花”，请上主席台，锣鼓喧天，无上光荣。同时，袁芳烈朗朗大声地宣布了市委、市政府鼓励发展商品经济的一系列措施。在会议期间的一次座谈会上，袁芳烈问参会的“两户”代表还有没有别的什么要求，大家欲言又止，没人吭声。终于有一位胆大的站起身结结巴巴地说，能不能把袁书记的讲话稿和市里新政策的文本发给他们每人一份，“以后出事了，我们就说是袁书记让我们干的”。

就这样，袁芳烈和“危险”的温州人坐上了同一条板凳。

1985 年 12 月，袁芳烈平调回杭州，任省政法委书记。

接替袁芳烈的是时任金华市委书记董朝才。临去温州前，省里的负责同志特别找他谈话，再三嘱咐的一句话是：你去后主要抓的应该是搞活国营企业，把温州引导到正确的轨道上来。

我到温州采访时几次遇见过董朝才。他敦实圆脸，话不多，衣着、作风都像一板一眼的农村干部。跟袁芳烈一样，董朝才是带着“对资本主义的天然警觉”上任的；还是跟袁芳烈一样，他到温州的第一件事，就是走出政府大院搞调研，“看看‘狡猾’的温州人究竟是怎么走‘资本主义’道路的”。

整整 3 个多月，看了几十个乡镇、上百家国营企业和农民家庭作坊，董朝才一直紧皱的眉头舒展开了，会意的笑容爬上了紧绷的面庞。经过座谈、对话、比较和一个个不眠之夜，在改变温州和被温州改变的灵魂深处的激烈较量之后，董朝才完成了一次观念上的嬗变。

1986 年 6 月，这个不爱言语的书记在全市四级干部大会上，花了很长时间宣读了他的文章——《试论国家集体个人一起上的必然性和国营经济的主导作用》。董朝才说，一种经济形式占支配地位当然要达到一定比例，但“这并不意味着这种经济形式非要达到比重上占多数的地步不可”。他还算了一笔赤裸裸的“效益账”：在温州，国企每投入 10 元，1 年的效益最多为 1 元；而私企 10 元的投入，产生的效益可达 8—9 元。在另一次干部大会上，董朝才又说：“我们当共产党干部的，要牢牢记住一句话——老百姓想干的事，不去阻拦；老百姓不想干的事，不去强迫。”

对董书记的“变调”，有人惊喜地奔走相告，也有人痛惜地捶胸顿足。他们把董朝才的文章寄给杭州和北京，称之为“温州的资本主义宣言”。

此后数年，董朝才为温州辩解、呵护，愈加大胆起来。

1990 年 1 月，任期未满的董朝才被突然调任他用。日后他回忆说，离开温州那天，晚上，下着雨。董朝才又去了一趟地处市中心的鞋革小商品市场。已经夜里 10 点钟了，那里依然灯火辉煌。他喃喃地对前来送行的官员说：“要是中国到处都有这样充满活力的市场，该多好！”

2006 年 2 月 20 日，患帕金森症多年的董朝才病故。去世前 4 个月，他应全国政协之约，撰写了回忆文章《坚持改革试验，大力促进温州民营企业发展——我在温州工作五年回顾》。在此文的最后，他说：“回顾我在温州工作五年的历程，我深深感到：坚持改革试验，既艰难，又有风险……我可以说是在争议中坚持工作，在工作中忍受着争议。”

从袁芳烈到董朝才，生动显现出改革开放前期温州政府官员层面的基本姿态：顶住来自各界的巨大压力，千方百计为温州民营经济的发展撑起“保护伞”。在很多情况下，这种姿态并不总是表现为大无畏的正面冲撞，而是转化成了充满政治智慧的狡黠。比如，他们小心翼翼地从马克思、恩格斯著作的字里行间找到理论依据，将两人以上合股的民营企业巧妙地装进了“股份合作经济”的新概念箩筐里。虽然被斥为“非驴非马”，但好歹有了一条“社会主义的尾巴”，“左”派人士也奈何不了。又比如，自1982年柳市“八大王”事件后，温州的民营经济至少在本市范围内就再没有受到过动真格的弹压，全市经济早已翻转成个体、私营企业的天下。但他们总有办法在莅临视察的上级领导面前左右算计，活生生将国营经济“算出”个优势地位，甚至还培育起了个把蒸蒸日上的国营企业“典型”。

官员层面的这种政治姿态并非其天然的改革觉悟，而是由于他们耳闻目睹了温州民众极端贫困的大量事实，深知抑制民众的致富渴望是不道德的，也是严重违背民心的。因此，正如董朝才所言，他们“对老百姓想干的事不去阻拦”。

但必须承认，在很长时期内，温州政府官员在经济方面的具体管理运行上并无大的作为，而是放手放任，客观上纵容了民营企业“杂草丛生”，快速壮大。

“当年的无为主要是无能，”温州著名“本土理论家”马津龙对此评点道，“以往计划经济的一套无法应对新生的民营经济，市场化手段又十分陌生，因此只能选择放弃管理。”

邓小平发表南方谈话之后，温州遭受的政治高压有所缓解。“胆子再大一点，步子再快一点”，如何加速经济增长成为了全国范围的第一基调。

继续放任自流、无为而治肯定是不行了。20世纪90年代，温州官员几度尝试探索，企图为市场经济环境下政府的角色重新确立适当的行为“坐标系”。1994年“质量立市”战略的高调登台，即为具体诠释这一企图的标志性行动。

方向清晰，并不意味着每一步都一定能踩准鼓点。

有一件小事颇有意思。1993年，就任温州市委书记不久的张友余去生产“月兔”空调的温州空调器总厂考察。脑子灵光的厂长谢铁澜仗着自己和张书记面熟，斗胆在书记的轿车上张贴了自家产品的广告单。张友余后来在接受媒体采访时曾表示，考虑到这家民营企业是全国空调行业“20强”，给予重视和支持也在情理之中。因此，当时对谢铁澜的唐突举动未予制止。贴了就贴了吧，张书记照旧坐着载有广告单的轿车在基层跑。

眼尖的记者得知后很快当作新鲜事予以报道，一时间在全国掀起一片议论声。不少人大声叫好，说温州的书记思想解放，放得下官架子，心里处处装着企业；也有人担忧，如此官商不分，政府的屁股是不是坐歪了？

议论还在继续，张书记轿车上挺扎眼的“月兔”空调广告单只贴了几天，就被悄悄揭了下来。

与这件小事有关的还有一些政府性政策的出台。1993 年，温州市委、市政府竖起了“二次创业”的大旗。当时的判断是，温州企业高度灵活，市场拓展能力强，但技术研发能力弱，呈现出明显的“小散乱”格局。如不加以迅速扭转，温州模式危机四伏。于是，温州市政府在随后几年内陆续制定出台了一系列企业扶持政策。其中包括“百项产品升级计划”，即政府投入 5000 万元贴息资金，鼓励推动全市企业 100 个 1000 万元以上的技术改造项目。

这一阶段，温州地方政府信心满满，摆脱“无为而治”形象的欲望十分强烈，迫切期待大展身手。但很快他们意识到，直接介入企业微观运行的效果并不理想，政府主导型经济值得质疑。

在市场经济环境下，“无为”和“有为”并不是一对截然对立的矛盾体。关键在于，什么应该“无为”，什么必须“有为”，以及通过怎样的手段做到“有为”。20 世纪 90 年代中期后，温州官员经过反复实践、对比，对政府行为如何“弹好钢琴”越来越得心应手，甚至有些“指法”别具个性，堪称娴熟。

国内不少学者曾对温州的行业商会(有的称行业协会)产生浓厚兴趣，国家相关部委也一拨拨跑来考察。有名气、受重视当然是有理由的：温州的行业商会不同于其他地方由政府部门变相挂牌、由退居二线的官员领衔的“二衙门”。它们是完全由当地某行业上规模的民营企业组成的自治组织，是真正意义上的“商会”。

2003 年的统计显示，温州共有市级行业商会 83 个，另有下属分会及县级商会数百个，会员企业 4 万余家，差不多囊括了全市所有支柱行业与骨干企业。

可别小看了商会，在温州它是非常有面子的，就连政府官员也敬让三分。

所以，凡是在商会里担任一定职务的老板往往喜欢把自己商会中的头衔印在名片上，而且往往印在自己董事长头衔的前面。

温州行业商会纷纷浮出水面，集中于20世纪90年代后期至21世纪初。其背后，则是地方政府处心积虑的鼓励与培育。1999年，温州市政府在全国最早以政府令发布了《温州市行业协会管理办法》。2002年起，市经贸委每年向25个示范性商会发放各3万元补助金，但对其内部运行不予干预。

商会做什么事？首先是自我监督，行业自律。

以由大量打火机企业组成的温州市烟具商会为例。他们搞了一个整整3页纸的"维权公约"，会员入会时，要在上面签署企业主的名字。现在，每当一家会员企业出了新产品，第一件事就是把新产品的技术数据、外观款式等资料送到商会备案。商会予以确认后，相当于获取了"专利"，别的厂家不得侵权。对违规者，商会坚决予以打击：一是砸模具；二是没收成品，补偿给被侵权者。

其他需要商会做的事还有：行业新技术的研发与推广；对外行业维权；打造行业性品牌形象；为企业与政府沟通铺路搭桥等。

行业商会作为一种民间力量的普遍崛起，恰恰与温州地方政府寻找科学合理的行为定位的努力形成良性互动——将许多政府不该管、管不好、管不了的事，交给市场化的中介组织去办。

这一切，并不是管理者简单退出与中介组织填补所能包容的。其实质，是一种理性形态下"无为"的"有为"。在这一演变过程中，温州进入了政府行为趋向成熟的第三阶段——"适度政府"。

"无为"与"有为"的边界

在计划经济嬗变为市场经济的转型期，在政府力量满腔热情地意图主导改革，而民间力量崛起于体制的高墙之外并不可遏制地影响改革的磨合期，政府的"有为"和"无为"始终是一个无法回避的问题。遭遇尴尬与困惑的也绝不仅仅是温州官员。

1992 年,义乌小商品市场管理处拥进了一群在市场摆摊的经营户。他们背进来一只沉甸甸的编织袋,打开一看,居然是小半口袋的现金。

管理处的工商干部很紧张,不知出了什么大事。

“小商品市场马上要到开市 10 周年了,我们想表点心意。”

“那你们扛来这么多钱准备做什么?”

经营户们只是嘿嘿地笑。最后还是一位看上去领头模样的年轻人开了口:“我们想塑一尊像。我们几个是代表大家来的。”

工商干部更紧张了:什么像啊?别是财神菩萨之类的东西吧?这伙人看上去挺认真的,劝阻起来恐怕还得费一番口舌。

“我们想为谢书记塑一尊铜像。”

他们所说的谢书记,就是此前描述过的 1982 年出任义乌县委书记、与农妇何爱情“拍桌子”争吵过的谢高华。当时谢高华调离义乌已经 8 年了。

又过了 10 年,小商品市场开市 20 周年纪念日。更大一群市场经营户再次向义乌市政府提议:希望共同集资建一条“高华路”!

对义乌市场发展“有所为”的义乌原市委书记谢高华

曾有人评点说,全中国最抠门的商人肯定是义乌摊贩,卖一根牙签也要扒出些利润。

这群“只认钱不认人”的经营户竟然前赴后继、心甘情愿地自掏腰包,要替一位政府官员“树碑立传”,其原因只有一条:这是一位为义乌市场发展“有所作为”的官员。

谢高华的“有所作为”,并不仅仅是斗胆为义乌小商品市场开出了准生证。

谢高华是农民的儿子,仅有小学文化。他说他大半辈子了也没看懂《资本论》,没搞明白一些大道理。“但我懂得做人的常识,知道做官的天命。”正是这种植根于心的常识与天命,令谢高华显现出与他瘦弱的身躯极不相称的“鲁莽”和惊人的勇气。

为了义乌市场,谢高华经常“闯祸”。

义乌市场的摊贩最初是实行税率高而且复杂的八级累进计税,老太婆卖个鸡蛋都要开发票。谢高华与县财税局商量,干脆改为简单明了的定额计征。老百姓高兴了,税收还创了历史最高纪录。但麻烦也随之而来,有人告到了中央,财政部批示:违反税法,要查处!

事实是,很多年后,全国各地兴办的专业市场,普遍推广了这一“义乌经验”。

义乌市场降生前后的多事之秋,有关谢高华“乱来”的状子满天飞。好在,“鲁莽”的谢高华并不孤独。

时任金华市委书记厉德馨告诉他:“别慌,只要对农民有好处就搞。”

1984 年春,参加全省农村工作会议的浙江省副省长沈祖伦紧紧握着谢高华的手说道:“我们在农村的‘左’倾蠢事干得太多了,该回到商品经济的正路了。”

当年 12 月,谢高华调任金华市委农村工作部部长。离任前,他为义乌做的最后一件大事,就是在全国第一个确立了“兴商建县”的发展战略。

自从有了小商品市场,谢高华以来 30 多年间义乌一共历经了 12 任县(1988 年撤县改市)委书记,绕不开的是同一个难题:义乌靠的是小商品市场,市场的灵魂是开放,那么开放是否就意味着放开不管?政府又该怎么办?

12 任书记的共同选择是:政府要管,而且必须管好。因此,在许多媒体后来的报道中,有了所谓“12 任书记 5 代市场”的说法。

这个“管”可不是虚的,义乌政府始终牢牢控制的“大权”至少有三方面:

——牢牢控制对市场的调控权。义乌市场的规划建设、资源配置,36 年来一直紧紧握在政府手中。

——牢牢控制物流场站的主导权。物流是市场“生”与“死”的命脉，全部由政府投资建设，完全由政府调控。

——牢牢控制土地出让一级市场。义乌的土地出让都必须按计划进行，根据市场发展的需要及建设项目对资金的需求，由政府归口安排每年出让的土地数量。

义乌地方政府在小商品市场发展问题上“有所作为”的“反常”之处在于，他们是以完全市场化的手段来运作手中牢牢控制的“大权”的。

1993年底，义乌市国有独资企业联合北京、上海等地的社会资本共同发起，成立了中国小商品城股份有限公司，公司总股本10403万股，资产总额超过9亿元。其中，义乌市政府依托国有独资企业占有40%股份，成为拥有最大话语权的控股方。与此同时，原先直接创办市场的工商部门实行“管办分离”，只承担市场行政管理的公共职能。2002年5月9日，公司股票在上海证券交易所挂牌交易，股票代码600415。

自1994年第四代宾王市场始，义乌市场及物流场站建设基本上均由小商品城公司以业主身份承建开发，并负责物业管理。由于掌握了控股权，地方政府的战略意图不再以文件、公告等行政命令下达，而是通过公司董事会决议的方式行使。

对“政府掌舵、企业划桨”的独特模式，义乌地方政府的解释是，市场作为交易平台实质上属于准公共产品，其社会共享性决定了政府介入的必要，关键在于选择好介入的适当方式和程度。只有这样，才能实现“管而不死、活而不乱”。

争议一直存在，但义乌市场骄人的巨大成功，为“政府＋企业”这一耐人寻味的混合主体的合理性提供了无可争辩的注脚。政府力量借助市场化管道强势发力的好处，在义乌随处可见。

我们已经了解到，决定义乌市场成败的命根子是商品难以想象的低廉价格。但随着市场日益火爆，人潮日益汹涌，如何抑制住各种要素成本快速上扬的冲动肯定会成为大问题。1998年7月，义乌市江滨中路1号地块拍出了每平方米 6.9 万元的天价，相当于每亩 4600 万元，是当年毫无悬念的中国“第一地王”。2003 年 9 月 10 日，国际商贸城二期市场旁占地 1443.4 平方米的 1 号写字楼地块，拍卖价竟飙升至每平方米 22 万元，即每亩 14667 万元，再度成为毫无悬念的中国“第一地王”。跟着疯狂地“水涨船高”的还有义乌最金贵的资源——市场摊位。据官方调查，如私下交易，一个摊位的转让价格多在百万元以上，最高达到 300 万元。

而实际情况是，以 2005 年 9 月建成的义乌第五代国际商贸城二期为例，一个 9 平方米的标准摊位，租金仅为 5 万元/5 年。同时，市场准入条件统一按照经营户 3 年内的纳税、业绩及诚信等因素确定，公开透明，无需额外成本。

保障“经营者有其摊”，有效控制盲目高价炒作，大大降低市场进入门槛和经营成本——这一诱人且极为紧要的商业土壤，只有掌握了市场产权这一垄断资源的义乌地方政府，才会真正呕心沥血地精耕细作。

灯火璀璨的义乌第五代市场——中国小商品城国际商贸城

几乎没有人再怀疑政府是义乌这个“天下第一市”健康生长的最佳保姆。其背后，牢牢把握着垄断资源的政府“有形之手”与市场“无形之手”水乳交融，交相辉映，堪称浙江 40 年改革开放史上政府作为的经典。

但新的矛盾依然隐现。

2006 年，距离义乌仅 8 公里的邻市东阳动工兴建世界贸易城。整个东阳世贸城占地超过 1000 亩，总投资 55 亿元，全部建成后建筑面积约为 150 多万平方米，商铺 2 万间。其规划面积之大、经营品种之多，颇有撼动义乌小商品城全国专业市场“头把交椅”的气势。

与义乌国际商贸城一次只给予商户3—5年经营权的做法不同,东阳世贸城将摊位50年经营权一次性买断,折算下来商户每年租金均价仅400元/平方米,成为极具杀伤力的超低价“武器”。

为应对自开市以来最强有力的竞争,义乌市政府同年7月决定,全面启动总用地面积约840亩的国际商贸城三期市场规划建设,并谋划出台一系列以低成本力保市场繁荣的“组合拳”。

此举却遭受到了担心利润被摊薄的持有中国小商品城股份有限公司股票的机构投资者的强烈反对。上市公司自身的局部资本利益与政府对义乌市场发展全局通盘考虑的社会利益,并不总是可以完全叠加的同心圆。与此同时,随着全流通时代上市公司收购兼并的活跃,政府尚未绝对控股的中国小商品城股份有限公司亦存在被恶意收购的隐患。直到2008年8月,小商品城公司完成定向增发后,实际控制人义乌市政府通过三大国有股东合计持股比例上升至55.82%,方才拥有最终话语权。

“虽然我们已经赢得了掌声一片,但市场经济环境下,政府如何把握好‘无为’与‘有为’的边界点,探索还在路上。”义乌小商品市场开市以来的第11任市委书记盛秋平感慨而言,“我们始终在钢丝上跳舞。”

在浙江数以千计、灿若繁星的专业市场中,地处绍兴县柯桥镇的中国轻纺城是堪与义乌中国小商品城比肩的最为璀璨的明星市场之一。2007年,绍兴中国轻纺城成交额达332亿元,直追义乌中国小商品城的348亿元标杆,已连续10多年摘得全国专业市场龙虎榜“榜眼”。

在这里,在“无为”与“有为”的边界,政府行政力量同样演绎了一出可圈可点的大戏。

1992年1月8日,绍兴轻纺市场东交易区隆重开业。该市场总投资2880万元,拥有1020个交易门市部、5台自动扶梯、4台货用扶梯,其规模之大、设施之先进在全省轰动一时。当年,国家工商局在北京人民大会堂首次发布“中国十大专业市场”龙虎榜,以东交易区为主体的绍兴轻纺市场凭借

7.8 亿元成交额跻身第 5 位。

事实上，值得在绍兴中国轻纺城大事记中记录特殊一笔的不是东交易区的开业，而是差不多一年前的奠基。

那一天，在千余名来自全国各地客商的共同见证下，一位温州商人和一位绍兴商人携手走到现场，各拿一把铁锹为市场奠基培土。

掌声雷动。时任绍兴县县长陈敏尔大声宣读县委、县政府的倡议书，表示将全力倡导"外地商品与本地商品一视同仁，外地商人和本地商人一视同仁。公平竞争，共同发展"。

这是一个差一点被本地布老板用炸药包炸掉的市场。

绍兴县是浙江乡村工业最早春意萌发的样板区域之一。早在 20 世纪 80 年代中期，当地年产各种轻纺面料已近 10 亿米，成为"中国纺织第一县"。与南部相邻 100 公里外以流通起家的义乌不同，产业实力雄厚的绍兴在很长时期并没有一个像样的专业市场，只是在轻纺企业比较集中的柯桥镇上自然聚拢成一条百把米长的"布街"。当地企业的买卖主要是靠 1 万多名"飞马牌"供销员走遍全国的两条腿。

1988 年，全球纺织业出现了周期性疲软，普遍积压严重，绍兴也是一片风声鹤唳。而此时，隔壁义乌人的小商品市场炉火正旺。焦急的绍兴县政府官员心动了，他们决定在家门口办市场筑巢引凤，帮助企业卖布。

一算账，投资需要 500 万元。县财政出一点，银行贷一点，不足的发动县里的大企业募捐。时任县乡镇企业局局长、后来领衔中国轻纺城开发管委会副主任的范天福回忆："说得难听点，这已几近于摊派了。但县领导办市场是铁了心的。"

当年 10 月，以专销本地产化纤面料为主的绍兴轻纺市场诞生了，地址就在原先的"布街"上。

随后发生的一切完全出乎意料：市场一开张，买布的客人还没来多少，卖布的同行却闻到"腥味"。先是本省的温州人，跟着是老对手江苏人，再接着是南边的广东人，蜂拥而至。这些人带来的便是潮水般的外地布。还有第二波打击：不久，中国香港、台湾地区的布商也来了，人见人爱的韩国、日本花布铺天盖地。

款式老旧、手感僵硬的绍兴产品迅速被淹没,本来标价 10 元 /米的布降至七八元也少有人问津。

罪魁祸首就是这个由政府热情万丈栽培起来的要命的市场。一时间,乡镇企业厂长们言辞激烈的联名信、请愿书堆满了县委书记、县长的办公桌。有一位厂长落笔千言,开列了“十大罪状”贴在市场的大门口,恳请县政府为民做主,“要么关门,要么限制外地客商进场”。还有人大代表为此郑重其事地向县人大提交了议案。

10 年前曾经担任绍兴县委书记的浙江省省长沈祖伦也来调查了。走市场、开座谈会,反映的呼声都是“糟得很”。柯桥工商所所长濮耀胜回忆,有一次座谈会间隙,沈祖伦上洗手间,他亲耳听到省长边走边自言自语:“浙江市场究竟向何处去?”

调查进行了好几天。沈祖伦和县里的官员统一了看法,结论是办市场“好得很”。他们认为,市场是一个全面开放的空间,适者生存,优胜劣汰。公平是市场发展最重要的准则,绝不应该、也不可能存在什么“地方保护”。对这一点,政府不能含糊。

很快,就有了兴建更大规模、更高水平的绍兴轻纺市场东交易区的决策,也就有了外地商人和绍兴布老板一同奠基培土的意味深长的历史定格。

后来的结果是,大开放带来了大发展。绍兴的轻纺企业不仅没有在竞争中垮掉,反而奋起直追。10 年间技改投入逾 220 亿元,国际最先进的无梭织机迅猛增至 2.6 万台,占全国总量的 1/5,无梭化率达 78.8%,跨越了欧美纺织强国 30 年才走完的路。至此,绍兴布老板的产品早已不再灰头土脸,而是足以笑傲天下。

颇为强势且成功的绍兴地方行政力量亦十分明白什么叫“收放有度、进退自如”。1993 年 3 月,以绍兴中国轻纺城市场建设与运营为主业、地方政府国有控股并吸纳社会资本的中国轻纺城集团有限公司成立。这是全国首家由大型专业市场改组的股份制企业,比义乌的中国小商品城有限公司成立早了 9 个月;1997 年 2 月,作为“中国专业市场第一股”,“轻纺城股份”在上海证券交易所挂牌流通，又比义乌整整早了5年零3个月。

绍兴与义乌政府行为的分岔点发生在2002年。

这年9月17日，绍兴县政府召开新闻发布会，宣布了对轻纺城实施“国退民进”方案。经过激烈竞价争夺，当地知名民营企业精功集团以25亿元的总价，协议收购两家国有资本大股东合计16.41%的股权，共6101万股，一跃成为中国轻纺城最大的老板。

出于对行政力量“有为”和“无为”边界点的自我解读，绍兴地方政府在“扶上马、送一程”后，最终完成了轻纺城建设运营的市场化蜕变。都是由政府主导的大型专业市场培育，“义乌模本”与“绍兴模本”的同途殊归引起了研究者延续至今的争论。

一种颇流行的说法是，绍兴地方政府在市场发展成熟期提速“市场化”并非明智之举。也就是因为这值得商榷的“最后的蜕变”，导致了绍兴轻纺城始终没有冲上义乌小商品城那般令世界惊艳的辉煌顶点。

但也有另一种声音认为，绍兴本来就是产业先导型经济，义乌则完全属于市场拉动型，起点不同、特质各异，围绕市场发育政府行为路径“异同兼具”并不奇怪。市场作为一种涉及范围广泛的准公共产品，政府即使退出产权领域，仍然可以从多方面推动甚至主导市场建设，而不能将之简单地视作放弃。更何况，义乌模式也并非完美无缺，困惑与变局同样暗潮汹涌，现在远不是下最后结论的时候。义乌与绍兴专业市场演变的两种路径、两种模本，恰恰使得市场经济环境下浙江政府行为的探索创新呈现八仙过海、精彩纷呈的局面。

我们已经观察到，浙江改革开放前20多年的进程，在最初商品经济的大面积萌生、市场交换体系的顽强崛起以及民营经济产权突破等许多改革领域，都不可否认地呈现了比较清晰的南风北渐的态势，可谓“东南风来满眼春”。

而政府行为改革领域则大抵呈现了与之不同的如下演进路径：浙江南部改革初期弱势的“无为政府”逐步回归“有为”；浙江北部长期强势的地方政府随着改革的推进，最终以“有所为、有所不为”达成共识。更为重要的是,两大板块的地方政府都没有迷失于将“无为”和“有为”截然对立的彼岸,而是努力探寻如何以遵循市场经济规律的方式与手段“适度有为”。从时间段上看,这两种起点各异的改革探索在20世纪90年代殊途同归,南北交融。

按照学术界普遍认同的观点,财政支出占GDP的比重是衡量政府相对规模的一个基本指标。以此衡量,改革开放至21世纪初期,浙江的政府相对规模大约缩小了1/3。1978年,浙江地方财政支出占GDP的14.1%;1995年达到最低点,仅5.1%;随后适度回升,以2004年为例,比重为9.5%,相当于1978年的2/3。

再从人口占比的视角看。截至2001年,浙江的政府工作人员占全省人口的比重为7.2‰,低于全国平均水平1.3个千分点,居各省市区倒数第6位。

浙江政府规模的相对缩小除历史因素外,最关键的在于,改革开放以来,政府逐步从微观经济运行中全身而退,市场力量成为全社会生产要素主角。比如,20世纪90年代后期,浙江各地个体私营企业、乡镇城镇集体企业及部分国有企业,基本完成了产权制度和关联组织制度比较彻底的转制改组。民营经济就此全面登上浙江改革发展大舞台,政府不再需要事无巨细亲力亲为,因此规模相对缩小在所必然。

“小政府、大市场”的浙江景象,并不意味着浙江的官好当,只要垂手而立即可。世界银行在1997年全球发展报告中的一段名言可以看作是对此最恰当的注解:“历史反复证明,良好的政府不是一个奢侈品,而是非常必需的。没有一个有效的政府,经济和社会的持续发展都是不可能的。”

历经改革初期的风云激荡、摇摆彷徨,走过20世纪90年代的角色归位、成熟定型,进入21世纪的浙江政府显现出了更多的自信。他们把适度行政力量的行为方向主要确立在以下两方面:

——努力提供包括市场经营环境、基础设施建设等在内的丰富而优质的社会公共产品;

——努力营造保护民营产权、推进民主和谐等良性而可持续的公共制度与公共秩序。

不可否认，鲜活而强大的民间力量是浙江40年改革开放的第一主角。但同样不可否认，浙江各级政府顺应时代、自我转型的主动姿态与积极作为亦至关重要。放弃僵死而无益的管制权力需要勇气，学会拿捏有度的市场化管理更是一门并不轻松的政府艺术。

【浙江改革开放史档案】

温州『下海』官员谱表

温州，可能是浙江乃至全国“下海”官员最多的地区。

由于缺乏当地组织部门的权威统计，我们不知道跻身这一特殊名单的前官员们的准确数字。但从媒体陆续曝光的资讯看，至少已有数十位。

上至前温州市长，下至前镇委书记，都赫然出现于这一名单之中，其中很多人都曾经是我的采访对象。今天，当走进温州某著名民营企业，你得小心，站在面前的总裁、副总经理，说不准原来就是一位声名显赫的地方政府大员。他们的眼角，仍不时地闪动着为官一任才积存下的特有的余晖。

温州官员“下海”，集中于20世纪90年代中期至2003年。2003年4月，时年45岁的温州市副市长吴敏一等4位市政府领导几乎同时辞职下海。这一时期，也是浙江省官员集体“下海”的高峰。据官方统计，从2000年到2003年3月，该省共有125名县处级以上党政干部辞职或提前退休，其中厅级官员就有9名。

此后很长时间，经媒体公开报道的温州官员“下海”仅有两例：2014年7月，38岁的温州市平阳县副县长周慧辞职，他选择前往意大利接手家族生意，辞职主要是个人的原因；2016年4月，温州市副市长胡纲辞职，加盟宁波雅戈尔服饰有限公司任总经理。

温州官员“下海”高发的共性因素不外乎两方面：一是被动

也好主动也罢，温州的行政力量始终是相对“无为”的“有限政府”。正如当年一位市经委主任在接受我采访时笑称：“在温州，做官只有福利稍好。连我这个主任手头都没有什么批条的权力。设备采购、市场销售、技术改造统统让民营企业自己管了。”权力有限，官本位也就比较淡薄；二是温州老板遍地，官员受到的诱惑多，从商的致富机会更多。

以下，是2000年前后温州官员“下海”代表性人物的不完全名录：

钱兴中：原温州市委副书记、市长；去向：香港嘉里集团中国公司副董事长；

何树鑫：原温州市委副书记；去向：某房地产公司总经理；

吴敏一：原温州市政府副市长；去向：红蜻蜓集团惠利玛商业物流连锁机构总裁；

林培云：原温州市政府副市长；去向：温州新城建设股份有限公司副总经理；

徐国林：原温州市委宣传部长；去向：房地产业；

林可夫：原温州市委宣传部常务副部长；去向：正泰集团公司副总裁；

郑达东：原温州市委宣传部副部长；去向：德力西集团副总裁兼党委书记；

邹丽华：原温州市检察院副检察长；去向：浙江新湖集团股份有限公司董事长；

何包根：原温州市政府秘书长；去向：温州伟明环保工程有限公司副总经理；

董希华：原平阳县委书记、温州市委副秘书长；去向：不详；

王运正：原温州市政府副秘书长；去向：重庆奥康置业有限公司总经理；

叶正猛：原洞头县委书记、温州市政府副秘书长；去向：浙江新湖集团股份有限公司总经理；

钟普明：原温州市经委副主任、乡镇企业局局长；去向：温州康奈集团总裁；

谢炳清：原永嘉县委书记；去向：不详；

李浩然：原永嘉县副县长；去向：报喜鸟集团总裁；

陈如奏：原苍南县政协副主席；去向：新雅集团党委书记；

叶康松：原永嘉县委委员、城关镇镇委书记，温州官员"下海"第一人；去向：创办美国康龙集团，任董事长。

但大多数"下海"者后来的境遇并非如预想中那般风光。

2008 年，曾著书《权变》的知名媒体人章敬平在对包括温州辞职官员在内的采访对象回访时发现，回访"下海"官员的过程，要比当年采访他们的过程"难得多"，"多数人不愿意再接受采访"。章敬平说，极少数人是因为看淡了官场、商场云起云落，更多人是因为不满意自己的境遇，自认为无颜见江东父老。

【浙江改革开放史档案】

浙江『下海』官员的两类人

2003 年，中共浙江省委组织部调研室调查发现，那一时期"下海"官员主要分两种类型：

——年轻官员（一般三四十岁）辞职"下海"。虽然人数不多，但有能力，往往也是组织部门看好的后备干部。

——提前退休而"下海"。这些人一般 50 岁上下，30 年工龄已满，仕途难以更上一层。在当时受调查的浙江省 11 个市 103 名"下海"官员（省直机关除外）中，提前退休的有 74 名，比例为 72%。

虽然舆论普遍对官员"下海"的勇气给予赞扬，对官本位意识的破除怀有期许，但有关"下海"官员可能借机腐败的质疑也一直未停止。

时任中共浙江省委组织部调研室主任王俊曾在《党建研究》杂志上撰文，将官员"下海"可能的权力腐败分为三种形式：

一是"洗钱"。以经商之名，将在位时收受的贿赂洗白。

二是“权力投资”。在位时为企业主牟取了不正当利益，辞职后再到该企业上岗，搞权力期权。

三是“榨取剩余政治资源”。利用其原来编织起的丰富的行政关系网为企业主牟利，从而换取个人好处。